轻松学音乐

轻松学朗诵

QING SONG XUE
LANG SONG

王嘉钰 编著

上海音乐学院出版社

图书在版编目（CIP）数据

轻松学朗诵 / 王嘉钰编著.
-- 上海:上海音乐学院出版社，2015.6
ISBN 978-7-5566-0067-0

Ⅰ.①轻… Ⅱ.①王… Ⅲ.①朗诵－语言艺术 Ⅳ.①H019

中国版本图书馆CIP数据核字(2015)第143881号

书　　名：轻松学朗诵
作　　者：王嘉钰
责任编辑：陈　欣
封面设计：孙洁涵
出版发行：上海音乐学院出版社
地　　址：上海市汾阳路20号
印　　刷：上海印刷（集团）有限公司
开　　本：850 × 1168　1/16
印　　张：11.25
字　　数：247 千字
版　　次：2015年8月第1版　2020年1月第3次印刷
书　　号：ISBN 978-7-5566-0067-0/J.1034
定　　价：28.00元

目　　录

第一单元　漫谈朗诵艺术

一、什么是朗诵

1. 朗诵的概念

什么是朗诵？

回答这个问题说简单的确简单，说不简单还真是困难。

说简单，朗诵就在我们每个人的生活中，无时无刻都可以看到、听到、参与、表演。说困难，或许正是因为朗诵距离我们实在太近了，反而无法用文字组织一个客观、规范的概念来详细说明，到底朗诵是个什么东西。

从字面上看，“朗诵”这个词由“朗”和“诵”两个汉字组成，其中“朗”的意思是“声音清楚、响亮”；而“诵”的释义是“用高低扬抑的语调念出声来”。两个字合起来，就是“用高低扬抑的语调声音响亮地念”。可见，朗诵本身是一个动词，一个有意义的行为动作。

任何实践都是由主体、客体、中介三者构成的。朗诵同样如此。朗诵行动的主体仅可能是具备语言讲述能力的人类，任何植物、动物及一切没有生命的物质是无法进行朗诵实践的——尽管有的时候，浪漫的作家会把蛙叫、雨滴、风吹之类的自然之声形容为“朗诵”。朗诵的客体则是一篇篇的文学作品，无论是诗歌、散文、故事、小说……只要符合相关要求都可以成为朗诵的对象。而朗诵的中介，应当算是人的声音了。

于是乎，人通过自己的发声器官将文本化的文学作品转换为响亮的、抑扬顿挫的声音信号，这属于科学（哲学）意义上对朗诵的解读。

然后，作为朗诵主体的人类借助自己的声音，将作为朗诵客体的文学作品大声念出来，显然不是一件“自得其乐”的事情，更不是一件“毫无意义”的事情。朗诵要有朗诵者，同样也要有聆听朗诵的听众（观众）。也就是说，从行为的目的来看，朗诵又是一种信息传播的过程。我们又可以从传播学的角度来分析朗诵的概念。

在传播学中，任意一个传播行为都离不开传者、受者、信息、媒介四个概念。传者也就是朗诵者，通过媒介也就是朗诵者的有声语言表达，将信息也就是文学作品中的内容情节、思想感情等传递给受者也就是听众(观众)。只有具备了这样一个系统,朗诵行为才是有意义、有效果。从这个角度看,朗诵又是一种“传者通过声音介质向受者传递文学作品中的内容情节、思想感情”的过程。

当然，仅仅从信息传播本身来解释朗诵同样是行不通的，还必须从更加艺术的角度去思考朗诵的概念。

2. 朗诵的特点

首先，朗诵是一种艺术语言的表达，因此艺术性是朗诵的最大特质。

当然,朗诵不同于其他艺术形式,需要用人体以外的其他工具才能完成(即便最简单的歌唱,作为艺术的展示，器乐伴奏也是必不可缺的)，朗诵只要有一张嘴便能进行，有音乐伴奏、有舞美特效、有现场伴舞最好，没有依然不影响朗诵的开展。

既然是一种艺术，那它必定蕴含着艺术之“美”。朗诵之美，在于声音之美，并不完全等同于音乐、歌唱等旋律之美，它是一种“韵律之美”。它接近日常的语言对话；更加自由——不受任何定势的制约；更加随意——没有所谓范本的窠臼。它是介乎于说话与唱歌之间的一种艺术，兼具语言与音乐的共同之美。

同时，朗诵所展现的还有作品本身的文学性。由于朗诵行为的客体是一篇篇的文学作品，作品的本身就具备很高的文学价值，而朗诵，则是将这种文学艺术转换为有声语言这种更易于受众接受的展示方式，因此一个优秀的朗诵者，能够通过他的声音，令文学作品变得更有价值。

因此，我们又把朗诵称作是一种对文艺作品的“二次创作”。通过“二次创作”，处于当下社会环境中的朗诵者将朗诵作品转换为了更符合当下社会认同、更易于当下人群接受的艺术作品，让文艺作品更轻易地跨越时间和空间的约束，更加“接地气”。同时，优秀的朗诵者更能通过自己的“二次创作”帮助受众更加浅显、直白地理解作品、理解作者，更加贴近文学之美、艺术之美。

文学性与艺术性的结合，决定了朗诵作为一种有声语言的表现形式，既不能向普通说话那样直白、琐碎，又不能像歌舞曲艺一样制式化的体系规范，而要在这两者之间找到一个完美的平衡，做到灵活而不随便、规范而不死板、优美而不造作。

3. 朗诵的意义

朗诵，可以说是世界上最古老的艺术形式之一。它随着人类语言的诞生而诞生，并随着语言的进化而不断传承、同步发展。

朗诵,同样又是世界上覆盖范围最广的艺术形式之一。无论什么种族、哪个国家，只要有人、有语言，便有朗诵艺术的存在。不同文化的国家拥有不同的风格与流派，不同国家、民族的朗诵艺术虽然使用不同的语言，但其审美标准却是惊人的一致——朗诵中的韵律之美、节奏之美、情感之美，在全世界人民的审美标准中都几乎如出一辙。

因而，人们为什么要去朗诵，也就是朗诵对于人类的意义，同样也是不分民族、不分国界的。

首先，朗诵和音乐、舞蹈、绘画等其他艺术形式一样，也是一种美的展示与享受。人们愿意去朗诵，是因为它能给人类社会产生音韵之美；人们愿意去聆听朗诵，是因为它能给自己带来声音的享受。悦耳动听的朗诵艺术，是人类社会最简单、最便利的生产美的途径。

在此之上，朗诵又是一种语言文字信息的传递。千百年前，人类社会受制于教育的普及化程度不高，文学主要依靠口述的方式传播、留存，在这过程中，吟诵便成了文学艺术传承、普及与发展的重要手段。同时，文学作品中的思想文化瑰宝也在口口相授中不断发扬光大，逐渐形成一个民族、一个社会、一个国家共同的行为准则。因此，朗诵不仅在形式上生产美，更在内容上传承思想与文化。

最后，从语言的角度来看，朗诵更是一种爱国主义情怀的表现。每个国家都有自己值得骄傲的历史与文明，这些历史文明均是通过这个国家自己的文字记载、流传下来。用本国的语言诵读本国的文字，就是对国家历史的回顾、对国家文化的继承，就是对国之瑰宝的发扬光大。

尤其对于我们中国人而言，中国是四大文明古国之一，有着最为丰富宝贵的文化遗产，中国的优秀文学作品犹如天上的繁星不计其数；中国的文字是世界少有的语素文字，在字词的传情达意上拥有天然的优势；中国的语言是世界少有的声调语言，能够在语句中展现出更多更丰富的音律上的起伏变化……综合各种因素，我们都可以骄傲地说，中国的朗诵，是世界上最美、最精彩、最深邃的有声语言艺术。

因此，对于每一个中国人而言，朗诵既可以证明中国语言、文字的先进性，又可以展现中国历史、文化的丰富性，朗诵能让我们更加深入地了解自己的祖国，为祖国的历史而自豪，为生活在这样一个伟大的国度而骄傲。

朗诵，能够凝聚人心、鼓舞人心、振奋人心；能够引导人们的行为、升华人们的思想、净化人们的心灵；培养人们爱人、爱家、爱国的胸怀与情操；能够提升整个社会、整个民族的素质与修养。这，也正是近些年来国家在青少年中大力倡导、推广、开展经典诵读活动的原因所在。

二、好朗诵的判别标准

朗诵艺术，是一种“口舌之学”。不用任何的工具或辅助材料，便能完美的展示、呈现。但这并不意味着人人都会朗诵、人人都能朗诵。一个精彩朗诵作品的诞生，同样需要朗诵者具备极高的艺术天赋与艺术技巧。

1. 声音标准

朗诵艺术同音乐一样，都是用声音来传递信息、打动受众的艺术形式。因此，声音的美感便是朗诵艺术的第一要求。

每一个生理健康的人都具备说话的能力——从这方面来看上帝是完全公平的；但每个人说话的音色却是各不相同——从这方面来看上帝似乎又不那么公平。有的人声音如钟鼓般洪亮浑厚，有的人声音像银铃般清脆悦耳，但同样有人声音却不怎么好听，浑浊、暗哑、嘶哑、刺耳……就像是人的相貌有美丑之分，人的声音同样也有“美丑”之分。

而对于那些声音好听的人而言，朗诵仿佛就好像是生来自带的艺术才华，对于那些声音不好听的人来说，他们践行朗诵艺术的道路从一开始便是崎岖困难的。音色对朗诵艺术的影响，是最关键，也是最根本的。

动听的声音能给人带去天然的美感，好听的声音同样不仅仅是上天的恩赐，也与每一个人后天的开发、保护有着密切的关系。只要注意科学用声，绝大多数没有生理欠缺的嗓子都能发出具有个人特色的好声音。相反，如果用声不当、不注意保护，即便再好的喉咙都会逐渐衰退，最终无法完成一个合格的朗诵作品。

2. 语言标准

朗诵用的是声音，说的则是语言。语音对于朗诵的优劣同样有着极大的影响。说的再直白一些，对于我们中国人来讲，能说一口规范、标准的普通话对朗诵有着十分重要的作用。

首先，汉语普通话作为现代汉民族的通用语，本身就有着简单、清楚、表现力强的发音优势。具体说来，汉语普通话的字音由元音占主导，听觉感受悦耳、响亮；声调系统简单、分明，扬抑起伏变化分明，旋律感强；音节之间区分鲜明、双音节词汇轻重得当，令词句具有很强的节奏感。

总而言之，汉语普通话比起任何一种地方方言都更加好听，是中国语言中最适合艺术表现的语言形式。

此外，从受众角度来看，方言朗诵在传情达意上受制于地域的局限，只能在很小范围内进行。而普通话简单、易学，作为国内交流的标准语言，在中国几乎人人都听得懂、说得来，普通话朗诵能够跨越地域，被每一个中国人有效接收。

因此，在中国，使用汉语普通话开展朗诵艺术实践，能够达到最好的艺术效果与传播效果。将规范的国家语言作为朗诵的首选语言，既是技术上最佳选择，同样也是爱国主义情怀的体现。

3. 表达标准

朗诵是一种以文学稿件为依托的有声语言的表达形式，这种形式之所以被称之为艺术，是因为它并不是简单的见字出声，就好像是公交车上电子播报站名的声音，同样音色美丽、字音标准，但那绝对不是朗诵，还需要有声语言表达技巧的支撑。

每一种艺术背后，都需要有高超技巧。对于朗诵者而言，如何在自身的能力范畴之内调整音色，使之更适合稿件表达的需要；如何在确保字音规范的基础上增加文字的韵味，使之更具备艺术色彩；如何通过声音轻响、速度快慢、字音长短、语调高低的改变表现出朗诵的丰富变化性；如何将自己对稿件的理解、自己的思想情感、自己的文化底蕴融入文学作品，并以朗诵的方式展现出来……这些都是朗诵者“功力”的体现。

朗诵的表达能力，与朗诵者先天的语感有密切的关系——语言感受能力强、表现力强的人，往往能够成为一个天生的“表达者”；同时与朗诵者从小到大成长的环境有所关联，家长、老师、同学、伙伴所共同营造的语言环境决定了他自身的表达基础；最后更离不开朗诵者系统、认真的后天学习，从“知其然”到“知其所以然”，只有经历了这个过程才算是真正把握了朗诵表达的精髓。

4. 智慧标准

仅仅拥有好听的声音、标准的字音、纯熟的技巧，依然支撑不起一个优秀的朗诵作品。因为朗诵不单单是一种声音的展示，更是对一篇文学作品内容、情感、思想的展示。在这个过程中，对朗诵者头脑智慧的要求便成为了必然。

那么对于“二次创作”的“创作者”而言，他的创作基础首先建立在“读懂”文字之上。如果连纸上的文章都不能读懂，不能理解作者的写作意图，不能体会作者想要通过文章所阐述的道理、抒发的感情，那他就压根儿没有二次创作的“原料”。

然后，在充分读懂文学作品的基础上，朗诵者需要给作品加上属于自己的“调料”。我为什么选择这篇作品朗诵？我希望展现出作品哪方面的情感态度？我希望让听众从作品中听到些什么？这些问题都需要在二次创作中想明白，并有针对性地去解决。

当然，声音可以通过练习改善，语音可以通过练习规范，技巧可以通过练习加强，唯有智慧并不是通过练习可以变得成熟的。它需要的是更加艰苦的学习、更加深厚的积累，它关乎朗诵者自身的知识是否系统、阅历是否丰富、经验是否老道、感受是否敏锐、思想是否成熟、境界是否高远……

5. 形态标准

除了以上四点以外，同样还有一些其他因素影响着朗诵的优劣。

比如朗诵者的体态——在朗诵时的站姿、坐姿抑或是舞台空间的调度；朗诵者的动作——举手投足、手型手势，身形的变化；朗诵者的眼神——目光中所蕴含的情感、透露的态度……

须知，在多数情况下，朗诵作为一种艺术的呈现形式，朗诵者本身就是一个表演者，受众在聆听朗诵的同时，同样也在观看朗诵，视听同步地欣赏朗诵。在这个过程中，一切能够被受众听到的、看到的都必须要做到最好，让自己的声音形象和视觉形象完美匹配。

三、朗诵与其他语言艺术的异同

朗诵是一种有声语言艺术，但仅仅是有声语言艺术的一种。有的时候，人们常常会把朗诵和其他的有声语言艺术形态混淆在一起，这显然会使人们对朗诵的概念认识不清。接下来，让我们一起来看看，朗诵和讲故事、演讲、播音、脱口秀这四种常见的有声语言艺术形态相比，有何异同。

1. 朗诵与讲故事

朗诵和讲故事，是大家一直很难区分的一对概念。

总体来看，朗诵和讲故事从技术角度来看，是两个非常相似的有声语言表达形态。特别是在中小学年龄层次的比赛中，朗诵作为一种规范的艺术形态，基本可以涵盖讲故事的概念。因为无论是朗诵比赛还是讲故事比赛，都是带有感情地将一篇篇幅短小的文学稿件转换为有声语言，并大声地在评委面前呈现。无论是内容还是形态，两者都是相同的。

但严格说来，两者之间依然存在着细微的区别，这种区别主要体现在对稿件的选择上。

朗诵，特别是针对成年人的朗诵，更多的是一种情感与思想的分享。朗诵的文学作品多以诗歌、散文为主，即便有故事也不会过多着力于情节的描摹，在交代故事情节的同时更加注重情绪的抒发，寻求朗诵者与聆听者之间思想的交火与心灵的碰撞。

讲故事，顾名思义肯定以故事性强的文学作品作为有声语言创作的依托，也就是说在表达过程中讲述者注重的是对故事情节的陈述，对作品情感性、思想性的挖掘往往不是很重视。特别是针对幼儿、青少年讲故事，一般都以童话、寓言故事为主，尤其强调故事中的生动性、趣味性，务求做到让小朋友感兴趣、喜欢听。

总而言之，对于朗诵和讲故事，我们可以简单地理解为：朗诵重“抒情”，讲故事重“叙事”。篇幅短小的故事我们也视作特定文学体裁的朗诵而定名为“故事朗诵”，但长篇幅的故事与朗诵之间显然存在着泾渭分明的差别。

2. 朗诵与演讲

演讲与朗诵，同样也是一对经常被人们搞错的概念。

事实上，朗诵和演讲，是两种完全不同的有声语言表现形式，无论是从表现目的、表现内容、表现方法上都不相同。

朗诵必须以文学作品为依托，借助自己的有声语言对作品进行二次创作；而演讲则是个人态度观点的抒发，无论之前写不写稿，讲述的都是自己个人的态度与观点。

朗诵是一种情感与情绪的抒发，纵然有故事的讲述、哲理的分析，其最终目的仍旧是为了打动受众，与受众分享自己的感受；而演讲说到底是一种观点与思想的传播，纵然也有讲故事的成分和煽情的内容，其最终目的仍是为了说服受众，让受众接受自己的观点。

此外，朗诵与演讲的语言表达方式也是不相同的。朗诵所运用的是艺术语言，无论吐字、发声还是语调、态势，都需要有艺术的雕琢与修饰；而演讲所运用的则是规范化的生活用语，吐字、发声或是语调、态势都更接近(但不等同于)日常的说话。因此无论是平淡无味的朗诵，还是拿腔拿调的演讲，都是对两种语言表达形式的误解。

包括对朗诵者和演讲者的要求，同样是完全不同的。朗诵要求声美、音准、调谐、情浓，正如之前我们所详细论述的；而演讲对于演讲者的普通话水平、音色音质、表达技巧都没有太高的硬性要求，只要符合信息传播的基本标准，就不会对演讲本身造成影响。

最后，两者之间还有一些辅助形式上的不同。朗诵作为一种艺术表现形式，可以一个人读诵，也可以多人合诵，可以配乐、配画（视频），在舞台上还可以有灯光、服装、道具、音效、化妆等等的配合，甚至可以伴舞、伴唱，动用一切艺术形式加以装点；但演讲作为个人观点的陈述，是不可以动用任何艺术手段来加以修饰的。一个人、一张嘴、一个观点、一片舞台，只有这样的演讲才能从目的上称之为“演讲”。

3. 朗诵与播音

朗诵和播音，通常大家不会特别把这两者混淆起来，因为人们理所当然地会认为文艺作品都是朗诵，新闻才叫做播音；朗诵是抑扬顿挫、优美的，播音是四平八稳、死板的。但事实上，朗诵和播音之间同样存在着很多的相似性。

首先，从实践主体来看，朗诵者与播音员最基本的相似性在于，两类人语言基本功训练路径是基本相同的，都需要经过吐字、发声、气息、表达等一系列的专门训练。更进一步地说，由于中国不存在“朗诵者”这个专门的职业，因此从人员构成来看，专业的朗诵表演艺术家十有八九出自于演员、播音员或主持人队伍，朗诵者与播音员之间有着天然的交集。

然后，从实践客体来看，作为同样是对稿件进行“二次创作”的两种有声语言传播行为，朗诵的“创作”对象是文学作品，创作目的主要是渲染感情；而播音的“创作”对象是新闻消息，创作目的主要是传播信息。这种说法有一定的合理性，但并不全面。

熟悉新闻的人都知道，在新闻中存在一种十分类似于文学作品的新闻报道体裁，叫做新闻通讯。通讯比新闻消息更加详细、具体、形象、生动，对于新闻事件、新闻人物的描摹细致入微。通讯播音，便是“播音员将通讯稿件转换为感情真挚、形象生动的有声语言传播工作”（《中国播音学》，张颂著，中国传媒大学出版社，第 421 页）。甚至有个别的经典的通讯稿——如魏巍所创作的文艺通讯《谁是最可爱的人》有着强烈的文学性，在报道以后长时间被人们津津乐道，最终也成为了一部优秀的文学作品。

对于这种人物刻画细腻、事件描写生动的新闻通讯稿，播音员在播报的时候，往往会大量运用类似于朗诵的语言表达方式，在这过程中必然也会有大量的情感渲染，可以说，那个时代的一些经典通讯稿，经过齐越、夏青、陈醇……这一代功底深厚的老播音员的诠释，完全已经成为了一部优秀的朗诵作品，即使放在现代来聆听，都极具艺术魅力。

从这个角度来说，朗诵与播音之间存在着剪不断、理还乱的关联。特别是在中国，当我们将播音上升到一种语言艺术甚至语言学术之后，它与朗诵之间的交集远远超出人们的想像。

4. 朗诵与脱口秀

脱口秀是近年来在中国荧屏上十分常见的一种语言表达样式。早在上世纪九十年代中期，脱口秀（TALK SHOW）这个舶来词汇最早传入中国的时候，它特指当时在电视荧屏上十分红火的电视谈话节目——如《实话实说》等等。

但近些年，随着周立波、王自健、郭德纲在荧屏上走红，以及《开讲啦》、《超级演说家》、《我是演说家》等语言类真人秀节目的热播，“脱口秀”这个词在中国电视荧屏上的概念似乎正在悄悄改变。它逐渐成为了近似于演讲、清口、独角戏、单口相声之类的一种语言表演形式。

这种形式比单纯的演讲更具艺术性和表演色彩，它会动用很多表演的元素、讲故事的方法，以及朗诵的技巧，把这些全部融入传统的演讲之中，形成一种符合电视媒体播出需要的新的语言表达样式。

在此类节目中，无论是脱口秀主持人还是真人秀表演者，他们在语言表达中都大量地使用了朗诵的表达技巧。这使得他们的语言比普通的演讲更具煽动性，更能感染人，更加具备艺术的美感。

尽管不大会有人分不清朗诵与脱口秀之间的差别，但作为一种与朗诵存在一定关联性的新的有声语言表达样式，不妨在此也给大家做一个简单的梳理，帮助大家更清楚地了解彼此的关系。

四、朗诵在日常的运用

在西方国家，朗诵是一种十分常见的社交手段。不少中学、大学里都设有诗社或者朗诵社，在公园里偶尔也能看到人们围坐一圈朗诵一些经典诗文或是戏剧独白。但在中国，这种气氛却显得单薄不少。

这同中国人的文化传统和内敛性格不无关系。一直以来中国人都奉行“中庸之道”，凡事不爱出风头、不做出头鸟。“言多必失”、“祸从口出”、“因言入狱”……众多历史的教训令中国人渐渐变得不敢说、不愿说、不会说，甚至连最传统的价值观念都发生了变化。“口吐莲花”、“口若悬河”、“三寸不烂之舌”都成了贬义的词汇；像黄牛一样光干活儿不叫唤的都是“劳模”，像狗一样又干活儿又叫唤的都是“刁民”……在这种社会观念影响下，朗诵艺术在中国严重萎缩，甚至遭遇了生存的困境。

好在，在近几年里，随着国家经济实力的不断增强，人们对文化的重视程度越来越高，自我意识也逐渐苏醒，很多人都意识到了语言表达的重要性。幼儿阶段，家长纷纷带孩子参加朗诵班、表演班、故事班的学习，从小培养孩子们的艺术语言表达能力；青少年阶段，国家组织众多的朗诵比赛、诵读活动，借助诵读经典树立青少年的国家荣誉感和民族自尊心，弘扬爱国主义情怀；成年阶段，同样也有着很多人花费数千甚至上万的费用，参加艺术语言培训，提升自己的综合实力。可以说，朗诵这门在中国源远流长的古老艺术正在新的时代逐渐重新焕发生机。

1. 朗诵表演

作为一种艺术形式，朗诵十分适合在舞台上进行表演。特别是在一些主题晚会，或者是体现“主旋律”的演出活动中，几乎少不了朗诵的身影。

朗诵的形式十分丰富，可以是单人读诵，也可以是双人对诵；可以是小组合诵，也可以是团队齐诵；更可以是领诵与合诵相结合……

同时，朗诵作为表演的主体，又能够与其他艺术形式协同演出。朗诵可以现场配乐，与器乐同台演出；可以现场伴舞，与舞蹈同台演出；也可以融入戏剧表演之中，形成独特的朗诵剧……

除此以外，朗诵更有着其他艺术节目形式所不具备的一大特性——这是最具主旋律色彩、最能体现主题的一种节目表演形式。比起歌曲、舞蹈、曲艺、杂技、小品等节目，朗诵作为一种纯粹的有声语言艺术，可以为演出主题量身定制朗诵稿件，即便主题先行也不会让人觉得反感；可以用最直白的语言讲出晚会的主旨，再怎么煽情也不会过分；可以利用人海战术烘托现场气氛，而不会破坏节目的艺术效果和美感。因此，在几乎所有的严肃性活动、主题性演出中，必定会有朗诵的表演。

2. 朗诵比赛

如果说作为一种节目表演的形式，朗诵表演的参与者仅仅局限于少数具备极高朗诵能力的“朗诵表演艺术家”，那么朗诵比赛则是一种适合于普通朗诵爱好者参与的、更“接地气”的朗诵活动。

朗诵比赛，小至学校、单位组织的内部比赛，大到文化部、教育部举办的全国大赛，甚至连中央电视台都曾经举办过一届电视朗诵大赛……每年各级各部举办的朗诵比赛不计其数。当然，其中绝大多数集中在校园之中，以大、中、小学生为主要的参赛对象。

举办一次朗诵比赛，特别是有规模的朗诵比赛，需要一个非常完善的组织结构，以及大量潜在的参赛对象。而校园无疑是满足这两方面的最佳环境。各个学校都能组织、选拔优秀的学生参加比赛，教委宣传处、文明办等机构又能够很好地承担起主办、承办的责任，专项经费的拨发也能准时到位，这使得在学校组织朗诵比赛具备天然的便利性。

我们各级教育部门在校园中开展大量的朗诵比赛，这是非常好的现象。通过朗诵比赛，既能够鼓励学生学习、了解、弘扬中国传统文化，提升学生群体的文化修养和价值情操，更能够对学生进行爱国主义教育，这是一件多方共赢的好事情。

但不得不说，一旦将某一种艺术形式用比赛的形式加以制约，艺术本身便欠缺了很多自由的气息，反而平添了几分功利色彩。正如同中国的奥运战略培养出了一批“体育特种兵”，却丝毫没能提升中国国民的身体素质，朗诵比赛培养出了一批朗诵“专业户”，却同样没有在校园中营造出全民朗诵的艺术氛围。哪个学校获得了朗诵比赛的一等奖，并不代表这个学校的朗诵教育搞得好，而只是因为学校意外招到了一个朗诵特长生。这样的比赛，其价值、意义都是十分有限的。

好在，这种现象目前正在改善。近些年，在社会上同样也出现了一些普及性朗诵比赛，既有针对学龄前儿童或是中小学生的，也有面向全市普通民众的。比赛并不是为了评出最后的一、

二、三等奖，而是为了能让更多的人参与其中，共同享受朗诵带来的美与乐趣。这无疑是一个极好的开始，长此以往，相信我们整个社会、整个国家的文艺氛围都会出现可喜的改观。

3. 朗诵展示

除了带有一定功利性质的朗诵比赛之外，朗诵展示同样是我们较为常见的一种朗诵实践形态。这里所谓的“展示”，可能出现在任何时间、任何场所、任何群体之中。最典型的莫过于在中小学语文老师组织同学朗读、背诵课文。在同学面前大声、自信地朗诵课文，也是一种很好的朗诵实践。

此外，我们也有一些民间团体，也将散落在各处的朗诵爱好者聚集了起来，在专业指导教师的组织下参与一些朗诵实践活动。比如上海图书馆下属的朗诵团,定期都会组织一些朗诵交流、展示活动。一些针对幼儿的艺术培训机构，也会组织学院开展各色的展示与演出。虽然这样的团体目前并不是很多，但相信随着朗诵艺术的逐渐普及，会有越来越多的人参与其中，共同分享朗诵的快乐。

第二单元　普通话语音

一、什么是普通话

所谓普通话，是以北京语音为标准音，以北方话为基础方言，以典范的现代白话文著作为语法规范的现代汉民族共同语。普通话是中华人民共和国国家法定的通用语。

中国地大物博，国土面积同整个欧洲差不多大。在欧洲，每个国家的语言都不相同；那在面积接近，而人口更多的中国，各地区间方言自然也是南腔北调，各式各样。

中国的方言，大致可以分为七大类——也就是常说的“七大方言区”。分别是：北方方言区（包括黄河流域、东北地区、长江流域中部、西南各省）、吴方言区（上海及江苏部分、浙江大部分地区）、湘方言区（湖南大部分地区）、赣方言区（江西大部分地区及湖北东南部）、客家方言区（福建、两广部分、江西部分地区）、闽方言区（福建、台湾、广东部分、海南部分地区）、粤方言区（广东部分、广西部分地区）。

方言多，人与人之间的信息传播就很不方便。因此无论是从国家治理的角度还是从跨地域交流的角度说，都需确立一个统一、规范、标准的通用语言。

尽管普通话是中国“汉民族”的共通语，但根据国家少数民族的政策，并不强制要求少数民族同胞学习汉语普通话。当然，作为一种交流的工具，少数民族同胞能够学好普通话，同样对个人成长与发展能起到很大的推动作用。

学习普通话，最主要的是要掌握三大要素——声母、韵母、声调。在此基础上，再适度了解汉字组合成词语、词组、句子过程中所产生的音变规律，

中国方言区简图

大致便能将汉语普通话学习到位。

二、声母的发音训练

1. 辅音和声母

声母与韵母，按照汉语语音学的传统分析方法，我们可以把一个字音拆分为“声”和“韵”两部分。在音节中起头的那个辅音，就叫声母。

声母在一个字的发音过程中起到的是辅助性的作用，也就是说它是字音的重要组成部分，但并不是核心部分。汉语普通话中总共有21个声母，也就是我们在小学语文课上背诵过的“b、p、m、f、d、t、n、l、g、k、h、j、q、x、z、c、s、zh、ch、sh、r”。这21个声母全部属于辅音。除此以外，还包括我们日常发音中前后鼻音的尾缀“n”和“ng”，其中前鼻音“an、en、in”中的尾缀“n”和声母中的“n”发音相同，但后鼻音“ang、eng、ing”中的“ng”在汉语普通话中只做鼻音尾缀，不能充当声母。

多数声母的发音没有声带的震动，主要依靠口腔的发音部位(唇、齿、舌等)与气息冲击、摩擦而成的。在小学语文课堂上学习的时候，为了教学的便利，老师往往会在发音时特意给声母加一个元音的韵，比如把“b”念成“bo”，把“d”念成“de”，把“zh”念成“zhi”……以方便学生朗读、记忆。但事实上，单纯的发音是不带后面的“o”、“e”、“i”之类的元音。

声母的发音通常比较短暂，但即便如此，任何一个声母的发音过程依然可以分为前、中、后三部分，我们把它叫做成阻(口腔内的发音器官对气流形成阻碍)、持阻(口腔内的发音器官对气流持续阻碍)、除阻(口腔内的发音器官对气流接触阻碍)三个过程。部分声母的声音是在最后一个除阻阶段发出的，也有部分是在第二个持阻阶段发出的，除阻即宣告发音结束。无论哪个阶段发出声音，三个步骤对于声母来说都是必不可少的。

2. 声母的分类

给声母做分类，并不单纯是为了语音学学术研究的考虑，它同样是为了能让广大普通话学习者更好地把握声母的发音规律，每一个声母的发音要领，都可按照发音部位和发音方法，对声母做两种分类，一个是按照声母的发音位置分类，另一个是按照声母的发音方法分类。

(1)按发音位置分

声母可以分为以下7类：

双唇阻——“b、p、m”。发音时上下唇触碰，对口腔中的气流形成阻碍并破除阻碍。

唇齿阻——“f”。发音时上唇与下齿触碰，对口腔中的气流形成阻碍并破除阻碍。

舌尖前阻——“z、c、s”。发音时舌尖与上门齿的背部接触或接近，对口腔中的气流形成阻碍并破除阻碍。

舌尖中阻——“d、t、n、l”。发音时舌尖与上门齿内侧的牙龈位置接触或接近，对口腔中的气流形成阻碍并破除阻碍。

舌尖后阻——“zh、ch、sh、r”。发音时舌尖与前硬腭（口腔内距离牙齿根部1–2厘米的位置）接触或接近，对口腔中的气流形成阻碍并破除阻碍。

舌面阻——“j、q、x”。发音时舌尖抵住下门牙的内侧齿背，舌面抬起与硬腭前部（大致是上颚的前三分之一区域）接触或接近，对口腔中的气流形成阻碍并破除阻碍。

舌根阻——“g、k、h”。发音时舌根隆起，同硬腭与软腭交界处（大致是上颚的后三分之一位置）接触或接近，对口腔中的气流形成阻碍并破除阻碍。

（2）按发音方法分

同样的发音部位，依然可以发出不同的声母，这是因为彼此的发音方法各不相同。按照发音方法，声母又可以分为以下5类：

塞音——“b、p、d、t、g、k”。发音时发音器官在成阻、持阻阶段处于“阻塞”状态，除阻时发音器官突然打开，气息有一种瞬间“爆出”的感觉，塞音的发音极其短暂，都是在除阻阶段一瞬间完成。

擦音——“f、h、x、s、sh、r”。发音时发音部位互不接触，留一条小小的缝隙，气流自缝隙流过，在摩擦中持续发出声音，擦音发音时间较长且全部在持阻状态下进行，一旦除阻就意味着发音的结束。

塞擦音——“j、q、zh、ch、z、c”。发音时前半段与塞音的发音状态相同，后半段与擦音的发音状态相同，即在成阻与持阻前半段发音器官“阻塞”，从持阻后半段开始发音器官间露出一条小缝让气息“摩擦”通过。

鼻音——“m、n”。发音时发音部位的阻塞导致口腔通路被关闭，气息只能从鼻腔通过，引起声带颤动、口鼻腔同时形成共鸣，产生鼻音，声音在持阻阶段持续发出，除阻的同时发音结束。

边音——“l”。边音在普通话声母中仅有一个，成阻时发音部位（舌与上门齿龈）接触的同时却在两侧留出缝隙，持阻时气流从两边通过，同时声带振动发出边音，除阻的同时发音结束。

（3）同类声母细分

通过以上两种方法的横向、纵向分类，不同声母的发音要领大致算是比较清晰了。当然，即便经过了这两轮的“筛滤”，依然有一些声母的发音位置、发音方法是相同的，为了对这些声母进行区分，还可以进一步根据声母发音的送气与否、音色清澈或混浊，对发音部位、发音方法相同的声母进行第三层细分。

送气与不送气的划分，主要针对塞音与塞擦音。例如：“b”和“p”、“d”和“t”、“g”和“k”、“z”和“s”、“zh”和“ch”、“j”和“q”，每一组的发音部位和发音方法完全相同，但在具体发音时前者气流送出较少，后者气流送出较多，因此我们把前一个称之为“送气音”，后一个称之为“不送气音”。

清与浊的划分，主要针对擦音、鼻音、边音。对于发音时声带振动的四个声母“m、n、l、r”，声音听上去较为浑浊，我们称之为“浊音”，而与“r”属于同样的发音部位和发音方法的“sh”由于发音时声带不振动，我们把它和“f、s、x、h”共同成为“清音”。

上述规则听起来似乎有些复杂，在此我们可以用一个表格予以说明：

发音方法＼发音部位		双唇阻	唇齿阻	舌尖前阻	舌尖中阻	舌尖后阻	舌面阻	舌根阻
		上唇下唇	上齿下唇	舌尖 上门齿背	舌尖 上门齿龈	舌尖 前硬腭	舌面 硬腭前部	舌根 软硬腭交界处
塞音	不送气	b			d			g
	送气	p			t			k
塞擦音	不送气					zh	j	
	送气			z		ch	q	
擦音	清音		f	c		sh	x	h
	浊音			s		r		
鼻音	浊音	m			n			
边音	浊音				l			

普通话声母发音要领表

3. 声母发音要领

声母的发音相对于韵母而言，难度并不是太大。但不可否认，在中国各地，特别是南方地区，依然存在一些比较明显的声母混淆问题。在这里，我们将重点选择几组易错的声母发音来进行具体说明。

（1）平翘舌音辨读

平舌音，也就是舌尖前阻的“z、c、s”，翘舌音，是舌尖后阻的“zh、ch、sh”，在中国南方部分地区，由于方言中不分平翘舌音，不少人都会将这两组声母的读音搞混。

两组声母最主要的差别，在于发音时舌尖所抵触的位置。

以平舌音“z”为例，发音时口腔中舌尖与上门齿背相接触，轻点一下对气息形成阻碍然后立即放开，完成发音。也会有些北方朋友习惯把舌尖点住下门齿背，虽然这样会音色的润泽度有所下降，但同样能发出平舌音的效果。

而翘舌音的“zh”，在发音时舌尖就要微微向上翘起（注意不是卷舌），与发平舌音时的舌体大约呈 30–45 度角，舌尖轻点口腔上腭距离牙根 1–2 厘米位置的那个凸起区域，对气息形成阻力，然后立即放开完成发音。只要两者的舌体位置正确，便能将这两个字音发准。

（2）“n、l、r”的辨读

在中国的四川、湖南等地区，不少人分辨不清“n”和“l”这两个声母。例如把“男同学、女同学”说成“蓝同学、铝同学”。我们把这叫做“边鼻音不分”。而在江浙一带，人们又往往会把“r”念成“l”，例如“仍然”念成“棱蓝”。

“n”和“l”都属于舌尖中阻，也就是说发音时舌尖微微抬起与上门牙的齿龈接触。但具体到每一个音的发音策略时，两者仍有不同。鼻音“n”，舌尖接触上门齿龈的同时，舌体左右两侧贴住上硬腭靠近牙床附近的位置，使口腔形成一个封闭的区域。喉部送出的气息无法从口中呼出，便只能转而进入鼻腔通路形成鼻音。相反，在发边音“l”时，舌尖同样接触上门齿龈，但舌体左右两侧不接触上硬腭，两者间留有缝隙。这样喉部送出的气息虽然无法从口腔中路直接通过，但可以从两侧的缝隙间流过。保持这样的状态然后快速放平舌体解除口腔中路对气息的阻碍，便能发出边音的“l”。

至于江浙一带将“r”发成“l”，属于没掌握好发音时舌尖翘起的幅度。从发音部位看“r”属于舌尖后阻，因此舌尖翘起的幅度要比舌尖中阻的“l”更高一些，与“zh、ch、sh”相同；从发音方法看“r”属于擦音，发音时舌尖不与前硬腭接触，中间需要留一条缝隙，以便让气息通过，与“sh”相同。找到发“sh”的状态，同时声带稍稍用力发出一个喉音，便是标准的“r”音了。

（3）“j、q、x”的问题

“j、q、x”是唯一一组由舌面与硬腭成阻的声母，发音时存在的问题会比较多。一类是“j、q、x”杂音过重，在发音时带有刺耳难听的气息摩擦的声音；另一个就是尖音问题，发出类似于“z、c、s”一样的感觉。

杂音问题主要出现在塞擦音“q”和擦音“x”的发音过程中。因为这两个音都带有气息和成阻部位的摩擦，如果摩擦时间过长，不够干脆，就会产生长时间的气息杂音。因此只要我们在发这两个音时加快速度，变得更加迅速、干脆，同时在意识上引起重视，就能够使气息杂音得到控制。

至于尖音，其实就是在发音时错误地将舌尖而不是舌面抬起，与上门齿背略靠后的位置发生了接触或是形成了对气息的阻力，这样就会发出带有“z、c、s”感觉的“j、q、x”。只要努力将舌体中段抬起接触上腭，同时确保舌尖抵住下牙龈，就能有效地改善尖音问题。

4. 声母发音练习

接下来，附上一些可作为声母辨读训练的绕口令，供大家学习练习。

◆白石塔，白石搭，白石搭白塔，白塔白石搭，搭好白石塔，白塔白又大。(b\d)

◆白伯伯，彭伯伯，饽饽铺里买饽饽，白伯伯买了个饽饽大，彭伯伯买了个大饽饽。拿回家里给婆婆，婆婆又去比饽饽，也不知是白伯伯买的饽饽大，还是彭伯伯买的大饽饽。(b/p)

◆八百标兵奔北坡，炮兵并排北边跑，炮兵怕把标兵碰，标兵怕碰炮兵炮。(b/p)

◆费家有面粉红墙，粉红墙上画凤凰。凤凰画在粉红墙，红凤凰、黄凤凰，红凤凰看黄凤凰，黄凤凰看红凤凰。粉凤凰、飞凤凰，粉红凤凰花凤凰，全都仿佛活凤凰。(h/f)

◆调到敌岛打特盗，特盗太叼投短刀，挡、推、顶、打短刀掉，踏盗得刀盗打倒。(d/t)

◆你会炖我的炖冻豆腐，来炖我的炖冻豆腐；不会炖我的炖冻豆腐，就别炖我的炖冻豆腐。要是混充会炖我的炖冻豆腐，炖坏了我的炖冻豆腐，那就吃不成我的炖冻豆腐。(d)

◆ 四是四，十是十，十四是十四，四十是四十，四十加上四，就是四十四，四、十、十四、四十四，要是说错了，就要误大事。(s/sh)

◆ 刚往窗上糊字纸，你就隔着窗子撕字纸。一次撕下横字纸，一次撕下竖字纸，横竖两次撕下四十四张湿字纸。是撕的字纸你就撕字纸，不是撕的字纸你就不要胡乱地撕一地纸。(z/zh)

◆ 山前有四十四棵死涩柿子树，山后有四十四只石狮子，山前的四十四棵死涩柿子树，涩死了山后的四十四只石狮子，山后的四十四只石狮子，咬死了山前的四十四棵死涩柿子树，不知是山前的四十四棵死涩柿子树涩死了山后的四十四只石狮子，还是山后的四十四只石狮子咬死了山前的四十四棵死涩柿子树。(zh，ch，sh/z，c，s)

◆ 牛郎年年恋刘娘，刘娘连连念牛郎，牛郎恋刘娘，刘娘念牛郎，郎恋娘来娘念郎。(n/l)

◆ 老龙恼怒闹老农，老农恼怒闹老龙，农怒龙恼农更怒，龙恼农恼龙怕农。

◆ 老罗性懦弱，不活络，老郭很活络，不懦弱。老郭老骂老罗太懦弱，老罗老说老郭太啰唆。老郭不怕老罗说啰唆，老罗却怕老郭说懦弱。(n/l/r)

◆ 日头热，晒人肉，晒得身上好难受。晒人肉，好难受。晒得头上直渗油。(r/sh)

◆ 稀奇稀奇真稀奇，麻雀踩死老母鸡，气球碰坏大机器，正月初一挤着赶大集，看到蚂蚁身长七尺七，八十岁的老头儿躺在摇篮里。(j/q/x)

◆ 哥挎瓜筐过宽沟，赶快过沟看怪狗，光看怪狗瓜筐扣，瓜滚筐空哥怪狗。(g/k)

◆ 一面小花鼓，鼓上画老虎，宝宝敲破鼓，妈妈拿布补，不知是布补鼓，还是布补虎。(g/h)

三、韵母的发音训练

1. 元音和韵母

学习了声母的概念之后再来看韵母，就变得非常易于理解了。所谓韵母，就是声母后面的部分。

说起韵母，同样要提到一个与“辅音”相对应的概念——“元音”。元音是一种在发音时声带振动，气流在口腔中不受阻力而发出的清晰响亮的乐音。简单地说，我们在小学语文课上背诵的汉语拼音表中最前面的“ɑ、o、e、i、u、ü”就是元音的最基础形式，同样这一些也全部都是韵母。

然而在具体发音的时候，“ɑ、o、e、i、u、ü”这6个符号却可以转化为9个不同音的韵母。其中“e”既可以成“婀”音，国际音标记作“e”；也可以成“欸”音，国际音标记作“ê”。而“i”代表着三个韵母，既可以成“衣”音，国际音标记作“i”；也可以成“兹”的后半部分，国际音标记作“-i(前)”；还可以成“知”的后半部分，国际音标记作“-i(后)”。另外，还有一个带卷舌动作的韵母“er”，也就是“儿”字的读音，这十个属于最基础的元音韵母。

此外，还有29个韵母，都是由上述元音加上前后鼻音的尾缀“n”、“ng”互相组合所构成。分别是：“ai、ei、ao、ou、ia、ie、ua、uo、üe、iao、iou、uai、uei、an、ian、uan、üan、en、in、uen、ün、ang、iang、uang、eng、ing、ueng、ong、iong”。

2. 韵母的分类

关于韵母的分类，我们具体介绍三种分类方法。

(1)语音结构分类法

第一种按照语音结构来分，可以把韵母分为单韵母、复韵母、鼻韵母三大类。

所谓单韵母，就是我们之前说过的那10个单独由元音构成的韵母“a、o、e、ê、i、-i(前)、-i(后)、u、ü、er”。

韵母的发音主要是由发音时的舌体位置、嘴唇形状以及口腔的开合状态来决定的，单韵母中除了卷舌元音“er”，其余9个元音发音时都有一个特定的舌体位置、嘴唇形状和口腔开合状态，且在发音时保持不变，以确保发音自始至终稳定、统一。

举例说明：发“a”音的时候，口腔打开；双唇展开，上唇略呈一字，下唇略呈半圆；舌自然放平，舌尖略微接触下牙龈。

发“o”音的时候，口腔半开半闭；双唇拢成圆形；舌往后缩，后部隆起，舌两边卷当中凹。

发“e”音的时候，口腔半开半闭；双唇微展，嘴角朝两边稍稍翘起；舌往后缩，后部抬起，舌两边卷当中凹，但幅度比发“o”要小。

发“i”音的时候，口腔比“o、e”更小；双唇扁平呈两条紧紧靠拢的横线，嘴角朝两边微微咧开；舌尖轻轻接触下齿背，舌面前部抬起。

发“u”音的时候，口腔开度同样很小；双唇紧紧缩成圆形，向前稍突，唇型比“o”更小；舌往后缩，后部抬起，幅度比发“o、e”更高。

发“ü”音的时候，口腔开度同样很小；双唇同样成圆形，向前突；舌尖同样轻轻抵触下齿背，舌面前部同样抬起。

通过对以上6个最常见的元音声母发音进行分析，我们不难发现，其实每个单元音的发音动作都有一定的关联性，无外乎是口腔开合、嘴唇形状(唇型)、舌头位置(舌位)互有变化。我们可以把这些规律形成一个表格，便于大家理解：

分类 / 舌位前后 / 唇型 / 舌位高低(口腔开闭)	舌面元音					舌尖元音		卷舌元音
	前		央	后		前	后	央
	展	圆		展	圆			
高(闭)	i	ü			u			
半高(半闭)				e	o	-i前	-i后	
中(中)								er
半低(半开)	ê							
低(开)			a					

单元音韵母发音要领表

第二种类型，复韵母，就是有两个或者三个单韵母组合构成的复合型韵母。韵母发音的时候，口腔、嘴唇、舌体的状态随着韵母的变化而相应做出改变。但这种改变不是生硬的，而是柔和、自然的“滑动”。

由两个单元音组成的复韵母叫做“二合复韵母”，两个元音中前面一个口腔开度大、声音响亮，就叫“前响二合复韵母”，包括“ai、ei、ao、ou”四个，反之则叫“后响二合复韵母”，包括“ia、ie、ua、uo、ue”五个。发音时我们要将重点放在响的那个位置，前后位置则“弱收”或“弱起”处理。

由三个单元音组成的复韵母叫做“三合复韵母”，对于“三合复韵母”来说，必定是当中那部分开口度最大，声音最响，最需要我们着重处理，前后位置同样“弱收”、“弱起”处理。“三合复韵母”总共有“iao、iou、uai、uei”四个。

第三种类型，鼻韵母，就是一个或两个元音和前后鼻音的后缀“n、ng”组合形成的带鼻音的韵母。鼻韵母又可以分成前鼻音韵母和后鼻音韵母。前鼻音韵母有：“an、ian、uan、üan、en、in、uen、ün”八个；后鼻音韵母有：“ang、iang、uang、eng、ing、ueng、ong、iong”八个。

在鼻韵母发音的时候同样需要遵循复韵母发音时的规律，如果鼻韵母由一个元音和鼻音尾缀结合而成，则着重处理元音而不能太过强化鼻尾音的发音；如果鼻韵母由两个元音和鼻音尾缀结合而成，则类似于“三合复韵母”，中间这个元音需要着重处理，而前一个次要原音和鼻尾音全部弱化处理。

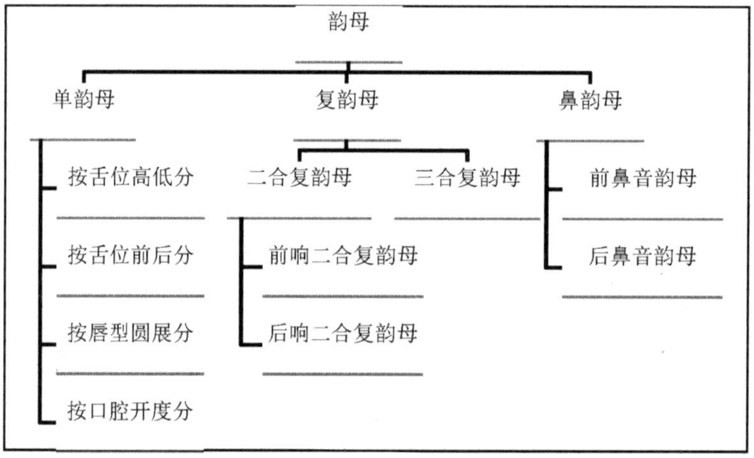

汉语普通话韵母分类表

在我们按照语音结构对韵母做出如上分类后，就可以按照韵母的构成将其拆分为“韵头”、“韵腹”、“韵尾”三部分。韵母中开口度最大、发音最响亮，也就是在发音中要求重点处理的那个元音，就是“韵腹”，韵腹之前的那个元音（如果有的话）就叫“韵头”，韵腹之后的那个元音或者鼻韵母后缀，就是“韵尾”。了解“韵头”、“韵腹”、“韵尾”的概念对我们接下来学习另两种韵母分类方法非常重要。

（2）“四呼”分类法

“四呼”是汉语音韵学中的一个概念，源起于明清时期对于汉语语音的归类研究。按这种分法，可以把所有39个韵母分为“开”、“齐”、“合”、“撮”四类。这种分类正是以韵母中起头元音——“韵头”的发音特点为依据的。

“开”即是“开口呼”，这些韵母的起头元音相对开口度略大，声音粗亮，包括“ɑ、o、e、ai、ei、ao、ou、an、en、ang、eng、ê、-i（前）、-i（后）、er”。

“齐”即是“齐齿呼”，这些韵母的起头元音全部是“i”，包括“i、iɑ、ie、iao、iou、ian、in、iang、ing”。

“合”即是“合口呼”，这些韵母的起头元音全部是“u”，包括“u、uɑ、uo、uai、uei、uan、uen、uang、ueng、ong”。

“撮”就是“撮口呼”，这些韵母的起头元音全部是“ü”，包括“ü、üe、üan、ün、iong”。在这里需要注意的是，“iong”虽然书写为“i”加“o”加“ng”，但实际发音为“üng”。

（3）“十三辙”分类法

“十三辙”是中国传统曲艺艺术中，对于韵母的一种分类方式。古人写诗写词，都需要讲求押韵，而“十三辙”就是对诗词歌赋、戏曲唱词中韵母押韵的一种标准。也就是说，不同于“四呼”是根据韵母的韵头进行分类，“十三辙”是根据韵母的韵尾进行分类的。

“十三辙”具体分类方法如下：

“发花辙”：韵母为“ɑ、uɑ、iɑ”。

“梭波辙”：韵母为“e、o、uo”

“乜斜辙”：韵母为“ê、ie、üe”。

“一七辙”：韵母为“i、ü、er”。

“姑苏辙”：韵母为“u”。

“怀来辙”：韵母为“ai、uai”。

“灰堆辙”：韵母为“ei、uei”。

“遥条辙”：韵母为“ao、iao”。

“由求辙”：韵母为“ou、iou”。

“言前辙”：韵母为“an、ian、uan、üan”。

“人辰辙”：韵母为“en、in、uen、ün”。

“江阳辙”：韵母为“ang、iang、uang”。

“中东辙”：韵母为“eng、ing、ueng、ong、iong”。

之所以介绍三种不同的分类方法，是希望大家能够对韵母中的韵头、韵腹、韵尾都能有充分的认识。把汉语普通话中的每一个字都发准，并不难，但要念得美、念得有韵味，关键还在于对韵母中韵头、韵腹、韵尾的综合把握。

3. 韵母发音要领

总体来说，韵母的发音要比声母更难一些，但除了南方人在前后鼻音上存在系统性的混淆以外，一般很少出现将 A 念成 B 的情况，通常都是念得不到位。在此，简单向大家介绍几类容易出错的韵母。

(1)前后鼻音问题

前后鼻音的问题一直是中国南方地区绝大多数人学习普通话的梦魇。因为前后鼻音不分而造成的交流障碍、闹出的笑话比比皆是。甚至有激进者强烈要求普通话取消前后鼻音的区别。那接下来我们就来看看，前后鼻音的发音问题究竟出在哪里。

比较容易出错的前后鼻音混淆主要是“en”和“eng”、“in”和“ing”，此外少数人“an”和“ang”也会分不清楚。那么我们先从最简单的“an”和“ang”说起。

严格说来，“an”和“ang”虽然书写只差一个“g”，事实上却是完全不同的两个音。两者的韵腹虽然同为“a”，但前鼻音“an、uan”中的“a”我们称之为“前 a”，发音时口型比单元音的“a”略扁，舌头的着力位置靠前(有些类似于小女生说话的感觉)；而后鼻音“ang、iang、uang”中的“a”我们称之为“后 a”,发音时口型比单元音的“a”更圆,舌头的着力位置靠后(有点像唱美声时候的感觉)。

发对了这个“a”就很容易带出前鼻音和后鼻音的尾缀了。前鼻音的“an”在发鼻音时与声母“n”的发音感觉是一样的，舌尖抵住上门齿龈，舌两侧边缘与上颚靠近牙齿贴住，同时舌根自然放松靠下，在口腔前端(牙齿后面)堵塞气息通路，使气息转而进入鼻腔形成鼻腔共鸣，发音时感觉鼻腔下三分之一区域和上齿龈位置有震动感。而后鼻音的“ang”在发鼻音时则是舌尖、舌面贴住口腔下沿，舌根抬起同时软腭(口腔上颚后三分之一，靠近喉咙、小舌头偏前的位置)下降，两者微微接触贴合，在口腔后部(靠近咽腔的区域)堵塞气流通路，使气息转而进入鼻腔形成鼻腔共鸣，发音时感觉鼻腔上三分之一区域和颅腔位置有震动感。

也就是说，前鼻音是在口腔前部用舌尖和上齿龈两个部位堵塞口腔的气流通路，使气流无法通过口腔而转入鼻腔；后鼻音是在口腔后部用舌根和软腭两个部位堵塞口腔的气流通路，使气流早早地进入鼻腔。而前后鼻音的区分靠的就是这两个截制区域的不同。

解决了“an”和“ang”的问题，接下来“en”和“eng”也就容易多了。

前鼻音“en”的“e”，发音部位在口腔的中部，舌尖和舌根放低，舌面升高到口腔当中位置发出；而后鼻音“eng”的“e”，发音部位在口腔的后部，舌尖和舌面放低，舌根抬高到后声腔的上三分之一处发出。至于两个韵母的韵尾“n”和“ng”，发音的位置和“an、ang”的韵尾完全相同。

话虽这么说，但肯定会有朋友问：既然“an、ang”和“en、eng”的韵尾相同，为什么我能分清“an、ang”,却念不准“en、eng”呢？其实问题还是出在前面的韵腹部分。相比较“前 a”

和“后 a”一个在口腔前端，一个在口腔后端，位置分明，韵腹发音完成后自然而然就带到了靠前的“n”音或是靠后的“ng”音；位置居中的“e”和靠后的“e”就不那么泾渭分明了。所以要发准“en”和“eng”，首先是要找到“中 e”和“后 e”的位置，然后通过“an、ang”的辨读找到“n、ng”的位置，最后寻找到从“中 e”到前“n”，从“后 e”到后“ng”的舌头的运动路线。

在这里需要说明的是，有部分人再念“feng”、“meng”这两个后鼻音时，会错误地把“eng”发成“ong”。这是因为首先后鼻音“ong”由于不存在与之对应的前鼻音“on”，大家都可以发对；同时在汉语普通话里又不存在“fong”和“mong”这两个字音。如果把“deng”念成“dong”，就等于是把 A 念成了 B，那是一听就能听出来的；但如果把 A 念成了不存在的 X，那就反而不觉得有问题了。

言归正传，从“an、ang”到“en、eng”，由于韵腹元音的发音距离缩短了，所以鼻韵尾的分辨难度也就加大了。这就不难解释，为什么“in”和“ing”这组前后鼻音是最难分辨的。因为它们的起始位置也就是韵腹的发音位置完全一样，都是从舌体靠前靠上的“i”开始，一个往前一顶堵住口腔发出“n”，另一个则是舌尖下降舌根抬起堵住口腔发出“ng”。这就需要进行反复的锻炼，以达到灵活控制舌体运动的能力，才能从意识上控制前后鼻音的舌位发音路径。

此外，对于刚刚开始学习后鼻音的初学者，还会出现后鼻音偏后的问题。因为要体现出后鼻音的感觉，特地把发音位置靠在口腔最后，造成声音压喉发闷；或是通过加大口型模仿其他后鼻音的发音方法，例如将“eng、ing”发成类似于“eang、iang”的感觉，在中间加一个自己熟悉的“后 a”的状态再移动到“ng”的位置，这样虽能保证“ng”的正确，但多出来的“后 a”同样会令韵母出现差错。

（2）“a”的四种念法

很多人意识不到，在韵母中“a”其实有四种不同的念法。

第一种是正常的“a”，发音位置在口腔正中，舌体自然放平，舌面中部微微隆起。“a、ia、ua”中的“a”都属于这一类。

第二种是之前提到的“前 a”，发音位置在口腔前部，舌体放平，舌前端微微着力。“ai、an、uan”都属于这一类。

第三种也是之前提到的“后 a”，发音位置在口腔后部，舌体方平，舌根抬起。“ao、ang、iang、uang”都属于这一类。

此外，还存在一种比“前 a”更扁更靠前的“a”。它的发音和英语“apple”中“a”的发音相同，国际音标记为“æ”。“ian、üan”都属于这一类。

最后一类是最容易被忽略的。特别在我们朗诵的时候，为了把字音拉开体现出饱满的感觉，经常容易将医院的“院”、眼睛的“眼”中的“a”念成“后 a”，给人感觉像是在发“yang”的感觉，这其实是完全错误的一种发音。所以记住：“圆”的发音口型和唇形都不是“圆的”，而是“扁的”。

(3)拼音书写的误会

在39个韵母中，存在少数几个书写方式与读音不对应的复韵母。这是汉语拼音在设计的时候，为了方便书写而做出的调整。然而有些朋友往往会根据书写来发音，反而造成了误读。

首先是零声母。

零声母是一种特殊的普通话语音现象，即一个汉字音节没有声母，直接由韵母起头。简单的零声母大家都能理解，如“啊”、“爱”、“鹅”之类，拼音直接写作“ɑ”、“ɑi”、“e”。但对于以“i”、“u”、“ü”起头的零声母，由于在书写时会用“y”或者“w”这两个不存在于拼音声母系统中的符号替代，便让大家有些搞不明白了。

事实上“一”、“五”两个字的拼音写作“yi”、“wu”，但读音只是“i”、“u”，“y”和“w”只是一个起头符号，并没有读音；“呀”、“我”两个字的拼音写作“ya”、“wo”，但读音却是“ia”、“uo”，和“家”、“火”的后半部分发音相同，“y”和“w”属于替代“i”和“u”写在拼音头上的符号。

然后是韵母“iu”和“ui”的缩写。

“iu”虽然写作“i”和“u”，但实际上却是三合复韵母“iou”，同样“ui”虽然写作“u”和“i”，但实际上同样是三合复韵母“uei”。但由于书写上的简略，人们往往会忽略中间最主要的韵腹“o”和“e”，直接把这两个韵母念得口型过小、唇形过扁。

同时，当韵母缩写和零声母书写结合到一起的时候，又会出现新的误会。

例如：石油的“油”拼音写作“you”，足球的“球”拼音写作“qiu”，看上去除了最后的韵尾全都不一样，但事实上“you”的韵母是“iou”，“qiu”的韵母也是“iou”，两者是一样的。

同样道理，石灰的“灰”和蔷薇的“薇”，拼音分别写作“hui”、“wei”，但事实上韵母同样为“uei”，看上去不一样读出来仍旧相同。

(4)元音鼻化现象

元音鼻化是部分人在普通话发音中存在的一个系统性问题，即在发音时口腔通路和鼻腔通路同时打开，口鼻同时进行共鸣，使得元音中带上鼻音的色彩。具体的听感就像是捏住鼻子说话一般，字音含混、不清晰。

检查发音时是否存在元音鼻化的问题十分简单，捏住鼻子大声念不带鼻音的字(声母不为m、n且韵母不带n、ng的尾缀)，如果念出来的音色和放开鼻子时念出来的音色不同，捏住鼻子明显发音困难，就意味着存在元音鼻化的问题。

改变元音鼻化的毛病等于要彻底改变一个人的说话习惯。采取的方法是在发音时增加口腔的开合程度，同时放松舌头，避免舌根隆起过高堵住口腔通路。口腔中的共鸣空间变大了，相对就能减弱鼻腔进气的量，进而减弱鼻腔内的共鸣。

那么也要通过意识加强对鼻腔进气通路的开关控制，特别在发一些带有鼻音的字——如“门”、“忙”、“能”的时候，从鼻音声母到不带鼻音的元音韵腹再到鼻音尾缀，在一个字的发音过程中就需要反复开启、关闭、再开启鼻腔通路，这没有扎实的控制能力是很难做到的。

4. 韵母发音练习

接下来，同样提供一些常见的韵母辨读绕口令，供大家训练韵母发音。

◆ 一个胖娃娃，抓了三个大花活河蛤蟆，三个胖娃娃，抓了一个大花活河蛤蟆。抓了一个大花活河蛤蟆的三个胖娃娃，真不如抓了三个大花活河蛤蟆的一个胖娃娃。(ɑ/uɑ)

◆ 白艾艾翟奶奶俩人上街做买卖，白艾艾卖劈柴，翟奶奶卖海带，翟奶奶卖了海带买劈柴，白艾艾卖了劈柴买海带，俩人买了海带、劈柴一起又去买口袋和白菜，艾艾帮着奶奶抬，奶奶艾艾笑开怀。(ɑi/uɑi)

◆ 板凳宽，扁担长。扁担没有板凳宽，板凳没有扁担长。扁担绑在板凳上，板凳不让扁担绑在板凳上，扁担偏要绑在板凳上。(ɑn/ɑng)

◆ 三哥三嫂子，借我三斗三升酸枣子。明年上山摘了酸枣子，如数奉还三哥三嫂子这三斗三升酸枣子。(ɑn/ɑo/uɑn)

◆ 一个大嫂子，一个大小子。大嫂子跟大小子比包饺子，看是大嫂子包的饺子好，还是大小子包的饺子好，再看大嫂子包的饺子少，还是大小子包的饺子少。大嫂子包的饺子又小又好又不少，大小子包的饺子又小又少又不好。(ɑo/iɑo)

◆ 男演员，女演员，同台演戏说方言。男演员说吴方言，女演员说闽方言。男演员演远东劲旅飞行员，女演员演鲁迅著作研究员。研究员，飞行员，吴方言，闽方言，你说男女演员演得全不全。(ɑn/iɑn/üɑn)

◆ 山前有个阎圆眼，山后有个阎眼圆，二人山前来比眼，不知是阎圆眼的眼圆，还是阎眼圆的眼圆。(iɑn/üɑn)

◆ 一葫芦酒九两六，一葫芦油六两九。六两九的油要换九两六的酒，九两六的酒不换六两九的油。(ou/iou)

◆ 一群灰喜鹊，一群黑喜鹊。灰喜鹊飞进黑喜鹊群，黑喜鹊群里有灰喜鹊。黑喜鹊飞进灰喜鹊群，灰喜鹊群里有黑喜鹊。(ei/ui)

◆ 山前有个崔粗腿，山后有个崔腿粗，二人山前来比腿。不知是崔粗腿比崔腿粗的腿粗，还是崔腿粗比崔粗腿的腿粗？(u/ui)

◆ 真冷、真冷、真正冷，冷冰冰，冰冰冷，人人都说冷，猛的一阵风，更冷。说冷也不冷，人能战胜风，更能战胜冷。(en/eng)

◆ 东洞庭，西洞庭，洞庭山上一根藤，藤上挂铜铃。风吹藤动铜铃动，风停藤定铜铃静。(eng/ing)

◆ 同姓不能念成通信，通信也不能念成同姓，同姓可以互相通信，通信可不一定同姓。红心和红星，in、ing 要分清；木盆和木棚，en、eng 念分明。一个前鼻音，一个后鼻音，你要分得清，认真学拼音。(in/ing，en/eng)

◆ 小金到北京看风景，小京到天津买纱巾。看风景，用眼睛，还带一个望远镜；买纱巾，带现金，到了天津把店进。买纱巾，用现金，看风景，用眼睛，巾、睛、金、景要分清。（in/ing）

◆ 平盆面烙半盆饼？半盆面烙平盆饼？半盆面，平盆饼，平盆面，半盆饼。不知是平盆面能烙半盆饼，还是半盆面能烙平盆饼？（en/eng/ing）

◆ 春风送暖化冰层，黄河上游漂冰凌，水中冰凌碰冰凌，集成冰坝出险情。人民空军为人民，飞来银鹰炸冰凌，天上有银鹰，鹰旁有阴云，阴云遮银鹰，银鹰躲阴云，银鹰躲过阴云炸冰凌。银鹰轰鸣黄河唱，爱民歌声震长空。（in/ing/en/eng）

四、声调的发音训练

1. 什么是声调

汉语普通话最基本的三元素就是“声、韵、调”，学习完了声母和韵母之后，接下来我们就要学习普通话最后一个重要的要素——声调。

所谓声调，就是字音音节的高低升降形式。声调和音乐中的曲调有点相似，同样也是由音的高低变化所引起的，我们在唱歌的时候，如果歌词中的一个汉字对应了两个甚至三个不同的音符，那么效果就有点类似于我们汉语普通话中声调的呈现。

世界上人类所使用的各种语言，大致可以分为“声调语言”和“非声调语言”。绝大多数西方的语言全部属于“非声调语言”，也就是说单独一个字或词，本身不会随着语音长短、高低的变化而改变意义。只有在亚洲和非洲小部分地区使用着“声调语言”。

从语言的丰富性上来看，既有字调又有句调的“声调语言”在变化性上远远多过只有句调没有字调的“非声调语言”，语言的节奏感、韵律性也明显优于后者。因此作为汉语普通话的使用者，我们在运用母语朗诵方面具备先天的优势。所以，好好运用汉语普通话的声调对于语言的表“意”来说，对于朗诵的表“情”来说，都是极其重要的。

2. 声调的分类

不像之前声母、韵母的分类那么复杂，汉语普通话中的声调只有4种，因此所有汉字的声调分类也就这四种。只是对它们的命名方式较多。

最简单的一种命名方式，就是我们小学语文课上学过的，把四个声调称之为“第一声”、“第二声”、“第三声”、“第四声”。对于这个，相信大家即便忘记了汉语拼音口诀，也不会忘记这四个声调。

当然，用这样四个名字来命名汉语中最为自豪的声调，显然有些不严肃、不规范。从语音学的角度，这四个声调同样也有其专业的名字。

“第一声”：简称“阴”，学名叫做“阴平”。

“第二声”：简称“阳”，学名叫做“阳平”。

“第三声”：简称“上”，学名叫做“上声”。

“第四声”：简称“去”，学名叫做“去声”。

这四个音调合起来，我们把它们简称为“阴、阳、上、去”。观察仔细的朋友一定会觉得奇怪，“阴、阳、去”三个字分别是阴平、阳平、去声，字调与所指代的调一一对应，为什么第三声会命名为“上声”呢？其实在这里，“上声”的“上”并不是我们习以为常的第四声，而是读成第三声，同“赏”音。

光知道四个声调的名字并没有实际的意义，关键我们需要学习这四个音调该怎么念，才算是正确的、规范的。我们不妨通过下面一个图了解一下每个声调实际的声音高低变化。

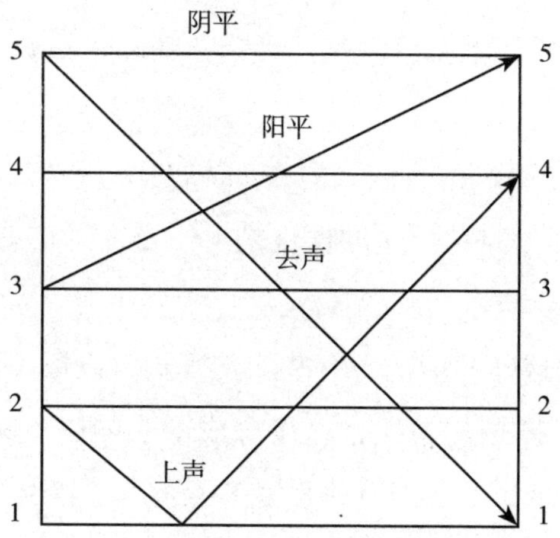

五度标记法

上图就是我们在学习声调时经常用到的“五度标记法”。标注有“1、2、3、4、5”的五条平行线，大家可以理解为是由低到高的五个不同的音高——对这五个音高的感受因人而异，不存在基准或者初始值，因此只要是由低到高的顺序就可以，四条带箭头的黑粗线就是汉语普通话四个声调各自的声调升降示意，我们称之为“调值”。

阴平，它是四个声调中音高最高的，而且自始至终保持在最高的5度位置，因此把它叫做“高平调”，记作“55”。

阳平，它是一个四个声调中次高的，而且有着越来越高的运动趋势，从3度位置开始逐渐升到5度位置结束，因此把它叫做“高升调”，记作“35”。

上声，它是四个声调中唯一一个带拐弯儿的，因此发音的时长最长，从2度位置下降到1度位置，拐个弯儿在上升到4度结束，因此把它叫做“降升调”，记作“214”。

去声，它是四个声调中升降幅度最大的，同时发音的时长最短，从最高的5度直接降到1度位置结束，因此把它叫做“全降调”，记作“51”。

3. 声调发音要领

声调的念法，说起来简单，但要念规范同样不易。接下来我们就具体看看，每一种声调在念的过程中可能会碰到的困难。

(1)阴平不够高

阴平“55”是四个声调中音高最高的一个，可能这会让不少朋友感觉意外。会唱歌的朋友都知道，越是在唱高音的时候需要的气息支撑也就越强，发音器官的控制力要求也就越高。

特别是对于东北地区的朋友，受到方言习惯的影响，说普通话时经常会调值过低，在这个情况下，就要求我们在发音时加强气息的支撑，把阴平调控制在一个响度较高的发音位置。

以下是一些两个阴平相连的两字词语，大家不妨练习一下，看看两个字音的高度是否基本相同(特别是后一个字不能比前一个字低)，会不会出现降调的问题。

【阴－阴连读】

鲜花　丰收　资深　声音　心扉　涛声　收音　跟踪　威风　三星　叮咚

(2)阳平上不去

阳平“35”是一个逐渐向上升高的音调，但在具体操作过程中，部分人会出现升不上去的情况，念成“24”、“344”甚至是“343”。这同样也是由于发音时状态过于松散，专注度不够所造成的。

当然，在练习时也会碰到这样的情况。有些朋友发觉自己阳平调达不到“5”的位置，在练习中可以往上提，致使出现了冒调的情况，直接念成了“346”。这说明发音时专注度足够了，但对于声音和气息的控制力不足，一下子使劲儿使多了，声音超出了自己的驾驭范畴。

因此在阳平的练习时，我们既要从态度上引起重视，避免懈怠，同时又要加强气息、音高的基本功训练。另外还可借助作为“基准”的阴平来帮助练习阳平。

【阳－阴连读】

留声　联播　云端　年轻　田七　黄金　龙须　联军　时薪　洋枪　南方

(3)上声系列问题

上声“214”是四个声调中最为复杂的一个，自然也是发音问题最多的一个。特别对于女生来说，要念出一个标准的上声真的是一件很不容易的事情。

首先会碰到的第一个问题就是“214”中的“1”下不去。上声“214”中的“1”是一个拐点，所以不像去声“51”的“1”那样能够顺势而出，而必须要在“1”的位置停留一段时间——这和我们跑步的时候急转弯是一个道理，肯定需要先减速再加速——所以真实的念法应该是“2114”。

通常而言，女生的音域比较高，在发低音时会遇到一些困难，因此当女生在处理“2114”的上声时，经常就会因为低音下不去或者拐弯处控制不住而声音变哑，甚至发不出来。部分男生同样也可能碰到这个问题。

解决这个问题，比较简单的办法就是根据自己的音域调整自己四个声调的高低幅度。因人而异，对于音域偏窄的人，可以把五个位置之间的音域压缩得小一些；对于音域偏高的人，同样可以把“1”的位置拔高一些，以确保上声中的“1”在自己的可控音域之类。

当然这种方法多少有些消极，同样无助于朗诵基本功的提升。积极的方法还得通过练习加强自己低音区的气息支撑力度，另外通过上下音域的扩展练习加强高低音区的发音能力。只有这样才能从本质上解决上声下不去的问题。

第二个问题，就是“214”中的“14”上不去。不少人会把上声的“214”念成“212”或者“213”，这种情况和把阳平念成“344”有些类似，也是因为发音时状态不够积极，高音区的气息支撑不够、声音控制不够。

同样，原本“214”上不去的朋友一旦重视起这个问题就很容易矫枉过正，在“4”上头花费过多的力量和气息，其结果就是把这个“4”念得特别狠、特别重，甚至出现“2144”这样的一个“卡顿”。事实上，上声的发音就像是“勾”一样，起始的“2”声音偏弱，往下到“1”的时候气力最足，从“1”到“4”则是逐渐收力的过程，随着音调变高音量逐渐变弱，最终收至完结。只有用声音画出了一个“由细到粗再到细”的“勾”，才算是自如地发准了阳平的字音。

在这里，还可以给大家一个小窍门。在练习阳平的时候，大家可以用“低头”、“抬头”的动作来作为心理暗示。在念“21”这部分的时候快速低头，在“14”这部分自然抬头。从“低头到抬头”的头部运动轨迹大约是从“正直到低头”的两倍，因此念“14”部分的时间也差不多是“21”部分的两倍；从低头转为抬头变化的过程也和声音降到最低再升起的状态很相似，低头的同时发最低音同时也会更加省力；抬头过程中的惯性同样适用于“14”发音时由强到弱顺势划过的感觉。从各个角度看，低头抬头的动作都能成为上声发音的动作借鉴。

在此，罗列一些阳平与上升连读的两字词，帮助大家寻找上声后半段扬起的感觉：

【阳－上连读】

扬起　虹口　芦苇　龙女　达喜　允许　迎娶　远古　赔礼　男女　忍者

（4）去声起始不够高

去声“51”在发音时，声音短促有力，时长短不容易暴露问题。此外去声发音由强到弱，到“1”的位置时声音已经弱收完成了，所以末尾“1”不到位并不多见，主要问题一个是起始的“5”不到位，另一个是发音的力度不够。

起始不到位往往会把去声念成“41”或者“31”，发音力度不够往往会把字音拖得很长，类似于阳平的感觉。好在这两个问题通常不难解决，在提高注意力的前提下加强气息力度，使劲儿发音，往往能起到很好的效果。另外，由于去声起调是从“5”开始，和阴平以及阳平的结束位置相同，所以我们也可以借助阴平与上声连读、阳平与上声连读的二字词来进行练习。

【阴－去连读】

欢度　骄傲　飞越　公告　标志　天气　滋味　千岁　光顾　交汇　思路

【阳－去连读】

环顾　同志　如意　随便　豪迈　时刻　怀念　流浪　强迫　流露　残酷

4. 声调发音练习

练习声调比较有效的手段，是念四字成语和五字、七字的诗词。因为字调是加注在每个汉字最主要的位置——韵腹上的，所以练习时必须要字腹拉开，口腔立起，在饱满的吐字基础上，为声调的练习提供字幅空间和发音时间的保障。

【阴－阳－上－去】

花红柳绿　山明水秀　中流砥柱　千锤百炼　光明磊落　思前想后

【去－上－阳－阴】

大好河山　一马平川　四海为家　木已成舟　耀武扬威　驷马难追

此外，还有一首小诗，对于阴平、去声高度不够很有锻炼价值。在朗读的时候请重点注意每一句的最后一个字。

白云飞

白云飞，白云飘。
飘上黄山九重霄，
山越高来景越美，
最高峰上谁在笑。
啊！黄山的云啊！
你那样洁白，那样崇高。
白云飞，白云飘，
飘上悬崖松树梢，
崖越陡来松越俏，
最陡的崖上谁在笑。
啊！黄山的云啊！
你那样美丽，那样骄傲。

在完成了所有声母、韵母、声调的学习后，我们再来看一个十分有趣的儿歌《学好声韵辨四声》。数十年来这首儿歌一直都是学习普通话语音基础的朋友们必不可缺的经典范本。短短一首儿歌便将声母、韵母、声调中的所有要点、难点包括其中。

学好声韵辨四声（吐字歌）

学好声韵辨字调，阴阳上去要分明。
部位方法须找准，开齐合撮属口形。

双唇北边买鞭炮，唇齿复返飞佛峰。
舌面击剑先行气，舌根坏狗喝苦羹。
翘舌身壮善吃肉，平舌做操在三层。
舌中胆大能登岭，道途路难太头疼。
送气倜傥扛枪闯，不送孤军单兵争。
边音脸冷老流泪，鼻音盲目拿柠檬。
塞音尴尬抬头看，塞擦举旗在征程。
擦音好人发诗兴，清浊有别各成声。
合口无话传村外，开口大伯儿子哼，
撮口许愿遇雨雪，齐齿下桥勇见鹰。
归圆小邱走楼道，前鼻心暖人间春。
归展排队买白菜，后鼻张翁擎红灯。
掌握吐字三步曲，呼吸自如求共鸣。
咬住字头归字尾，不难达到纯和清。

五、语流音变

学习了声母、韵母、声调，便意味着完成了汉语普通话中每个字的字音构成。但相信大家都有这样的经验：平常去医院看病、去银行存钱，在排队等候的时候会听到自动叫号系统里“机器人说话”一样的普通话，单独听每一个字都很规范，连在一块怎么听怎么别扭。这是什么原因呢？

原来，在一个个汉字字音连成词语，一个个词语连成句子的过程中，为了避免字音和字音之间“打架”，确保唇舌的运动轨迹自然顺畅，每个字音在组合的过程中都要“打磨”一番——字音的声母、韵母或声调受相邻字音的影响，发生一些细微的变化——这种“打磨”就叫“语流音变”。

举个最简单的例子，我们在念“面”这个字的时候，韵尾“n”属于舌尖中阻的鼻韵母，归音时口腔闭合但上下唇不用闭合。但当“面”组成词语“面包”的时候，由于“包”字的声母“b”属于双唇阻的，必须要先将双唇闭合再打开才能发出这个声音。为了便于两个字读音的连贯，就必须要求“面”字在归音的时候必须要闭合双唇为“包”字的辅音开头做好准备。于是乎“面”字的韵尾“n”就变成了双唇闭合发出的鼻音“m”，整个词的读音也就成了“miam bao”。这就是一个典型的语流音变现象。

除此以外，还有一些约定俗成的变调，需要我们通过学习来掌握。

1. 上声的变调

刚才我们学习过，上声“214”就是“第三声”，是四个字调里用时最长、最不易念准确的一个声调。事实上，上声的难念还不止于此，当上声字与特定声调的字组合成词语时，它的声调还会发生变化。

当上声在一个两字词的前面，而后一个字不是上声（阴平、阳平、去声）的时候，为了节省发音时间，让语流更加流畅，前面的上声会丢失后半段上升的调，直接从“214”变成“21”，我们称之为“半上”。

当上声在一个两字词的前面，且后一个字是上声的时候，为了节省发音时间，让语流更加流畅，前一个上声会变成类似于阳平“35”的一个调子，我们称之为“阳上”。

上述两点，我们即便没有经过学习，在朗诵的时候都不会搞错。但当出现三个上声连在一起的时候，就不是那么吃得准了。

在这种情况下，我们需要看三个字中彼此的关联紧密程度。

例如“好女子”，首先“女子”是一个词，然后再加上“好”，所以我们现将“女子”变调为“35–214”，然后“好”受到变成“35”调的“女”的影响变成“21”，于是“好女子”便念做“21–35–214”。

同样，如果是“广场舞”，那么“广场”是一个词，“广”变调为“35”，“场”依然是“214”，然后“场”再受到“舞”的影响变成“35”，于是这个词就应该念做“35–35–214”。

按照以上的规律，大家来试试看，下面这些词句该怎么念呢？

展览馆　纸老虎　管理者　女小吕　买酒网　两桶水　脚趾头

许老五，请你往北走找柳组长取演讲稿！

2. 轻声

首先要明确，轻声并不是汉语普通话声调中的第五个声调，而是和上声的变调一样，属于汉字声调的特殊变化。它是指在一个词语中的某个字忽然失掉了原有的声调，而被念成较轻、较短的一个调子。

说起轻声，相信绝大多数人都会认为，轻声念出来的调子都是一样的。然而事实却并非如此。即便都是轻声字，声调依然有高低之分，而决定字调高低的并不是这个字本身，而是与这个字组成词语的前一个字的调值。

我们就拿在轻声中最容易出现的“子”字来说明：

“箱子”、“孩子”、“傻子”、“裤子”，反复朗读这四个词语，你便会发现，每一个“子”的音高各不相同。

最高的是“傻子”的“子”。“傻”字的上声因变调变成了“21”，但同样保留着上扬的趋势，后一个轻声字趁势扬起，使得“子”的音调大约落在了五度标记法大约4度的位置。

次之的是“孩子”的“子”。“孩”字的阳平尾音收在5度但同时还有一个上扬的趋势，经过类似“抛物线”的音调滑落后，使得“子”的音调大约落在了3度的位置。

再次的是“箱子”的“子”。“箱”字的阴平虽然同收于5度但因为本身没有上扬的趋势，后一个轻声“子”的字调顺势滑落，落在了大约2度的位置。

最低莫过于“裤子”的“子”。“裤”字的去声本就只有下降的趋势，跟在后面的轻声无法上扬，只能落在大约1度的最低位置。

那么，按照上述的规则，大家来看看下面这些轻声词该怎么念呢？

吃的　男的　好的　看的　飞了　拿了　跑了　用了　背着　扛着　走着　跳着
丫头　由头　火头　年头　哥哥　爷爷　婶婶　舅舅　风筝　和尚　脑袋　力量
生日　行李　斗篷　义气　师傅　云彩　喇叭　大夫

需要注意的是，轻声的朗读难点并不在于轻声词怎么念，而在于如何判断这个词语是否是轻声。因为轻声完全是人们在有声语言应用中约定俗成的，在朗诵作品中不会标注出哪些词语是轻声，一切都须由朗诵者根据经验自行判断。在汉语普通话中有些词语属于必读轻声，有些词语可读可不读，有些词语读轻声和不读轻声词义不同……判断才是把握这一语流音变现象的关键要素。

最后，同样提供一些轻声绕口令供大家练习：

◆桃子李子梨子栗子橘子柿子棒子，栽满院子村子和寨子。刀子斧子锯子凿子锤子刨子尺子，做出桌子椅子和箱子。

◆屋子里面有箱子，箱子里面有匣子，匣子里面有盒子，盒子里面有镯子。镯子外面有盒子，盒子外面有匣子，匣子外面有箱子，箱子外面有屋子。

3. 儿化

儿化是汉语普通话和中国部分北方方言中所特有的一种语流音变现象，词语中的“儿”字不作为一个独立的音节，而是依附于前一个字变成一个“小尾巴”，使得前一个字的读音产生儿化现象。比方说：“花儿”原本应该是“huaer”，但在儿化的影响下则成为了“huar”。

比起轻声，儿化的判别方式简单了许多。绝大多数情况下一个词语的尾部加上了“儿”字，都是儿化韵的标志。当然也会有些没有加“儿”字的词语我们也需要根据实际情况加上儿化韵，比如在形容这样东西小巧可爱的时候，这个同样靠语感来判断。

虽然说着简单，但落实到具体操作环节，它要比轻声更加复杂。因为根据前一个字韵母的不同，儿化的发音方式会有不同的改变。

总体看，大致奉行这样几个原则：

（1）口型大小区分

音节如果是一个比较大的口型，口腔开合具备直接发卷舌音的条件，例如“ɑ、iɑ、uɑ、o、uo、ɑo、iɑo、e、u、ou、iou”，那直接加卷舌动作“r”；

音节如果是个小口型，口腔开合不具备直接发卷舌音的条件，例如“i、ü、-i（前）、-i（后）、ê、üe，则在后面直接加一个“er”的发音。

（2）前后鼻音区分

所有前鼻音韵母——包括“ɑn、en、iɑn、uɑn、üɑn、in、ün”，全部去掉鼻音“n”后再根据上面的第一条“口型大小区别”原则处理，大口型加“r”，小口型加“er”；

所有后鼻音韵母——包括“ɑng、iɑng、uɑng、eng、ing、ueng、ong、iong，将韵腹进行鼻音化处理（就是我们之前提到过的“元音鼻化”），然后再加上儿化韵。

（3）“大 i”同“n”原则

如果音节的韵腹为“ɑ、e”这样的大口型元音，韵尾为“i”——包括“ɑi、ei、uɑi、uei”，这些字在儿化处理的过程中可以等同与韵腹为“ɑ、e”的前鼻音韵母，也是去掉韵尾的“i”然后直接加“r”。

当然即便做了这样的分类，想要分辨清楚哪个字后的儿化韵怎么发音依然很困难。所以关键并不在于死板的记忆，而是灵活地运用口腔空间，寻找最舒服、最合理的卷舌状态。

在此，提供两个儿化韵的儿歌，供大家学习、练习：

◆ 小姑娘儿红脸蛋儿，红头绳儿扎小辫儿，系上围裙儿来做饭儿，淘小米儿，小半盆儿，小白菜儿，剁几根儿，还有一盘儿萝卜丝儿，再来个粉皮儿熬小鱼儿。

◆ 进了门儿，倒杯水儿，喝了两口运运气儿。顺手拿起小唱本儿，唱了一曲儿又一曲儿，练完了嗓子练嘴皮儿，绕口令儿，练字音儿，还有快板儿对口词儿，越说越唱越带劲儿。

4.“啊”的读音变化

最后，我们再来看一下语气词“啊”在朗诵时的语音变化。作为一个用于抒情的字，它经常会出现在各类朗诵文章，特别是诗文之中，因此作为一个朗诵爱好者，搞清楚“啊”字的发音规律是非常必要的。

（1）出现在句前时念“ɑ”

当“啊”出现在一句话的最前端时，例如“啊！亲爱的祖国！”，念原本的读音“ɑ”。

（2）出现在句末时不念“ɑ”

当“啊”出现在一句话或者一个短语的末尾时，它的读音会随着前一个字的韵尾而变化。

当“啊”的前一个字以“u”结尾(包括“ao、iao”，这两个韵母虽然标准的韵尾是“o”，但从“a”到“o”必然会指向“u”的位置)，“啊”念成“wa”。

当“啊”的前一个字以前鼻音“n”结尾，“啊”念成“na”。

当“啊”的前一个字以后鼻音“ng”结尾，“啊”念成“nga”(此时后鼻音“ng”变成了声母，形成一个特殊的发音)。

当“啊”的前一个字以“zhi、chi、shi”的“-i(后)”结尾，或是以“r、er”结尾，“啊”念成“ra”。

当“啊”的前一个字以“zi、ci、si”的“-i(前)”结尾，“啊”念成“za”。

除此之外，当“啊”的前一个字以“a、o、e、ê、i、ü”结尾，“啊”全部念成“ya”。

第三单元　气息与发声

一、气息发声概说

对于朗诵者而言，练就标准、规范的汉语普通话仅仅是最基础的第一步。然而，仅仅普通话标准也无法成为一个合格的朗诵者的。很多朋友都参加过普通话水平测试，普测高分获得者往往未必是一个好的朗诵者。有的是因为语言表达不过关，有的则是因为声音不好听。“沙、嘶、劈、哑”的喉咙诵不出作品的委婉动听，“挤、压、憋、堵”的嗓门儿诵不出作品的大气磅礴，气若游丝的声音诵不出作品的宽厚有力……想要完成一段“中国好朗诵”，必须要有一个“中国好声音”。

1. 好声音的标准

说到“中国好声音”，首先我们得先明确“好声音”的标准是什么。

说到声音的标准，我们又先得从物理学中关于声音的四要素说起。

人的有声语言，同鸟叫声、汽笛声、海浪声、喇叭声……这些自然界、人类社会的声音一样，都是一种客观的声音形式。既然是声音，就可以运用声学原理中的“音高”、“音强”、“音长”和“音色”四个概念进行分析。

（1）音高

音高，是声音的高低。在声学领域，用来测量音高的计数单位叫做“赫兹”（Hz），这并不是一个太陌生的概念。

人的耳朵只能听到一定音高限度以内的声音。这个范围大致在20Hz到20000Hz（通常记作20KHz）左右。随着年岁逐增，人耳会逐渐退化，所能听到的音域也会逐渐变窄。至于那些我们听不到的极高音和极低音，我们把前者叫做“超声波”，后者叫做“次声波”。虽然听不到，但人的身体却能感受到它们的存在。

当然，相比人耳听到的音高范围，人的声带能发出的音高范围就窄得多了。男生的声带较为肥厚,因而发出的声音偏低,大约在60—200Hz的范围内;女性声带较细较薄,发出的声音略高,但也仅仅在150-300Hz的范围内。

对于朗诵而言，好声音的标准并不是发出的声音有多高，而在于可控制音域的广度。面对不同的朗诵稿件——或深沉、或激昂——朗诵者要具备宽广的音域，跨度最好能够达到甚至超过两个八度。并且在自己的可控音域内，能够灵活应用，自由地上升或下降，特别是要具备控制半度甚至四分之一度音高的变化能力。具备这样的声音条件，朗诵才能起伏分明而层次感丰富。

(2)音强

音强，是声音的强度。再简单点说就是声音的轻响。声学上测量音强的单位是分贝(db)，这同样是一个十分常见的符号。

人耳对声音强度的感觉是非常敏锐的，甚至还具备极强的敏感度调节能力。也就是说，在较为嘈杂的环境下，耳朵对声音轻响的变化并不会太在意；但如果在安静的环境下，即便是1db的声响也能听得很清楚。

人类口中能够发出的声音响度大致在20db到100db之间，说悄悄话的声音大约是在20db上下，而全力喊叫的则能达到80—100db。

人在朗诵时所需达到的音量，并不是越大越好。而是要根据稿件内容、思想感情具体把握。平常的叙述大约在50—60db之间，即便要表现出压低嗓门儿说话的状态，声音也不应低于30db，否则听众会听不清楚。有些人在朗诵的时候声音像蚊子嗡嗡叫一样，那显然不是该有的状态。同时，还要具备很强的控制力和爆发力，无论是渐进式由弱到强的声响还是突然喷薄而出的强音，都要能够在嗓子毫不吃力的状态下从容发出。

(3)音长

音长，是声音的长短，也就是发出声音时间的长短。它的记算单位为毫秒(ms)，这显然要比前两个概念更好理解。

人耳对于声音长度的判断并不敏感，对于一个10ms的声音，人只能大致听出这个声音的存在，对于具体的声音信息却无法判断。也就是说，在人耳中，只有具备一定时长的声音才是有变化的。

音长的概念在朗诵中，主要体现在朗诵的语速、节奏方面。

在处理情节激烈、紧张刺激的稿件时，要求朗诵者语速快、节奏感强，每一个字的音长相应就要缩短。在这种情况下，就必须要把握好“快速”和“清晰”之间的关系。如果光顾着加快速度而不顾字音的清晰完整，这样的朗诵是毫无价值可言的，因为没有人听得清朗诵的内容。只有练就了扎实的基本功，唇舌有力、字音到位，才能在朗诵时做到“快而不乱”。

在处理情节舒缓、大气磅礴的稿件时，要求朗诵者放慢语速，同时将每一个字的字幅拉开、字音拉长，这同样要求朗诵者要有很强的吐字功底，在不卡顿、不拖调，不影响语句结构的前提下把每一个字的声母、韵头、韵腹、韵尾都交代清楚、完整，字音饱满、有张力，才能在朗诵时做到“慢而不散”。

(4)音色

音色，就是声音的色彩，具体指声音的特色与本质。音色是无法用计数单位来计算的，每一个物体都有每个物体不同的音色，每个人说话都有每个人不同的音色。音色有好有坏，这完全取决于人耳的主观听感，青菜萝卜，各有所爱。当然，无论人的审美再怎么个性化，好的坏的总是有着起码的判断标准。

一个好的朗诵者需要一个优质的基准音色，也就是自己的声音。同时，根据不同稿件的要求，朗诵者的声音还要具备很强的模仿力和变化性，能够通过发生腔体的变化模拟各种不同的音色。既要基础好，又要富有变化，只有这样才能创作出一篇又一篇的优秀朗诵作品。

通常而言，每个人都有其特定的说话音色，这个音色主要由个人发声器官的特性所决定，同时在成长历程中也会受到各种外界因素的影响。也就是说，一个好声音一半靠的是天生的条件，另一半靠的则是后天的锻炼。在我们对自己的声音进行锻炼的时候，首先要明确自己声音的特质。

有的人喜欢追求那种传统意义上的好声音，男生浑厚有力，女生甜美嘹亮，然后拼尽全力地把自己的声音往那个方向靠，到后来却是东施效颦，画虎不成反类犬。事实上每个人的声音都具备独一无二的特质，只要好好磨炼、善加应用，都能发出只属于自己的好声音。

而至于声音的变化能力，则完全需要靠后天的发音技巧来获得了。尽管每个人的声带长短、厚薄、质感不同，口腔的大小、舌头的长短、嘴唇的厚薄……各不相同，但在说话时它们的运动往往会有不经意的习惯。如果能对这些习惯巧加模仿，同时借助控制技巧改变发声器官的性征，即便在声底上依然存在区别，却仍然能够将他人的音色模仿到七、八成相似。

2. 人体的发声

从某种意义来说，人发出一个语音和物体发出一个声响原理是一样的。

比方说，一把吉他，发出优美的乐声，无外乎经历这样一个过程。首先，手指弹拨琴弦，琴弦在空气中振动，发出一个极其轻微的声响(任何声音的发出，都是物质在空气中振动，使空气的疏密产生变化，形成声波的结果)，然后这个声波传入吉他中空的木制箱体，声波在箱体中反复振荡，形成共振，令声音放大、美化，并最终传入人的耳朵。

对于人体来说，发声的原理也是相同的。

吉他的琴弦就相当于人体的声带，弹拨琴弦需要一个由外施加的力，对于人体来说这个力就是人体内的气息。气息从胸腔送出进入喉腔，从两片薄薄的声带中间穿过，引发声带的振动。声带的振动就如同吉他琴弦的振动一样，产生了一个极轻的声响——我们称之为喉元音。喉元音不仅微弱，而且干涩难听，它与我们真实听到的悦耳动听的元音相差十万八千里。好在人体同样拥有不输于吉他木箱的共鸣器官。喉元音先是在声带所位于的喉腔得到放大，然后向上传至口腔、鼻腔甚至颅腔，向下扩展到胸腔，在各个腔体之中反复共鸣，同时在不同腔体内对高音、中音、低音进行美化，“进化”成为我们所听到的“乐音”——元音。

同时，从声带之间穿过的气息又抵达口腔，在口腔中受到各种发声器官(唇、齿、舌、硬腭、软腭)的阻碍，在保持或破除阻碍的同时形成另一种重要的语音元素——辅音。当元音和辅音相结合，最终形成一个个汉语普通话的语音。

由此可见，人声的发出是一个多器官协同配合、共同完成的复杂过程。

首先，它需要一个呼吸系统。呼吸是人类发声的基础。而呼吸系统要涉及人体的口、鼻、喉、气管、肺……再往深了说，还要涉及到横膈膜、腹(人们所谓的丹田气)等多个器官。

然后，它需要发声系统。声带是人类发声的关键，声带在发声中同样扮演者这样一个“关键先生”的作用，将气息转换为最根本的喉元音。在这基础上，再利用口腔各器官的塑形，生成一个个基础的字音。

最后，还需要一个共鸣系统。这是动力学中的杠杆原理那样，把一个微小的力量转换为巨大的力量。共鸣能够极大地减轻喉部声带和周边肌肉群的发声负担，还能多声音品质加以美化。

正是借助这三大系统的力量，人类发出优美的声音成为了现实。在胸腹部的控制下，气流从胸腔进入喉腔，引发声带振动产生喉元音，喉元音一方面在各个腔体内共鸣、扩大强度，另一方面在口腔中受口腔造型的变化而形成不同的元音音色；同时气流又在口腔发声器官的阻碍下形成辅音，并最终结合成准确、清晰、明亮、圆润的字音，在气息的依托下由口、鼻等通路送出体外，传向四周。

在声音向外传递的过程中，它还会受到外界环境的影响而使它的特质发生改变——对于声波而言，外界空间同样也是一个更大的“共鸣箱”，因此对于受者来说，最终听到的，是经过这一系列因素影响后所形成的声音。

二、呼吸系统：胸腔和腹腔

1. 三种呼吸方法

呼吸，对一切生物来说，都是无需学习就能自如掌握的生存本能。不会呼吸，人便不能存活，所以相信很多人都不能理解，为什么呼吸还要去学习。

事实上，作为满足生存所需要的呼吸，确实无需学习，但这只是人类对呼吸最低层次的需求。当人类在从事某些特殊的活动，比如体育运动、文艺展示时，人体对呼吸的需求就会达到另一个更高的层次，为了更好地满足这个层次下人对呼吸的要求，我们就必须要对呼吸进行研究、进行学习、进行锻炼。

通常而言，人的呼吸可以分成三种模式——胸式呼吸、腹式呼吸、胸腹联合式呼吸。这三种模式从进气来讲，都是一致的，全部由口鼻进气，区别在于气息进入体内之后，储存的位置。

（1）胸式呼吸

胸式呼吸，最常见的一种呼吸方法。呼吸时，肋骨向外扩张，同时前胸部抬起，甚至在大口吸气时还会出现明显的肩部上抬的动作。它的特点在于吸气浅、换气快、进气量少、呼吸轻松。就像在搬运东西的时候一次只搬很轻、很小一部分，搬的时候一点都不累，但需要来回好多次才能搬到一定的量。

胸式呼吸，是世界上绝大多数人日常呼吸的首选方式。平常生活无论是站立、静坐还是慢走，人体对氧气的需求量都不大，胸式呼吸就能体现出其轻松、不费劲儿的优势。

但需要注意的是，作为一种浅呼吸，胸式呼吸吸入的气息仅仅进入了肺部上三分之一处，而中下部三分之二的肺始终处于“睡眠”状态。长期闲置不用会导致肺部器官机能的衰退，令身体健康出现隐患。此外，虽然胸式呼吸进气轻松，但反反复复的换气同样也是一种没有必要的体力消耗，从宏观上看，这不是一种有效率的呼吸方式。

（2）腹式呼吸

与胸式呼吸相对应的，便是腹式呼吸。呼吸时腰腹部向外鼓起，而胸腔没有太大的起伏运动。通常人们所说的“把气吸到肚子里”就是腹式呼吸。腹式呼吸与胸式呼吸完全相反，吸气深、换气慢、进气量大、呼吸难度高。就好比搬东西的时候，一口气搬一大堆，虽然搬的时候费力，但同等量的东西两三次就能搬完，效率更高。

腹式呼吸，相当于中医和武术中经常提到的“丹田气”。根据中国传统学说，人体有三个丹田：双眉之间为上丹田、双乳之间为中丹田、脐下三寸为下丹田。下丹田是人体重要的气门所在，“藏命之所”。所以在吐故纳新的时候需要气沉丹田，才能使全身上下气息通畅，提升人体的种种技能。

说到腹式呼吸，必须要介绍一个生理学概念——横膈膜。横膈膜也叫膈肌，是在人身体内部，胸腔和腹腔之间的一层膜状肌肉。它的特点在于，可以随着呼吸的进行上下运动——横膈膜上升，腹腔变大、胸腔变小；横膈膜下降，胸腔变大、腹腔变小。

从生理概念来分析，人在进行腹式呼吸时，肺部所有肺泡全部打开，就好像是一个气球一样体积增大，受此影响横膈膜下降，腹腔相应变小，但它的器官——肝、胆、胃、肾、肠等的体积是不会因此而缩小的，因此腹部必然会向四周扩张，以确保腹部器官不受挤压。所以腹式呼吸时腹部扩张，并不是把气吸到了丹田位置，而是吸入肺底，腹部只是被动鼓胀而已。

但中国传统理论学说中所认为的丹田气的重要价值却是有科学依据的。把气息吸入肺底能够让肺部机能得以加强，同时肺在气息交换的同时还能排出藏在深处的有害物质，确保身体健康。

腹式呼吸并不是一种多么复杂高明的技巧，它和胸式呼吸一样都是生物的本能行为，腹式呼吸进气深、换气效率高，完全解决了胸式呼吸的短处。但遗憾的是，在大多数情况下人们并不会使用这种呼吸方式。特别对于习惯久站、久坐，缺乏运动的城市人，几乎早就忘却了腹式呼吸的方法。只不过受到现代人不良生活习惯的影响，这种行为正在被渐渐忽略而已。

(3)胸腹联合式呼吸

不同于前两种气息交换的本能行为，“胸腹联合式呼吸法”是人们专程为了有声语言艺术表达的需要而“创造”出的一种特殊的呼吸技巧。指的是胸腔和腹腔各个肌群都参与到呼吸的过程中来，使得呼吸在保证进气量的前提下变得更易于控制。

吸气时横膈膜下沉，腹部及腰、背部周径相应扩大，腰带渐紧；这时便要求腹部肌肉群保持适度紧张(不让腹部肆意鼓胀变大，直接变成腹式呼吸)，保持腹肌收束和横膈膜下沉两者间的“对抗感”；在这种状态下胸腔肋骨打开，胸腔周径相应变大，肺部的吸气达到完全状态。

在呼气时，逐渐打破腹肌与横膈膜对抗的平衡度，使得腹部渐渐收束缩小，同时横膈膜向上提升，胸腔空间慢慢变小，同时胸肋逐渐收拢，气息从口腔流出，完成呼吸运动。

胸腹联合式呼吸在继承了腹式呼吸的优点的同时，又对其存在的不足做出了改进。它的进气量与腹式呼吸基本相当，但气息交换的速率略快于腹式呼吸；有效避免了腹式呼吸时腹部鼓起的状态，对人体呼吸的外在形象有多改观；更重要的是，胸腹联合式呼吸时刻保持着腹肌与横膈膜之间的“拮抗”，从而大大加强了人体对气息的控制力。

2. 朗诵的呼吸要领

传统的表演教学中，对学习台词、朗诵的气息要求是使用腹式呼吸，而胸腹联合式呼吸则是在播音主持专业的教学中被提出，同样应用于播音发声、朗诵发声之中。可见这两种方式的呼吸运动对于学习朗诵都有着很大的指导作用。

朗诵对于气息的要求包括如下几点：

第一，气息饱满，无论是腹式呼吸还是胸腹联合式呼吸，吸气时都能获得较大的进气量，这是胸式呼吸所不能满足的；第二，控制力强，呼气时既要能做到快速的强送气，又要能够做到慢速的弱送气；第三，呼吸自如，无论是完全换气，还是不完全换气，都必须要从容自如，随心所欲。

具体说来，口鼻同时进气，口部出气，呼吸声音要轻、喉或鼻没有杂音；深吸一口气，持续发音时间不能少于30秒，男生最好能达到40秒甚至45秒以上；语句中间的偷气、抢气要又快又轻、不着痕迹。

接下来，我们一起来通过一些训练，找一找腹式呼吸、胸腹联合式呼吸的诀窍和要领。

3. 呼吸训练

对于大多数习惯采用胸式呼吸的朋友，首先要找到“用肚子吸气”的感觉和状态，为此可以采取以下几种方式：

第一种：平躺在床上，头朝上背朝下，如果有需要可以压几本重书在胃部靠下的腹部位置，双手自然搭在书上(也就是放在腹部)。全身放松，渐渐入睡。起初，你会感觉到胸腔、肋骨位置会随着呼吸而鼓起、回缩，随着睡意渐浓，渐渐地胸部的起伏运动就会变小，随之腹部开始出现均匀的起伏运动。在睡着的时候，为了节省体力消耗，提高呼吸效率，人体仍然会下意识地运用起腹式呼吸。因此在将睡未睡时感受腹部的运动，能够感受到自然的腹式呼吸的状态。

第二种：找一把椅子，正坐，眼往前看，保持小腿与地面呈 90 度角，大腿与小腿呈 90 度角、与身体呈 90 度角。然后弯腰，使身体尽量与地面平行，腹部与大腿紧紧贴住，双手向后扣住腰部，拇指伸向腹部，其余四指伸向后背部。然后深吸气，感受吸气时裤带勒紧，后背部肌肉紧绷，鼓起的前腹部与大腿互相抵触的感觉。

在找到这两种感觉后，大致便算是找到了腹式呼吸的状态了。接着我们可以逐渐向胸腹联合式呼吸的要求去靠：

首先，全身直立，两腿稍稍打开与肩同宽，左手叉腰，右手绕到左边腋下贴住左侧胸肋。然后逐渐弯腰，使双腿与身体呈 90 度，缓慢吸气。此时同样可以感到腰围扩大、腰带勒紧、后背紧绷的感觉。然后，当感觉到腹部逐渐鼓胀的时候，尝试借助腹部肌肉群的力量控制腹部的外扩，仿佛给腹部建一道墙壁一样，不让肚子无止境地胀大，同时口鼻依然保持进气状态。这时，贴在胸肋处的右手可以明显感觉到肋部渐渐打开，胸径相应变大。这便是比较典型的胸腹联合式呼吸了。

在此基础上，可以尝试将身体微微抬起一点，与双腿之间形成的夹角慢慢增大，看看之前的状态还能不能找到，如果依然可以找到，则继续抬腰直起身体，直至身体完全直立；如果依然能找到这种吸气时腹部有鼓起的需要，但腹部肌肉控制不让其明显鼓起，同时带动胸腔肋骨打开、胸径扩大的感觉，便意味着找到了胸腹联合式呼吸法的诀窍。

在能够自如完成上述几项练习后，便算是基本掌握了胸腹联合式呼吸法的要领，接下来便需要通过反复的练习来加强胸腹部的控制力，比较常见的便是“膈肌弹法”——“嘿哈”的练习。

正直站立，双手叉腰，两腿打开与肩同宽，双眼正视前方，吸足气用力发“嘿、哈”两个字音。感受在发音时腹部快速收束的状态。“嘿哈”的发音可以有几种不同的方式：一口气念一组“嘿哈”，“嘿”发完腹部半收束、“哈”发完腹部全部收束，然后快速吸气，腹部回弹的状态；一口气念多组“嘿哈”，每一个“嘿”或“哈”发完后腹部都会有细微的收束，直到腹部完全收束后发音结束，吸气，腹部快速回弹；一口气一个字，发完一个“嘿”在发下一个“哈”之前，快速偷气把刚才送出去的气息“偷”回来，下一个“哈”字发完之后同样操作，理论上这样能够发出无数组“嘿哈嘿哈嘿哈嘿哈……”，直到身体疲劳停下休息。

除此以外，在掌握胸腹联合式呼吸法后，还可以通过很多其他有效的方法来练习气息。例如：幻想自己身处于一个美丽的花坛，弯腰状态下深吸一口气，感觉是把花的香味全部吸到鼻子里去，寻找用腹部吸气的感觉；幻想自己面前有个桌子，上面有一层积灰，深吸一口气然后快速呼出，把桌子上的灰尘全部吹掉，锻炼呼气时的腹部支撑；将食指放在嘴前 20 厘米处，幻想手指是一根刚点着的蜡烛，持续轻轻朝“蜡烛”吹起，要让“烛光”晃动又不能让蜡烛熄灭，锻炼呼气的持久性和均匀性，也可以猛吹一口气，把“蜡烛”吹灭，锻炼呼气的速度和力度；吸气后对着远方高喊“喂……”或者“阿毛……”,锻炼气息的长度。以上种种方式,都是锻炼气息的有效手段。

最后，给出一个经典的锻炼气息的绕口令，供大家练习使用：

出东门，过大桥，大桥前面一树枣，拿着竿子去打枣，青的多，红的少，一个枣，两个枣，三个枣，四个枣，五个枣，六个枣，七个枣，八个枣，九个枣，十个枣；十个枣，九个枣，八个枣，七个枣，六个枣，五个枣，四个枣，三个枣，两个枣，一个枣……这是一个绕口令，一口气说完才算好。

此外，在声母、韵母篇章提到的部分绕口令，我们同样可以换一种念法，快速度地一口气念完一整首绕口令，用这样的方法来练习气息。比如：

◆ 会炖我的炖冻豆腐，来炖我的炖冻豆腐，不会炖我的炖冻豆腐，就别炖我的炖冻豆腐。要是混充会炖我的炖冻豆腐，炖坏了我的炖冻豆腐，就吃不成我的炖冻豆腐。

◆ 一个胖娃娃，画了三个大花活河蛤蟆，三个胖娃娃，画不出一个大花活河蛤蟆。画不出一个大花活河蛤蟆的三个胖娃娃，真不如画了三个大花活河蛤蟆的一个胖娃娃。

◆ 白伯伯，彭伯伯，饽饽铺里买饽饽。白伯伯买了个饽饽大，彭伯伯买了个大饽饽。拿到家里给婆婆，婆婆又去比饽饽，也不知是白伯伯买的饽饽大，还是彭伯伯买的大饽饽。

三、发声系统：口腔和喉腔

口与喉是声音发出最重要的两个器官。在日常生活中，如果觉得一个人说话声音不好听，或者“感觉怪怪的”，问题十有八九就是出现在口腔或者喉部。因此，把这两个器官叫做是发音的“核心”也不为过。

1. 喉的发音与喉部保护

(1)声带的作用

之前我们所提到的声音的“四要素”——音高、音强、音长、音色，与喉部声带的特质都有着很大的关联。特别是音高和音色，在很大程度上受到声带的影响。

首先，从物理学上讲，发音的高低取决于物体在单位时间内振动的次数。对于人体来说，声带的振动速率由两方面决定，一个是声带本身的质地(长或短、宽或窄、厚或薄)，另一个是气息的冲击力度。前者的证明就是：男性声带长、宽、厚，受到同等气息冲击时振动的速率慢，发音便较低；女性声带短、窄、薄，受到同等气息冲击时的振动速率快，发音便较高。后者的证明便是：当我们用上气力使劲儿说话，声音变大的同时语调也会同步变高。

然而对人体来说，在这两个因素的基础上，依然存在第三个影响因素。人可以通过意识控制喉部，在一定程度上改变声带的质地，所谓捏着嗓子说话，就是把声带人为地绷紧，使之变得比一般情况下更窄更薄，通过这样的改变，能够发出比一般情况下更高的音。

至于音色，同样与声带相关。声带先天发育不良、或者后天受损的人，说话时声音就会很难听，而“好声音”们往往天生就有着比普通人更加适于发声的声带。此外，在朗诵的时候，我们需要时刻根据稿件内容的变化来改变自己的声音色彩，这就需要通过对声带的控制来实现。甚至有些受过专业训练的语言艺术工作者，能够自然地使用一种甚至几种与自己平常说话完全不同的声线，或是惟妙惟肖地模仿出其他人的音色，这都需要通过喉部的控制来实现。

（2）错误用嗓

日常生活中，不少人都会养成各种各样的用嗓坏习惯，尤其是在朗读、朗诵时，为了表现出与平时不同的声音状态，往往更容易“装”出某种声音，自以为这才像是朗诵，结果却是适得其反。在此举几个典型的错误用嗓方式，大家可以看看自己身上是否存在类似的问题。

首先，是男生说话“压喉”。所谓“压喉”，就是男生在说话时，为了让自己的声音听着更加浑厚一些，而刻意地舌根用力向口腔的后下方（靠近喉咙）位置挤压，致使声音变粗、变厚，但同时音色变得浑浊，字音清晰度严重下降。

压喉是一种典型的为了追求所谓“好声音”而“画虎不成反类犬”的做法，久而久之还会对喉部造成巨大损伤。在此提醒大家，世界上并没有绝对的“好声音”，只有合理用嗓、合理发声，才能展现出自己特有的魅力。

然后，男生说话“女气”是一个愈发严重的问题。也就是说部分男性说话的时候习惯于绷紧声带，制造出类似于女性说话的音色，同时伴以偏软、拖沓的语言习惯，致使语言表达缺乏阳刚之气。特别是现在有个别小学乃至中学男生，说话的音色、口气与女生毫无差别，这样的孩子甚至在朗诵表演时还尤其受到老师的青睐，这值得警惕。

对女性而言，错误用嗓最常见的就是大量虚声的运用。经常会碰到一些女性，平常说话虽然嗓门儿不大至少也算正常，一旦朗诵的时候从头到底全部都是嘘声，声音尖、音量小、绵软无力。而且无论怎么提醒、引导，都很难把嗓门放开、把实声涌出来。

这样的用声不仅仅欠缺响度和力度，同时也欠缺音高的变化。虚声重的女生通常低音下不去，高音容易“劈”或者变成假声，这种声音是完全不符合朗诵的要求的。

除此以外，还有一些初学朗诵的小朋友接受了错误的指导，在朗诵时单纯用叫喊来提升音高、增加音量，造成喉部长时间处于极限状态，同样会对嗓子造成巨大的伤害。须知想要改变声音的强弱，相比喉部的嘶喊，气息和共鸣的科学运用才是真正的钥匙所在。

（3）喉部训练与保护

不同于胸腔、腹腔与口腔，喉部的声带是所有发音器官中最易劳损的器官，而且一旦使用不当造成损伤，就有可能产生永久性损伤。因此通过控制对喉部进行积极的保护，才是喉部“可持续性使用”的根本保障。

在发声过程中，喉部的保护说到底就是两条，一个是保持喉头的稳定，另一个是保持喉部的放松。我们可以在练习元音的发音时将手指轻轻触碰喉头，看看在不同的元音发音、不同音调的发音、不同强度的发音时喉头是否会出现大幅度的上下运动，尽量将喉头的运动控制在一定范围之内；此外发音时不能挤压喉部，让喉部组织出现紧张、紧绷状态，明确“放松也是一种控制”的道理。

具体训练中，我们可以运用各种方式来加强喉部控制。

例如，在睡醒后发“气泡音”——用微弱的气息冲击声带，将声带中间吹出一个小孔，在气息通过这个小孔的过程中，保持喉部松弛，用“ɑ”音、“e”音或“m”音持续发一个很低沉的声音，就会发出一串串气泡一样的声音。气泡音对于每天早晨起床后“开嗓”，或是嗓子疲劳时“按摩”嗓子都有积极的作用。

然后，还可以运用各种音高变化的练习来锻炼喉部，扩展音域。一般选择元音“ɑ”或“i”，从一个最低音或最高音开始，使用上滑音、下滑音（从起始音调开始发长音，均匀、持久地控制音调逐渐往上或往下），上绕音、下绕音（从起始音调开始发长音，音调呈螺旋式上升或下降），阶梯式上升、下降（从起始音调开始发连续的短音，然后一个音节、一个音节地上升或下降）直至发到可控制的最高音或最低音。这些都是扩展音域的好方法。

此外，我们还可以在针对喉部的练习中尝试进行不同音色的变化训练，针对同一篇简单的朗诵稿件，用全虚声、半虚声、半实声、全实声来朗读，或是借助一些元音或者两字词来训练从虚声到实声的变化（例如第一遍发虚声、第二遍发实声，或是两字词的第一个字发虚声、第二个字发实声），或是借助一些朗诵作品，结合其中的情绪变化来训练音色的变化。

以下是一篇经典的语文课文《月光曲》中的节选，文字中情节、风景、情绪的变化，十分适宜进行音色变化的训练，大家可以试着朗读一下：

一阵风把蜡烛吹灭了。月光照进窗子来，茅屋里的一切好像披上了银纱，显得格外清幽。贝多芬望了望站在他身旁的兄妹俩，借着清幽的月光，按起了琴键。

皮鞋匠静静地听着。他好像面对着大海，月亮正从水天相接的地方升起来。微波粼粼的海面上，霎时间洒满了银光。月亮越升越高，穿过一缕一缕轻纱似的微云。忽然，海面上刮起了大风，卷起了巨浪。被月光照得雪亮的浪花，一个连一个朝着岸边涌过来……皮鞋匠看看妹妹，月光正照在她那恬静的脸上，照着她睁得大大的眼睛，她仿佛也看到了，看到了她从来没有看到过的景象，月光照耀下的波涛汹涌的大海。

兄妹俩被美妙的琴声陶醉了。等他们苏醒过来，贝多芬早已离开了茅屋。他飞奔回客店，花了一夜工夫，把刚才弹的曲子——《月光曲》记录了下来。

训练能帮助我们加强对口部的控制能力，使自己的声音变得更加悦耳动听、富于变化。但无论如何，必须要谨记，每个人的声带特性、喉部特性都各不相同，强大的控制能力能让一个人模仿出另一个人的声音，但归根结底那并不是自己最适宜的。比起可以追求传统意义上的“好声音”，倒不如想办法做好喉部的放松和稳定，发出最适合自己的声音，在这基础上的变化发展，才是科学、合理的。

2. 口腔与吐字归音

如果说，喉部是制造有声语言的原材料工厂，那么口腔就是将原材料制造成各种不同产品的加工工厂。从这个角度看，口腔在发声过程中的作用显然更加复杂、更加多元。

（1）口腔的作用

首先，通过对喉部发出的微弱喉元音进行“改良、加工”，口腔“制造”出不同听感的元音（包括个别辅音）；其次，借助口腔中各器官与气息的摩擦、爆破，“制造”出不同听感的辅音；最后，经由口腔将元音与辅音相结合，完成一个个汉字的发音。除此以外，口腔还承担着将微弱、干涩的喉元音美化、放大的作用，这一点我们将在后面的共鸣中具体说明。

关于元音和辅音的“制造”方法，我们已经在上一章中做了具体的介绍。在这里，我们重点谈谈第三个环节，字音的整合。

当我们在听别人说话或者朗诵的时候，经常会有这样的感觉——有的人说话像是开机关枪“突突突”，每一个字都像是打点计时器上打出的小点，听上去特别快、特别不清晰，但真要统计他每分钟的字数，却未必很多；有的人说话则像流水“哗哗哗”，每个字都像是珍珠项链上的一颗颗珍珠，圆润、饱满、有光泽，听着很清楚，一点都不着急，但真要去跟读，却反而未必跟得上他的速度。

由此可见，即便是嗓音条件相似的两个人，用同样规范的汉语普通话发音，在语流之中依然可能会产生截然不同的语音品质。这便是口腔作为“咬字器官”的功能体现。

（2）吐字归音

所谓吐字归音，是我国民间传统艺人数百年来总结出的一套汉语发音吐字的经验规律，过去在戏曲、说唱艺术中广泛采用，现如今经常用于话剧、影视演员、播音员、主持人语言培训之中，对于想要学习朗诵的朋友们来讲，学习吐字归音也是其中必须的一环。

在学习韵母发音的时候我们曾经将韵母分为“韵头、韵腹、韵尾”三部分，处于中间最饱满、最响亮、开口度最大且不可缺的是“韵腹”，之前的是“韵头”，之后的是“韵尾”。

当韵母与声母连接在一起，我们则可以进一步将汉字字音分为“字头、字腹、字尾”。“字头”就是“韵头”，“字尾”就是“韵尾”，而“字头”则是声母加上“韵头”。两种划分方式有着很大的相似性，还是非常好记的。

在这基础上，我们就可以将一个汉字的字音想像成是一颗“枣核儿”（或者说一只橄榄）——两头尖尖的就像是字头和字尾，当中鼓鼓的就是字腹。这个形象的比喻很好地概括了一个字的发音全貌。

字头发音要快速有力、准确清晰，既不能含混，又不能生硬，一针见血、点到即止，便称之为“叼住弹出”；字腹发音开口度大，字音要求圆润、饱满，有长度、宽度、厚度，我们把这叫做“拉开立起”；字尾发音需要把握好“完整”与“轻短”之间的辩证关系，发音到位同时渐弱快收，不能僵硬不能混浊，便称为“弱收到位”。

而想要做到这三点，就必须严格控制口腔中各个器官的发音状态。

(3)口腔发音要领

在处理字头的时候，不仅要求口腔中的各个发声器官具备较好的力度，同时还要具备把力量集中在一个“点”上的能力。须知，在发音的时候，声音的前进通道仅仅集中在口腔、唇、舌等发音器官正中间的三分之一处，因此只有将所有力量都集中在口腔的“中纵线”上，这样的力量才是有意义的。否则纵然用力再大，咬字器官到不了该到的位置，发出的字音又硬又浊、拖泥带水，或是“满脸跑嘴”、面目夸张，这都是不合要求的。

然后，在处理字腹的时候，首先要注意的就是口腔的开度。因为字腹是整个字中开口度最大的部分，只有把口腔打开了，才能把字音的饱满体现出来。具体操作的时候，我们要遵循“提、打、挺、松”的四字原则。“提颧肌”——将脸部颧骨附近的肌肉向上提起(有点像微笑的感觉)，使嘴角微微上扬，在发音时体现出明亮、积极的色彩；“打牙关”——将最靠近口腔内侧的后槽牙打开，加大口腔纵向空间，为字符拉开和口腔共鸣提供基础；“挺软腭”——将口腔上颚靠后柔软的部分向上顶起，加大口腔后部的空间，同时对鼻腔通路加以制约，避免声音习惯性地往鼻子里走；“松下巴”——放松下巴以避免喉部因打开牙关而变得紧张，确保发音时面部肌肉自然松弛，口腔后端和喉部通道畅通。

最后，字尾的处理，重点要把握一个“弱”字，一个“准”字。感觉就像是写书法时的一个“撇”，力度渐收、笔锋渐细，收笔时不多不少刚好到那个位置结束。吐字要领同样如此，一旦力气小了，到不了字尾归音的位置；力气大了，字尾一顿就会抢了字腹的“风头”；收得过快过急，字音欠缺圆润，同样达不到“枣核形”的发音要求。特别是对于刚刚学习前后鼻音的南方人来讲，特别容易把带鼻音的韵尾念得特别“拙”，甚至是可以加大鼻音的力量，且不说这样做前后鼻音分不分得清，至少从吐字归音的角度看，这样的字音是欠缺美感的。

(4)贯口训练

“贯口”，或称“快口”，是一种相声的表演形式，意为“一贯到底”，就是一大段台词一气呵成念下来的意思。贯口有点类似于儿歌或绕口令，但往往长度更长，不单纯纠结于某些字音的辨读，而是一系列相似结构、相近内容的排列组合。这种形式是表演专业台词课程教学中的一项必学内容，通过大段语言的快速背诵，在练习吐字归音的同时，对气息控制、节奏感、表现力的锻炼也能起到很大帮助。

下面，我给大家罗列几段经典的贯口段子，供大家在吐字归音的学习过程中练习、提升。

《满天星》

天上看，满天星，地下看，有个坑，坑里看，有盘冰。坑外长着一老松，松上落着一架鹰，鹰下坐着一老僧，僧前点着一盏灯，灯前搁着一部经，墙上钉着一根钉，钉上挂着一张弓。

说刮风，就刮风，刮得那男女老少难把眼睛睁。刮散了天上的星，刮平了地上的坑，刮化了坑里的冰，刮断了坑外的松，刮飞了松上的鹰，刮走了鹰下的僧，刮灭了僧前的灯，刮乱了灯前的经，刮掉了墙上的钉，刮翻了钉上的弓。

只刮得：星散、坑平、冰化、松倒、鹰飞、僧走、灯灭、经乱、钉掉、弓翻的一个绕口令。

《报菜名》

蒸羊羔、蒸熊掌、蒸鹿尾儿、烧花鸭、烧子鹅、卤煮野鸭、酱鸡、腊肉、松花、小肚儿、凉肉、香肠、什锦酥盘、熏鸡、白肚儿、清蒸八宝鸭、江米酿鸭子。

罐儿焖鸡、罐儿焖鸭、山鸡兔脯儿、菜蟒银鱼、清蒸哈什蚂、烩鸭丝儿、烩鸭腰、烩鸭条儿、清拌鸭丝儿、焖黄鳝、焖白鳝、豆腐鲶鱼、锅烧鲤鱼、清蒸甲鱼、抓炒鲤鱼、抓炒面鱼、软炸虾腰、软炸鸡。

炸白虾、炝青虾、炸面鱼、炝竹笋、汆银鱼、溜黄菜、芙蓉燕菜、炒虾仁儿、烩虾仁儿、烩银丝儿、烩海参、烩鸽蛋、炒蹄筋儿、蒸南瓜、酿冬瓜、炒丝瓜、酿倭瓜、焖鸡掌、焖鸭掌、溜鲜蘑、溜鱼肚儿、溜鱼骨儿、醋溜鱼片儿、三鲜苜蓿汤。

红丸子、白丸子、苏造丸子、南煎丸子、干炸丸子、三鲜丸子、四喜丸子、葱花丸子、豆腐丸子、一品肉、马牙肉、红焖肉、白片肉、樱桃肉、米粉肉、坛子肉、炖肉、大肉、松肉、烤肉、酱肉、酱豆腐肉。

烧羊肉、烤羊肉、涮羊肉、五香羊肉、煨羊肉、汆三样儿、爆三样儿、清炒三样儿、白煨杂碎儿、三鲜鱼翅、栗子鸡、红烧活鲤鱼、板鸭、童子鸡。

四、共鸣系统：口腔和胸腔

在本章的最后，我们要学习的是发声过程中的最后一环，负责声音放大与美化的共鸣。

正如同一个人的声带是天生的一样，人的共鸣腔体也是天生的。身材高大的人共鸣腔体自然就大，矮小的人自然就小，这就好比大提琴、中提琴、小提琴三者在声音的厚度、强度方面会有天然差别一样。但是人与乐器的区别在于，可以通过对肌肉的控制调节共鸣腔体的大小和特性，从而提升效率，改善音质。

人体的主要共鸣器官有喉腔（主要负责放大喉元音）、鼻腔（增加高音的质感）、口腔和胸腔，少数人也会拥有颅腔的共鸣，由于不具备普遍性不做重点介绍。对于朗诵而言，发声共鸣的重点在口腔和胸腔。接下来我们学习的重点也将放在这两个共鸣腔的使用之上。

1. 口腔共鸣

(1)口腔共鸣介绍

口腔虽然不大,但它却是人体发音最主要的共鸣腔体,这是由几方面的原因所决定的。首先,口腔既是语音产生的“工厂”,又是把声音和气息从身体内送出的必经通道,在“生产”、“运输”过程中直接“加工”自然是最便利的;然后,口腔还是人体发声的几个共鸣腔体中最灵活、最复杂、最具变化能力的一个,只有在这样的环境下“加工”完成的语音才是最富有表现力的。

口腔主要负责中音区的声音放大与美化,而正由于我们日常的说话、唱歌、朗诵都是以中音区为主,中音区也是人类发声中最自然、最舒服的音域,因此口腔共鸣也自然是使用最频繁、最重要的共鸣区域。

口腔共鸣和口腔发声几乎是在同一个过程中完成的,因而口腔的形状得保持规范、标准,发声自然也就准确、清晰,共鸣自然也就厚实、饱满。因此,在口腔发声中提到的“提颧肌、打牙关、挺软腭、松下巴”这四个打开口腔的要领,在共鸣的练习中同样具备重要的作用。尽可能地将口腔打开,增加口腔共鸣的空间,在同等情况下共鸣空间越大,产生的声音自然也就越好听。

在这里,需要注意的是,打开口腔并不是简单地张大嘴巴。比起扇形的漏斗,反而是U型的酒杯具备更大的内部空间。因此当我们在练习打开口腔时,不要把注意力过多地方在口腔的前端——张大嘴巴,而是更多地要注意口腔的后方——软腭是否抬起、舌根是否放平、喉部通道是否畅通……做到这几点,即便不用费力地去张嘴,依然能获得一个较大的口腔空间。

(2)口腔共鸣训练

由于口腔共鸣和口腔发声是在统一过程中完成的,因而我们往往对于口腔共鸣的训练并不在意。因此口腔共鸣的训练,首先要从寻找共鸣的感觉做起。

我们可以拿唱民歌的感觉和唱美声的感觉之间的差别,来感受口腔共鸣的强弱变化。唱民歌时,音调往往比较高,口腔整体偏扁,有一种声音是从嗓子里挤出来的感觉,这属于口腔共鸣较弱的发声状态;而在唱美声的时候,感觉发音位置偏后,有一种声音沿着后脑勺往上走的感觉,这属于共鸣较强的发声状态。甚至,可以粗略地理解(未必准确),打开口腔加强共鸣的感觉,会有一点接近于唱美声的发音状态。

感受到了口腔共鸣的存在之后,第二步我们需要去寻找口腔正中央的发音位置和发音状态。此时可以借助发音时口腔开合度大、发音位置正中的一个字音“ɑ”来作为基准,用三种不同的方式来寻找发“ɑ”的延长音的感觉。

第一种是咬苹果的感觉。想像手中拿着一个苹果,放在嘴前“啊呜”一口咬下去,就在牙齿接触苹果的一瞬间,感受一下口腔的开合状态。第二种是打哈欠的感觉。在精神困乏想要打哈欠的时候,适度控制打哈欠时口型的张合度(以颌骨两侧的关节不出现明显开合为适度),打完一个哈欠的瞬间记忆口腔的开合状态。第三种是自然抬头，放松面部肌肉和下巴关节，把头抬至最高，这时下巴会自然打开，同时舌根自然后收，保持住此时口腔所有器官的位置状态，然后慢慢将头部放平，记忆口腔的开合状态和舌的位置。

通过上述三种方法，找到了口腔打开时的状态后，我们就可以进行“a”的延长音的发音练习。通过发音寻找一个拉开、立起的“a”音的状态。只要口腔发音器官位置正确、肌肉松弛，此时的发音必然是口腔共鸣状态最好的。

此外，对于部分口腔打不开的朋友来说，也可以尝试通过发特殊的“nga”音来帮助自己打开紧闭着的后声腔。所谓“nga”，就是以后鼻音的鼻音尾缀“ng”作声母，以开口度最大的原因“a”作韵母，组合发出的一个特殊的语音。这个语音在汉语普通话中并不存在，有些朋友发这个音的时候可能会有点别扭。其实只要把舌根抬起与软腭接触堵塞口腔通路，同时声带振动、鼻腔用力，就能发出作为声母的“ng”，在这基础上加上“a”音，这时所发出的音节比所有汉语普通话字音的音节更靠后，口腔后端的开合程度更大，适宜作为打开后声腔的一个窍门来练习。

2. 胸腔共鸣

(1)胸腔共鸣介绍

胸腔是不可变化的腔体，并且也不参与语音的“生产”过程。但因为胸腔体积是所有参与发声共鸣的腔体中最大的(比口腔、鼻腔、颅腔、喉腔的空间总和还要大得多)，因此它也是一个十分重要的共鸣腔体。

同样，由于胸腔腔体大，对低频的共鸣作用非常明显，因此它在人声共鸣中主要负责低音的放大与美化。但凡我们听到的浑厚的男中音，或是醇厚的女中音，他们往往都有着非常优秀的胸腔共鸣。

之前我们曾经提起，有不少男生在朗诵时希望能够拥有低沉、厚实的声音，于是选择把声音压低、发声位置往后靠，压住喉部，结果导致声音干、涩、混、闷，适得其反。而事实上，通过训练胸腔共鸣，男性的声音完全能够在确保字音清晰的基础上让声音变得更加结实、扎实、厚实。

而对女生而言，大多数女生都缺乏胸腔共鸣，因而调门儿往往偏高，音色偏虚，朗诵时有种声音飘在空中的感觉。而通过训练掌握了使用胸腔共鸣的方法后，女性的声音能在原有的基础上增加更多低音区的泛音，使声音听上去更加明亮、有层次。

由于共鸣看不见，对于初学者而言又同样听不出，因此主要用手触的方法来体会、感受，帮助练习。具体方法是：将手放在胸口正中位置，感受发音时胸腔是否有振动的感觉。需要注意的是，由于发音时喉腔共鸣会带动喉部的振动，而胸腔和喉部连在一起，不少人便误将喉部振动时向上胸部传导的震感当作是胸部共鸣的震感。因此，在判断胸腔共鸣的时候，必须要分清以喉部为发起点向下传导并影响胸腔上部的喉部共鸣，和以胸口位置为核心向四方扩散并影响整个胸腔的胸部共鸣，仔细判断自己在发音时的振动究竟来源于喉部，还是胸腔自身。

（2）胸腔共鸣训练

和口腔共鸣一样，练习胸腔共鸣同样要从感知做起。手放胸口，选择一个中等偏低的音区开始发“a”的延长音，感受胸腔是否有振动的感觉。如果没有，可以逐渐降低音调，或加大音量。如果还是感觉不到，可以将“a”改为“ma”或者“mu”音。

在找到振动的感觉以后，可以倒推“mu”、“ma”、“a”的发音，寻找到中低音区“a”音的胸腔振动感。再接着提高音调，最终确保在发中音区的“a”时胸腔依然能够感觉到明显的振动。

在这个基础上，可以将手掌与胸部接触的位置从中心向四周挪移，感受胸腔共鸣是否足够明显，以至于能够传导到胸腔（横膈膜以上）四周各处，甚至连将手搭在后背上也能够感觉到明显的振动。到这个程度，便算是基本掌握胸腔共鸣了。

在这时，我们便可以将胸腔共鸣与发音器官、呼吸器官相结合，进行全方位的综合练习。

首先，借助共鸣减轻喉部的发音负担，在发中低音区、小音量“a”的延长音时，有意识地减轻喉部的负担，将注意力放在胸口，感觉仿佛声音并不是从喉咙里发出，而是从胸腔直接发出来的一般。在这基础上，逐渐加大音量，依然确保喉部的松弛状态，通过加强胸腔共鸣来提升音量。

然后，将共鸣引入“嘿哈”的发音练习，速度不用快，每完成一组“嘿哈”换一口气，注意发音时膈肌的上抬、腹部的收束，以及吸气时腹部的回弹以及胸腔的外扩。音量不需太大，以确保喉部放松。在这基础下，感受发音时胸腔的振动感。如果在发“嘿哈”时找不到明显的振动，可以改发“咕嘎”、“咚哒”、“牟吗”，找到之后同样倒推回到“嘿哈”的状态。

有些女生在发“嘿哈”时找不到振动的感觉，可能并不是因为缺乏胸腔共鸣，而是在发声母“h”时舌根缺乏对气息的截制力度，致使“h”的发音偏软、拖长，喉部摩擦加剧，影响胸部共鸣的效果。对于这样的情况，我们主要得从声母发音的角度来解决，加强“舌根阻”声母（g、k、h）发音的力度，而不能钻牛角尖，一味觉得是自己的共鸣不够。

第四单元　朗诵的基本技巧

曾经听过这样一个故事。古时候，很多人都仰慕少林寺的绝世武学，纷纷上山拜师学艺，成为寺中的俗家弟子。但在进寺的前三年，师傅不会教授任何的少林功夫。弟子们每天的功课就是挑水、劈柴、念经、坐禅。很多人熬不住三年，便下山放弃，而能坚持下这三年枯燥生活的人，从第四年开始习武，一上手便能突飞猛进。原因在于，三年不断的挑水、劈柴锻炼了他们的身体机能，念经、坐禅锻炼了他们的精神气力，在潜移默化之下，弟子们的基础能力就已经获得了长足的进步。在这样的条件下再来学习武功招式，自然事半功倍。

学习朗诵，同样如此。在之前的两章内容中，分别介绍了汉语普通话的发音要领，以及科学发声的要领，分别就像是少林弟子习武前的辛苦劳作。普通话发音就好比是挑水、劈柴，夯实了朗诵者所必需的外在基本功；气息发声就像是念经、坐禅，夯实了朗诵者所必需的内在基本功，把这两方面的能力牢牢掌握后，再来学习朗诵的具体技巧，就好比是劳作三年后开始学习武功招式一样，稍加点拨便能进步。

所以，或许有的朋友觉得前两章的内容很晦涩、很枯燥，但事实上却是朗诵实践最基础的根基所在。对基础有了全面的了解之后，接下来我们就将进入朗诵的“正题”，一起来学习朗诵的相关技巧。

一、稿件的准备

朗诵不同于演讲、辩论，它不是一种即兴的语言表现形式，必须有文学作品作为依托，在稿件的基础上进行二度创作，才能创造出一个合格的朗诵作品。

当第一次看到一篇朗诵作品的时候，最开始要做的就是了解这篇作品，无论是内部技巧的流露还是外部技巧的展示，都必须建立在了解作品的基础之上。而这个为了朗诵而去了解稿件的过程，便称之为“备稿”。

首先要明确，“备稿”不是“背稿”，虽然两者读音完全一致，虽然绝大多数的朗诵实践也确实需要背诵稿件，但从意义上看，两者完全不同。当我们拿到一篇稿件的时候，不仅需要将它熟读、背诵，更需要全方位地对它有一个全面而又深刻的了解。这才是我们所需要的“备稿”。

通常，一个完整的作品备稿过程分为以下四步。

1. 备背景

朗诵备稿的第一步，了解作品的作者、写作背景和写作目的。就像我们想要深入了解一个陌生人，需要先知道他的姓名、性别、年龄，成长经历、学习背景、工作环境、父母亲友……我们了解一篇文学作品，首先也要从这些宏观性的东西入手。

了解作者，就好比了解了作品的“血统”，同一作者的作品必然会刻上专属于它的风格印记；了解写作背景，则是进一步地去了解这篇作品创作于哪一个时期，当时作者的生活环境、思想感情、情绪态度是什么样的，而这些都会在作品中有所反映；了解写作目的，则是更进一步地去了解作者在创作这篇作品当时、当刻的所思、所想，他希望用这篇文章说明什么、体现什么。而这些，都是朗诵者“二次创作”最初的依据。

2. 备全文

朗诵备稿的第二步，对整片作品进行整体阅读，了解作品的情节、内容、基调、主题。备稿中最忌讳的一件事情，就是拿起稿子直接念出声来。在完成作品背景信息的了解后，首先需要用“看书”的方式将作品全文粗看一边，对文章基本了解。

这一步骤的了解不用做得太过深入，而是要站在一个宏观的层面体会文章的整体。先从宏观入手了解作品的好处在于，不会受到细节的影响，不会纠结于文章中的某一个部分、某一段情节，而能够对作品形成一个完整、客观的印象。这对于朗诵者认识作品、理解作品、感受作品都有着十分重要的作用，能够保证朗诵者对作品的把握是全面的、理解是客观的。如此形成的作品第一印象，有助于朗诵者接下去逐段、逐句分析作品时做到正确、准确、精确。

3. 备段落

朗诵备稿的第三步，对作品进行细致分析，归纳每一段的段落大意，它们之间的情感变化。一个好故事需要有“起、承、转、合”，一篇好文章同样需要内容的起伏、情感的转换、节奏的变化。因此，文章中每一段、每一节的内容，以及从内容中所表现出的情感都会各不相同，并且与全文整体的情感基调有所差异。

这就要求我们对每一个段落、每一个小节进行认真、仔细的分析，寻找到整篇文章情节推进的线索、情感推进的脉络。只有把握了这些后，才能够在朗读时把准文章每一部分的语调、语速、语气，确保自己每一段表达都与作品内容相匹配。

在这个过程中，朗诵者需要将备稿与朗诵内部技巧的使用相结合，共同完成作品的准备工作。

4. 备词句

朗诵备稿的第四步，将作品拆分成一句一句的句子，选择每一句话的外部技巧处理方式。当我们具体了解了每一段、每一节的情节、内容、感情、态度之后，最后需要做的就是思考如何将段落中的这些信息具体落实到每一个字、每一个词语、每一个词组之中，通过外在技巧的运用让每一句的内容都能够清晰地传递到听众的耳中；让每一段的情绪都能够原汁原味地呈现出来，通过语音形式直击听众的心灵；让听众彻底融入整片文章的情感氛围之中，切实地感受到作者与朗诵者共同的思想感情。

在这个过程中，朗诵者就必须将备稿与朗诵外部技巧的使用相结合，共同完成稿件的准备工作。

5. 常备常新

完成了上述四步，才算是将一篇朗诵稿件完全掌握了。但朗诵不仅仅是一种原封不动地将文学作品转换为有声语言的过程，更是朗诵者对文学作品“二次创作”的过程。所谓二次创作就意味着朗诵者必须要将自己的东西融入作品，创造出只属于自己的朗诵作品。

这就要求朗诵者在理解作者思想感情的基础上，将自己对作品的思考植入作品之中，令自己的情感与作品的情感产生共鸣，并且要充分借助自己年龄不断成长、心灵不断成熟、资历不断加深、阅历不断丰富的条件，多层次、多角度、多维度地去理解作品、分析作品、思考作品，在作品中融入更多属于自己的独创。

著名的朗诵表演艺术家姚锡娟十分钟爱法国文学家都德的短篇小说《最后一课》，数十年如一日地去研究这部作品，并且反反复复地在各种场合朗诵它。无论朗诵多少次，姚锡娟老师都会被作品中的情节所打动，观众们更是在姚老师情绪的感染下为之落泪；更难能可贵的是，连续十多年朗诵同一篇作品，姚老师非但没有产生疲倦、厌烦的情绪，反而还能在每一次的朗诵中寻找到作品中新的亮点，展示出不同的东西。将朗诵作品常备常新，可以说是朗诵中最高的境界，也难怪朗诵爱好者们将姚锡娟老师称为“比都德更加熟悉《最后一课》的人”。

二、内部技巧

朗诵的语言表达技巧可以分为内部技巧和外部技巧。

内部技巧主要是指情绪调动的技巧。情感是朗诵的灵魂，一切没有情感的技巧都只是虚假造作的空壳，只有真情实感的流露才能令朗诵有生机、有活力；而内部技巧则是为了最大程度地将内部情感转换为外部语音所需要的相关技巧。

朗诵可以使用调动情绪的方法有很多，甚至说每个人都有各自擅长、有效的方法。在这里简单介绍几种笔者在教学实践中总结出来简单、有效的内部技巧，供大家参考、借鉴。

1. 视像感

所谓“视像感”，指通过有声语言的描述，在听者的眼前描绘出一副与作品中的内容、情节相一致的画面感觉。也就是说，让听众在“听到”朗诵的同时，仿佛也能够“看到”朗诵。

在有些小说文集中，为了便于阅读，作者往往会找人画几幅与故事情节相关的插画，放在文章前后。读者读了文章，又看到了图画，对故事的内容、作者想要表达的思想便能更加理解。

此外，还有一种文学与绘画相结合的艺术形式，叫做连环画。连环画以画为主，以文字内容为辅（文字主要是人物对话等带声响的内容），通过“画”与“话”的结合来讲故事。

而朗诵中的视像感，就有点像是连环画中的图画，主要用于朗诵中对场景、情境的描绘，或是对人物行为、动作的刻画。而且，一个优秀的朗诵者，能够为听众营造的“视像”甚至要比连环画还要丰富多彩，它在人脑中构建的不仅仅是一幅幅静态的图画，更是一段段动态的画面影像。

举一个简单的例子。故事《军礼》是一篇非常经典的朗诵篇目。它的第一段很短,就一句话：

天下着鹅毛大雪。一支红军队伍在零下三十多度的酷寒中艰难地行进着。

虽然只有短短30个字，却把故事发生的时代背景、地点空间、自然环境、人物属性等交代得清清楚楚。这一句话在优秀的朗诵者口中说出，观众仿佛能见到这样一段影视画面：首先是航拍的全景，昏暗的天色中，一片群山密林，天上的雪花簌簌往下落，山林中多数地方都已经被雪染成了白色。接着镜头渐渐往前推，看到了一条蜿蜒的光亮，再往前看，原来是一支行军的队伍，举着火把在黄昏中行军。战士们身上背着包袱、手里拿着枪支武器，受伤的伤员在战友的搀扶下步履蹒跚，每个人的脸上都充满了疲劳与饥寒……

简简单单的30个字，肯定无法描摹出如此复杂的动态场景，但在一篇出色的朗诵中，我们就需要用自己的声音，帮助听众在头脑中快速构筑出这样的一个情境。也就是说，朗诵者要具备将30个字念成300个字，将300个字念成一幅画，将一幅画念成一段画面视频的能力，这便是朗诵中的“视像感”。

当然，听众“眼中”的视像感，绝非来自于听众对于朗诵作品的深刻理解，或是对于朗诵的反复推敲——现场的朗诵表演不同于对文字作品的鉴赏，声音转瞬即逝且无法针对关键内容回读或回放，听众不具备反复欣赏的客观条件。说得简单些，朗诵者必须要先感受到那一幅画面、那一个场景，才能把它如实地交到观众心中。

“视像感”的把握对朗诵效果有着非常重要的提升作用。而对于一个朗诵初学者而言，获取“视像感”的途径主要有这么几种：

首先，可以“画一画”。根据作品的逻辑进程，将其中具备视像感的景与物用画笔画下来，这对于接下来朗诵“出声”会有很大的帮助。而对于不怎么会画图的朋友来讲，就算无法用笔画出来，在头脑中“画”出来总是可以的——就像看电视剧一样，把作品中的场景一幕一幕地在脑海中幻想成视觉画面，也能够达到相同的效果。

然后，还可以“做一做”。对于那些比较具象的动作描写，在做得到的前提下完全可以亲身尝试着做一下。例如同样在《军礼》中有这么一段：

军长用颤抖的手打开了那个纸包，一只红辣椒跳进了军长的眼帘。他轻轻拂去战士肩上的积雪，猛然发现他身上竟然穿得那样单薄，单薄得像一张纸。

这段陈述中军长做了两个动作，并由这两个动作获取了两个反馈——先是打开纸包，看到辣椒；再是拍打积雪，发现他衣服单薄。朗诵者完全可以将军长的两个动作连起来做一遍，一边揣摩军长当时的内心，一边朗读这两句陈述。这么一来朗诵者就能通过对军长动作速率的体会把握朗诵时句子的语速和节奏，进而把握军长此时此刻的心情脉动。

2. 角色感

之前我们说过，朗诵就是一种语言上的表演。根据不同作品，我们经常需要在朗诵中扮演不同的角色。如果朗诵作品是故事，那比较好理解，角色便是故事中的人物、动物，或者其他拟人化的事物；即便在非故事类作品中，我们同样需要扮演“作者”的角色，因为朗诵的过程就是将作者的思想、心情传递给他人，如果不能融入“作者”这个角色中去，同样是很难办到的。

既然需要角色的扮演，朗诵者就要使自己的语言符合角色的特征。但需注意的是，朗诵作为一种对文学作品的二次创作，融入了朗诵者本身的思考与判断。因此朗诵对于作品中角色的临摹，并不是一定要做到与角色百分之百的贴合。相反，朗诵者需要在保持“自我”的前提下进行角色感的塑造。

举个例子，《秋天的怀念》是著名作家史铁生创作的一篇散文，讲述了他在双腿瘫痪之后，与他母亲相依为命的感人故事。故事中有两个人物，但事实上我们却需要把握三个角色的感觉。旁白代表“现在”的史铁生、对白代表“当时”的史铁生，还有他的母亲。摘取第一段作为范例：

双腿瘫痪后，我的脾气变得暴怒无常。望着窗外天上北归的雁群，我会突然把面前的玻璃砸碎；听着录音机李谷一甜美的歌声，我会猛地把手边的东西摔向四周的墙壁。母亲就悄悄地躲出去，在我看不见的地方偷偷地听着我的动静。当一切恢复沉寂时，她又悄悄地进来，眼边红红的，看着我。“听说北海的花儿都开了，我推着你去走走。”她总是这么说。母亲喜欢花，可自从我的腿瘫痪以后，她侍弄的那些花都死了。“不，我不去！”我狠命地捶打这两条可恨的腿，喊着，“我可活什么劲！”母亲扑过来抓住我的手，忍住哭声说：“咱娘儿俩在一块儿，好好儿活，好好儿活……”

文章写于 1981 年，那年史铁生 30 岁，母亲刚去世，文中的“他”双腿刚刚瘫痪，据推测应是在 1972 年后的事情，也就是说 21 岁时候的事情，以此推测，预计文中的“母亲”大约是在 40 多岁的样子。

朗诵时，朗诵者需要同时表现出二十来岁、情绪暴躁、对生失去希望的史铁生；三十多岁、心智成熟、重新燃起生的希望的史铁生；四十多岁、为儿子操尽心力的母亲三个角色。同一个声音表现不同时期不同性别三个人物的声音形象，注定了不可能像演话剧、演电影那样完全“保真”。因此观众对角色把握要求，并不会纠结于人物声音的“型”，而关键在于人物角色的“神”。

在处理讲述性的旁白时，朗诵者需要描摹出一个较为成熟的男性的声音，口气舒缓、情感沉稳，但同时又掺有些许的沉重与自责。而对话里的史铁生则是一个任性、暴躁、成日怨天尤人、自暴自弃的不成熟的青年，语言中时时流露出的是对命运的愤恨以及对人生的绝望。至于母亲，是一个中年女性的声音。在音色中，既要反映母亲经历命运颠簸的沧桑感，又要体现母亲对孩子深沉温暖的关爱之情；在语言中既要表现出面对儿子时的小心翼翼、敏感谨慎，又要表现出内心深深的焦虑与担忧。对于男性朗诵者而言，无须刻意模仿女声，只需要适当调整音色和软腭的控制，让听众感觉到角色的性别、年龄等基本要素，就足够了。

但倘若换一篇其他类型的文章，如寓言故事《谦虚过度》，对朗诵者角色感的要求就完全不同了。

水牛爷爷是森林世界公认的谦虚人。很受大家尊重。小白兔夸它：“水牛爷爷的劲儿最大了！”“唉，过奖了，犀牛、野牛劲儿都比我大。”小山羊夸它：“水牛爷爷贡献最多！”它就说：“哎，不能这样讲了，奶牛吃下的是草，挤出的是奶，它的贡献比我多。”

在这段文字中，有一个旁白和三个动物角色。童话、寓言故事中旁白的角色感都是基本一致的，是一个跳脱在作品之外，给小朋友们讲故事的大哥哥、大姐姐，或者叔叔、阿姨的形象。

至于另外三个动物，则有些不一样了。

首先，朗诵者需要通过音色的变化体现出三种动物的区别，还要给各个人动物印上不同的性格标签。水牛爷爷是年长、谦逊、受人尊重的，同时又有着巨大的体型，声音应该是浑厚、缓慢、亲切的，同时要具备一定的年龄感。

而作为“路人甲乙”，小白兔和小山羊在故事中所处的情境、承担的任务、需要达到的目的都是一样的——因而说话的口气和情感也是基本一致的。唯一不同的只有两者音色上的差别。小白兔体型小巧，并且给人一种温柔乖巧的感觉，声音可以稍轻柔一些；小山羊体型中等，为了体现差异，可以将它表现得更为活泼、调皮，同时声音中带一些细微的颤音，模拟山羊“咩咩”的叫声。

通过上述例子，我们大致可以明白，朗诵者在朗诵过程中所表现出的“角色感”，绝不是完完全全地去把自己的声音形象变成另一个人、另一种物的声音形象，而需要根据不同的作品体裁、作品内容、表达方式、朗诵目的等方面自行判断，需要在哪一方面或者哪几方面贴近角色的属性特征，塑造出既符合作品中人物特征、能够体现角色属性特点，同时又在自身发声器官可控可变的范畴之内，能够自然发声、从容表达的声音形象。

3. 情感替代

“情感替代”是美国“方法派”表演训练体系中的一种理论观点。指的是当演员在表演某种未曾经历过的情感状态时，通过回忆自己曾经经历过的另一种相似的情感状态进行代替。套用美国著名表演艺术教育家斯特拉·阿德勒的一句名言：“如果你感受不到你在瑞士的湖边，你就用你以前在自己家乡湖边的经历去替代。”

作为一种内心情绪的表演技巧，“情感替代”在朗诵的情感抒发过程中也有着很强的适用性。当朗诵者在朗诵一篇文学作品时，作品中的某些景物可能是朗诵者从没见过的，某些事情可能是朗诵者从未经历过的，某些感受可能是朗诵者从未体验过的，某些情感可能是朗诵者从未感受过的……面对这些陌生的元素，我们就需要运用“情感替代”的方式加以弥补。

摘选一段革命回忆故事《一碗炒面》中的片段来具体说明“情感替代”在朗诵中的运用方法：

迷迷糊糊过了很长时间。当我又一次睁开眼睛想看看这个世界时，忽然发现一个三十多岁、憔悴、疲惫都不亚于我的同志，站在我面前，伤心地望着我。

“怎么？病啦？”

“不。”我苦笑着说，“……两天……什么也没吃了，走不动……”我尽所有的力气想把声音放大些，使他明白我的处境。

“啊！是这样。”他连忙低下头来，解开已经空了大半截的米袋，从里面倒出一碗黄灿灿的炒面来。那是多么好的炒面啊！我闻到那香喷喷的味道，恨不得一手抓到嘴里大嚼一番。可是当我看见那已经差不多空了的袋子时，我的心一沉，便说：“你也要赶路，我怎么能要你仅有的一点口粮呢？”

他见我这样，流下泪来，并且用嗔怪的语气对我说：“同志，你到这个地步，还想那么多干吗。我不能亲眼看着自己的同志活活饿死。”我也流泪了，这是感激的泪，一时不知再说什么好。

他又从小沟里弄来一碗清水，和炒面一起推给我，并且不住地叮咛：“不要急，慢慢吃。”

这是一段文笔朴素却情感深厚的革命故事。在长征路上，一位战士为了另一个因为饥饿晕倒在路边的陌生革命同志，拿出了自己仅有的一点点粮食，只是因为他“不能亲眼看着自己的同志活活饿死”。

相信我们大多数朋友都没有感受过两天没有吃东西的饥饿感，对“饿”的经历或许仅仅停留在“没到饭点儿肚子就咕咕叫”的概念上，这显然是无法正确演绎作品中的“我”因为饥饿而昏迷、掉队，甚至有可能丢了性命的感受。

为了能帮助朗诵者更好地体会作者的感受，我们可以从以下几方面进行情感的替代：中学的时候，体育课或者运动会上，参加五千米跑步的测验或者比赛。跑到一半就感觉心跳剧烈、双腿发沉，甚至大脑缺氧、五感模糊……大学的时候，参加新生军训，顶着炎炎夏日在操场上站军姿、走正步，皮肤被太阳晒得发痛，豆大的汗滴从额头流下迷住了眼睛……工作的时候，为了完成一个紧迫的项目，连续 72 小时埋头工作，饿了就吃外卖、困了就喝咖啡，策划一遍又一遍推倒重来……

这样的经历虽然远不能和长征时期饥寒交迫的红军相比，但或多或少能够给作品带去一些“苦”的感受。而只有在文章开头感受到了苦，才能在接下去感受到“一碗炒面”的珍贵，以及将这碗炒面给自己的红军战士的伟大。

最后，需要特别说明的是，情感替代归根结底是一种经验性的替代，是建立在朗诵者个人已获取的生活体验的基础之上的。朗诵者所经历的事情越多，就越能够从“经验库”中找出与朗诵内容最贴近的情感予以替换；朗诵者如果缺乏足够的经历或是有经历却不注意情感体验的积累，便会“情到用时方恨少”，关键时刻找不出恰切的替换情感，便只能胡编乱想、蒙混过关。所以，尽可能地增加个人的经历，同时加强个人的感受力，这对朗诵时情感的替代用处巨大。

三、外部技巧

说完内部技巧，再来看看朗诵的外部技巧。相对于帮助朗诵者寻找情绪状态的内部技巧而言，外部技巧更能称之为“技巧”，因为它更像是一种有声语言应用的技术手段。

1. 重音

重音是语言表达艺术中一个非常基础的外部技巧。所谓重音，就是在文中需要着重强调、重点突出的词或词组。

（1）重音的理解

任何有声语言艺术，最怕平淡无奇，没有强调的语言非但不能让人感动，就连最基本的信息传递都得不到好的效果。

对于朗诵而言，长时间用一种音高、音强、音色来朗诵，听众一开始可能还会被朗诵者优美动听的声音所打动，可听着听着就会感到麻木，接着就会心不在焉。但倘若朗诵者的声音时刻都随着内容的变化而变化，再加上自身优美的声音、标准的吐字，便能令听众从头到底沉浸于朗诵作品之中。

关于重音，有几点需要我们引起注意。

首先，在文中重音可以根据其重要程度分为“主要重音”和“次重音”，有的字词在整句话乃至整段当中都有着非常重要的作用，即为主要重音；主要重音前后也会有一些比较重要，不可忽略的，我们可以把它们当作次重音处理。当然，语言的表达并不是一个机械的过程，我们不可能把每一个主要重音、次重音的强度都定量规定，这需要朗诵者根据自己的理解、判断自行把握。

然后，在文章中，重音的选择和处理方式都是无法定则、因人而异。因此，对于我们朗诵初学者而言，没有必要过分地去模仿名家的朗诵。找到自己最适合的表述方式，才能达到最好的朗诵效果。

最后，句子中的重音往往和停顿有着非常密切的关系。因此在中国传媒大学的教学中，重音和停顿(停连)是放在同一章节中教授的。至于两者间到底有什么样的关联，我们在下一部分关于停顿的学习中再做具体介绍。

(2)重音的分类

重音的分类，方法各异，种类繁多。在概念上，大家可以粗略地把重音分为两大类。

一类是落实于文本之上的：从语法结构、语言逻辑、文章书写方式上来看，这个字词在文中处于重要位置。这种类型通常是文中的主语、谓语、宾语这些比较重要的部分。例如，朱自清的名篇《匆匆》中的最后一句：

你聪明的，告诉我，我们的日子为什么一去不复返呢?

这句中，重音通常是落于“日子”和“不复返”上面，这显然是句子中的主要成分，同时也是语意的重点所在。这种重音的选择，即便是完全没有接受过朗诵或者其他相关艺术语言训练的人，只要学过语文，就一定能够找对，能够念对。

另一类是落实于表达之上，也就是说从语法结构来看这个字词并不是很重要，但是在具体的表情达意中却起着作用。这种类型往往会是一些形容词、副词，或是从句中的一些内容；或是从朗读的音韵感考虑，特意用改变重音位置的方法来避开一些重复的信息。例如在鲁迅的《秋夜》中的第一句：

在我的后园，可以看见墙外有两株树，一株是枣树，还有一株也是枣树。

在这句话中，第一个重音“两株树”是一个落于文本之上的重音，介绍本文中的“主角”是什么。当然从整句话来看，这个重音的作用并不是太大，只能算是次重音。

后半句话是我们分析的重点，在这里面可以找出“两组”重音。一组是“一株”和“还有”，另外一组是“枣树”和“也”。相信有很多人不理解这两组的分组标准，其实是这样的：

在前半句话中，“一株”是一个次重音，和“两株树”相呼应，而“枣树”则是重音，告诉大家是什么树。而由于前半句出现了“一株”这个次重音，所以后半句的“一株”肯定不能再是重音了，否则听感上会让人烦腻，于是我们把次重音放在“还有”上面，与前面的“一株”形成对应关系；然后“枣树”同理，既然前面出现了重音处理，后一个“枣树”必须要弱化，于是我们在“也”字上加重，体现出两棵树“其实是一样的”这个信息点。

像这种从语法逻辑上看不应该成为重音，但从声音的具体应用，或是表情达意的角度考虑，却会被“调整”成重音，我们大多视作是作用于表达上的重音。

(3)重音的使用

重音在口语传播的方方面面，都有着广泛的运用、显著的作用。很多人即便是不了解语言艺术的朋友都知道说话要有重音、演讲要有重音、朗诵要有重音，但在具体操作过程中，很多人会“想当然”地认为，重音就是要加重的字音。别的字念得声音轻一些、字幅短一些、语调低一些，重音要念得声音响一些、字幅长一些、语调高一些，轻、短、低的那些就是非重音，响、长、高的那些就是重音。

其实这个观点并不正确。诚然在多数情况下，特别是日常语言表达中，我们确实会把需要强调的重音念得更响、更长、更高，但并不是每一个重音都必须要这样去处理。有的时候，根据语境需要，我们也可能会把重音念得比其他部分更轻、更短、更低。

在高尔基的名篇《海燕》中就有这样的例子。

乌云越来越暗，越来越低，向海面直压下来，而波浪一边歌唱，一边冲向高空，去迎接那雷声。

雷声轰响。波浪在愤怒的飞沫中呼叫，跟狂风争鸣。

在这两句话中，“暗”、“低”、“压”、“轰响”、“争鸣”都是句中需要强调的重音(根据不同理解，可能还有其他的重音，在此仅用这几个字词来做分析)。从语义上看，前三个中“压”是主要重音，“暗”和“低”是次重音，这三个重音都必须要在保证力量的前提下，用更为低沉的方式来处理，为了不让音调往上冒，甚至可以把声音往口腔后面靠，借助气声把字音“压”住。此时，低沉浑厚的重音能够体现出乌云密布的天空给人的压抑感，符合作品中的情感表现。

而后一句中“轰响”、“争鸣”则必须用大音量、高亢的实声来处理。这两个重音必须要用强有力的方式予以呈现，展现出作者坚定的思想意志和强烈的抗争精神。

2. 停顿

和重音一样，停顿也是一种非常基础的有声语言表达外部技巧。但区别于重音是语句中单个字或词语的处理方式，停顿则是句中词语与词语、词语与词组、词组与词组之间，甚至是短句与短句、段落与段落之间关系的处理方式。

停顿与连接是一对辩证关系的概念，有停才有连，在句子中处理好了字词与字词之间的分隔、停顿关系，同时也意味着处理好了那些没有分割、停顿关系的字词与字词之间的连接关系。

因此在中国播音学的外部技巧概念中，又把停顿称之为“停连”。

（1）停顿的理解

相信大家都有过这样的经历：在火车上听着车轮滚过铁轨时发出的“咯噔咯噔”的声音，人往往就会变得很困，很容易就会呼呼睡去。

但倘若我们听的不是火车在铁轨上发出的声音，而是小鼓敲击出的“咚咚咚、咚咚，咚咚咚、咚咚咚，咚咚咚咚、咚！”，便不那么令人感到困乏了。由此可见，当同样的声音出现了停顿，出现了快慢速度的变化，它便能从原本枯燥乏味的噪音变成丰富有趣的音乐，给人以美的享受。

在有朗诵的过程中，停顿的作用同样如此。它将原本无序的文字按照某一种规则，或是语言的内容意义、或是表达的情绪态度，重新排列组合，使之获得类似于音乐一般的美感，令信息的传递变得更加有效、便利。

关于停顿，同样有几个要点需要大家关注。

首先，我们要明确停顿与标点符号的关系。标点符号中的顿号、逗号、句号都有着分割语句、制造停顿的作用。为了情绪的表达以及朗诵的效果，我们需要突破标点符号的限制，用更符合传情达意要求的方法来处理朗诵中的停顿与连接。

其二，就像是重音分为主要重音和次要重音一样，根据语意、段落节奏和情感状态的不同，每一处停顿的时间必然也是长短不一、各不相同。一篇文章中没有任意两处的停顿时长是完全相同的，因此在我们学习朗诵中的停顿技巧时，绝对不能指望依靠“定量”的方式来计算每一个停顿时间该有多长，必须要靠自己的理解与感受，找到最舒服的停顿长度。

其三，在朗诵中，停顿的位置同样也是式无定式的。同一句话，不同的朗诵者可能会有不同的停顿方式。有人把停顿放前面，有人把停顿放后面，有人完全不停顿，方式方法不一样，最终的效果都有可能是积极、有效的。

（2）停顿的分类

关于停顿的分类，我们同样也可以根据不同的分类标准、思路，得出多种不同的分类方法。在此，仅用最简单的方式向大家介绍三种不同的停顿。

第一种是受制于标点的停顿。

标点符号是书面上用以辅助文字记录的符号，分为“点号”和“标号”两种。“点号”主要表示句子中的停顿，包括有句号、逗号、顿号、问号、感叹号等；“标号”主要用来标注词语或句子的性质，比较常见的有破折号、括号、省略号、书名号、引号等。

“点号”表示停顿，在朗读的时候自然需要在出现“点号”的时候有所停顿。而且根据符号的不同，停顿的时长相应也会有长短变化。句号、问号、感叹号自然要停的时间长一些；逗号、顿号停顿时间相对要短一些。“标号”虽然不代表停顿，但在朗读的时候，为了让人分辨清标注内容与非标注内容间的区别，我们也需要借助停顿和重音这两种表达技巧予以区别。

当然，由标点符号决定的停顿，属于文中最“死板”的停顿。这是因为标点符号仅是对文字的辅助，帮助读者理解文本内容，当文字转换为有声语言之后，标点符号的“管理能力”就不如文字那么强了，因而在朗诵的时候，有些地方有标点符号却未必需要停顿，有些地方没有标点反倒需要停顿。例如，胡适的讽刺寓言《差不多先生传》最后一段：

他的名誉越传越远，越久越大。无数无数的人都学他的榜样。于是人人都成了一个差不多先生——然而中国从此就成为一个懒人国了。

第一句“他的名誉越传越远，越久越大”中间有一个逗号，从语句的连贯性来讲，完全可以连起来处理。最后一句“然而中国从此就成为一个懒人国了”中间没有一个标点符号，但为了突出强调，我们一般在朗诵的时候，会在“中国”的后面、“一个”的后面都停顿一下，这样朗诵的情绪感和韵律感都会加强，也更有结束感。

第二种是受制于气息的停顿。

文学作品中的语句有长有短，但人的气息长度却是固定且有限的。在朗诵中碰到短句，即便一句一停也不会有什么问题，但一旦碰到长句子，气不够用了，那就必须要在句子中间停顿一下，做一个气息的调整。这个往往被叫做“生理停顿”，为了保证朗诵过程中气息的充沛而作的停顿。

这样的停顿通常比较好理解，但即便如此，我们同样需要在长句中寻找最合适的停顿位置，并且用最短最快的时间完成气息的补充，并最终不留痕迹地完成句子的表达。当气息不足的时候，寻找长句子中语义相对不那么紧凑的位置，在不影响句子的起伏与节奏的前提下，用胸式呼吸的方法快速用口吸入一小口气，进气量只要确保能够完成这句话即可。然后这句话念完之后，重新调整气息，处理下一句内容。

还有一种情况，是朗诵者本身的气息十分充足，但朗诵作品中的人物形象却处于一种气息不足的状态，例如重病、重伤、结巴、激动过度等等，当朗诵者在模拟角色的这些状态时，也会刻意地表现出气息断断续续，造成语言中反复停顿的状况。以《差不多先生传》中差不多先生死之前的一段话为例：

差不多先生差不多要死的时候，一口气断断续续地说道：“活人同死人也差……差……差不多，……凡事只要……差……差……不多……就……好了，……何……何……必……太……太认真呢？”他说完了这句话，方才绝气了。

在这里，作者使用了大量的省略号，来体现差不多先生将死之时身体虚弱，说话断断续续的状态。在朗诵时，朗诵者不应太过纠结于具体哪里有省略号，哪里没有省略号，而是要靠自己对人物状态的体验，用自己的情绪状态来判断、把控，在哪里停或多久，更能够表现出当时角色的真实状态。

第三种是受制于情绪的停顿。

这种停顿受制于标点的停顿相对应，是专门为有声语言表达而“定制”的停顿。它的目的是为了更清楚地传递信息，更明确地表明态度，更鲜明地抒发感情，因而这种停顿往往和重音有着非常密切的关系，要么在重音前停顿，要么在重音后有停顿，停顿与重音互相配合，将原本处于平列状态的文字变得有强有弱、有轻有重、有起有伏。

以小学语文课本中的课文《月光曲》为例，第一段是这样的：

两百多年前，德国有个音乐家叫贝多芬，他谱写了许多著名的曲子。其中有一首著名的钢琴曲叫《月光曲》，传说是这样谱成的。

这一段话中，钢琴曲名“月光曲”是全段最重要的内容，自然需要加以重音突出，而作为与重音的配合，在“著名的钢琴曲叫”的后面，同样也会安排一个停顿，两者共同突出曲子的名称，引起听众的注意。

再看看文章的最后一段：

兄妹俩被美妙的琴声陶醉了。等他们苏醒过来，贝多芬早已离开了茅屋。他飞奔回客店，花了一夜工夫，把刚才弹的曲子——《月光曲》记录了下来。

在这一段中，钢琴曲名“月光曲”同样也是重音，但停顿则出现在了它的后面。在重音的强调之后稍作调整，再念完全篇的最后五个字，朗诵便有了一种结束感。

(3)停顿的使用

对于停顿的使用，我们大致要注意几方面的问题。

首先，我们要根据具体情况，判断究竟是“停”还是“顿”。

“停”可以理解为是英语的“stop”，停止的意思。通常在句与句之间、段与段之间，我们需要“停”。“停”便意味着上一句话、上一段意思的结束。停下之后再重新启动，语气、语调都要有一种重新开始的感觉。

“顿”可以理解为是英语的“pause”，暂停的意思。通常在句子之间，重音前后，我们需要“顿”。“顿”只是节奏上的一种调整，在具体处理上很可能只是前一个字的字尾略微拉长，或是稍稍吸小半口气，然后继续把话说完。在这个过程中，前后的语气、语调都要有延承感，不能让听众觉得好像是“句子断了”一般。

其次，就像是重音的强弱无法“定量”规定一样，停顿时间的长短同样无法用具体的数字来衡量。我们无法就某一个停顿规定具体的停顿时长，一切都必须根据朗诵作品中具体的情节内容、思想感情作出判断。

另外，即便是同一篇作品同一段内容中的同一个停顿，有的朗诵者停的时间略长，有的朗诵者停的时间较短，甚至有人选择不停。只要能够与他处理整篇作品的整体基调相适应，同样不存在谁对谁错、谁好谁坏的问题。

最后，对于朗诵的初学者来说，一定要敢于停、大胆停。近来，随着社会节奏越来越快，人们的语速越来越快，不少人习惯于一口气能说多少说多少，有意识的停顿很少，甚至连句号、逗号也是能不停（气息有余）就不停，能少停（吸气多久就停多久）就少停。

需知，停顿并不是为停而停，而是为了让语言、情感的传播更加有效而主动做出的节奏变化。所以大家在朗诵的时候，千万不要着急，而要根据作品情节的推进、内在情绪的变化而有意识、有控制应用停顿的技巧。

3. 语势

所谓语势，就是语调的趋势。指的是在有声语言表达过程中，语句音调的高低升降、起伏变化。

（1）语势的理解

在介绍普通话的概念时，我们曾经提过，中国汉语普通话，是世界主要语言中惟一的既有字调又有句调的语言。在这里，“字调”指的是每一个汉字的声调，而“句调”则是贯穿于整个句子的语调高低起伏变化。

举个最简单的例子，当我们在说疑问句的时候，大多数情况下最后的语调都会上升，如：

您吃了吗？

这四个字，从单个字来看，第一个“您”字是阳平“35 调”，第二个“吃”是阴平“55 调”，第三个“了”是轻声“2 度”，第四个“吗”也是阴平“55 调”。也就是说，光看字调，第二和第四个字最高，第一个字次之，第三个字最低。

但当这四个字组成一句疑问句时，出现了第一个字的音高最低，随后每一个字都比前一个字略高一些的状况。这便构成了一句“疑问句”的上行语势，即语句出现了一种音调逐字上扬的句调形式。这种形式甚至可以迫使字调做出妥协。我们把这种情况称作“字调服从句调”。

语势的起伏变化，使得朗诵在一定程度上具备了音乐的美感。尽管朗诵一首诗歌并不像唱一首歌曲那样有着如此分明的旋律感和节奏感，但随着字音的流淌，我们依然能够感受到音调随着语意和情感的变化而如同波澜一般上下起伏的律动感，结合重音、停顿及节奏变化，同样能够营造出不输于歌唱的音乐性。根据文学作品的文本内容，合理、灵活地运用各种语势来表情达意，便成了朗诵实践中非常重要的一种技术手段。

（2）语势的分类

尽管在复杂句子中，语调的上下起伏运行态势变化多端，每一个句子的音调高低、句调升降各不相同。但万变不离其宗，抛开句子的结构、内容不谈，光看调的升降变化和行进趋势，还是可以总结出一些规律来的。根据这些规律，我们完全可以将文章中每一个句子的语势归纳为若干个模式，以此来作为语势的分类依据。

对于初学朗诵的朋友来说，可以只记忆三个最基本的类型——“上行、下行、平行”。

在这里，我们可以形象地将语言中的语势理解为大海的波浪。一阵风吹过，海浪向上涌起便是一个“上行语势”，涌到最高处顺势落下便是一个“下行语势”，一个完整的波浪起落便是一个“波峰”型的语势。同样，受到周边波浪力量的影响，海平面中的某一个区域也会出现向下的凹陷，这就像是一个“下行语势”，由低洼处恢复原样又是一个“上行语势”，合在一起便是一个“波谷”型的语势。在朗诵时，我们的语言就应该要像波涛起伏的大海一般，让每一句话上下起伏地运动起来，让每一个字都在这种扬抑变化中“流淌”出来。

（3）语势的使用

通过对语势各种类型的剖析，我们不难发现，虽然同样是四种外部技巧中的一种，语势和之前我们学习的停练、重音不大一样，它并不是某一个字词的力量控制技巧，也不是字词与字词之间关系处理的技巧，而是一句话甚至是几句话起伏变化的技巧。同样，它又不是单个存在、独立发挥作用的技巧，而是必须要多种类型搭配组合、形成合力的技巧。

因此，当我们在进行具体分析的时候，必须要以一整句话、一整段话为研究对象，详细剖析其中究竟运用了多少种语势形态，每一种语势形态之间是否存在必然关联，起到什么样的作用。而不能像学习重音、停顿时那样，单个研究、单个分析。

首先，在单位句子中，我们要使用尽量少的语势上下行变化完成朗诵。语势变化少并不是意味着语言平乏单调，而是要把语句处理得完整、大气。还是用大海的波浪来比喻的话，就是要“多用大波浪，少用小波浪”。

或许这么说大家不太能理解，我们就以中央人民广播电台播音指导方明老师在《中国唐宋名篇音乐朗诵会》上的开场词《荡气回肠唐宋篇》的第一段为例，给大家具体说说何为“大波浪、小波浪”。

星河耿耿，银汉迢迢。从远古奔来的中华文明的长河，千回百转，千淘万漉，使一颗明珠浮出了水面，它的异彩流光，穿过时空，照亮了中国文学长廊，它就是滋养了中华民族文化近千年，并让世界为之回首的唐宋文学。

徜徉在这座文学珍宝馆，我们目不暇接，我们流连忘返。在这里，我们与中国文学史上的众多名流巨匠擦肩而过：迎面走来的是“天子呼来不上船”笑傲红尘的李白，眼望“国破山河在”老泪纵横的杜甫；这一边有听一曲琵琶泪洒青衫的白居易，那一边有登楼远望心忧天下的范仲淹；苏东坡月下把酒，声声向苍天发问，辛弃疾挑灯看剑，夜夜梦里沙场秋点兵；柳永为“有三秋桂子，十里荷花”吟咏歌唱，李清照则为“梧桐更兼细雨”黯然神伤。

唐宋诗词歌赋是一座巍巍丰碑，它计数着中华文明的历史遗产；唐宋文学又是一顶灿灿王冠，缀满了浓缩中国文学智慧的奇珍异宝。这里，你能找到“大江东去”的豪放，也能找到“人比黄花瘦”的婉约；能听到“磨损胸中万古刀”的愤懑呐喊，也能听到“杨柳岸，晓风残月”的浅吟低唱；有怒发冲冠的报国志，也有窗前明月的故乡情；有独上西楼的长相思，有草长莺飞的梦江南；有春光乍泄的蝶恋花，也有斗霜傲雪的一剪梅。捧出这部宝典，我们能感觉到它的分量：刻写历史，它刀刀见血；鞭笞黑暗，它字字带泪；思索人生，它笔笔入理；憧憬光明，它声声不倦。含英咀华，我们也能体味到它的博大：它是历史的凝固，也是现实的观照；是文人的妙笔，也是哲人的沉思；是千里莺啼的锦绣江山卷，也是宫廷王朝的血雨腥风图；它的大漠孤烟，它的塞外鼓角，它的新坟旧鬼，它的金风玉露，共同托起的是中国文学史上的一座珠穆朗玛。

今天晚上，在这个古来圣贤千百次吟咏过的新年之夜，让我们共同举起唐宋名篇这樽美酒，邀明月至花前，引诗情到九重，在一声声荡气回肠的千古绝唱中，开启一次美的旅程。

首先，我们借助第一段看看“大波浪、小波浪”的差别。

这一段将近100个字，多为短句，总共有11个起到文本停顿作用的标点符号。从内容上看，这段话气势磅礴、恢弘大气，朗诵者必须要具备极强的语言基本功和“气场”，才能驾驭。

“星河耿耿，银汉迢迢。”这一句话方明老师选择从中音区开始起调，整句的语调逐渐上行，但趋势不是很明显。也就是属于略微“上行”的平行语势。“从远古本来……是一颗明珠浮出了水面”这句，起调的高度几乎与上一句结束的位置相同，也就是说沿承着上一句结束时的语势继续上行，直到这一句的重音位置“明珠”开始下落，“浮出了水面”落下，至此第一个“波峰”完成。

然后，自“它的异彩流光……”开始，方明老师重起语势，从低音区开始逐渐上行，最高处落于重音“照亮”一词，并在“中华文学”这个重音位置稍稍保持，“长廊”弱收结束。这是这段的第二组语势。

第三组语势，“他就是滋养了中华民族文化近千年……”依然低起高走，在次重音“千年”处达到第一个高度，后半句“并使”依然从“千年”的高度开始往上走，在“世界”出点出第二个次重音，“也为之回首的”似落非落，在力度上有所收敛但语调高度基本保持不变，最后在“唐宋文学”上加强，形成重音，以一个完整的上行语势结束本句。

总共11个标点，方明老师用3个完整的句势起伏便完成了全段的朗诵。而对于朗诵能力较弱的朋友，如果要处理这一段话恐怕需要四到五个语势的变化。起伏一多，相对每一组语势的长度就会缩短，蕴涵的内容、情绪、气势都会相应打了“折扣”。相反，将单组语势拉长，能够将语义形成一个连绵的整体，对于朗诵效果而言会有很大的提升。

关于语势需要注意的第二要点是，语势要和句式“保持距离”，相同的句式结构，必须要用不同的语势来表现。特别是文中出现对仗或者排比等艺术手法的时候，绝对不能对相同结构的句子都用同样的语势加以处理。依然以《荡气回肠唐宋篇》第二段为例——在这里，从“众多名流巨匠擦肩而过”之后，出现了四组对仗结构的语句。分别是：

A1：迎面走来的是 |“天子呼来不上船”| 笑傲红尘的 | 李白，
A2：眼望 |“国破山河在”| 老泪纵横的 | 杜甫；
B1：这一边 | 有听一曲琵琶 | 泪洒青山的 | 白居易，
B2：那一边 | 有登楼远望 | 心忧天下的 | 范仲淹；
C1：苏东坡 | 月下把酒，声声向 | 苍天发问，
C2：辛弃疾 | 挑灯看剑，夜夜梦里 | 沙场秋点兵；
D1：柳永 | 为“有三秋桂子，十里荷花”| 吟咏歌唱，
D2：李清照 | 则为“梧桐更兼细雨”| 黯然神伤。

四组对仗，在朗诵的时候方明老师是这样处理的句式关系的：
A1：中 | 高 | 中高 | 中
A2：中高 | 中 | 中低 | 低
B1. 中 | 中高 | 中高 | 中
B2：中高 | 高 | 中高 | 中
C1：中低 | 中 | 中高 | 高
C2：中高 | 高 | 中低 | 低
D1：中低 | 中 | 中低
D2：中 | 中高 | 中

上述示意仅仅是一个及其粗略的音调评估。但即便如此，大家依然可以发现，每一句对仗结构的起伏变化各不相同，甚至有的时候会出现逐一对应的现象。而正是这种无法找出规律的复杂变化，才使得朗诵的韵律变得丰富多彩。

关于语势需要注意的第三点是，同一段语义内容，语势的起伏变化最好能像“接龙”一样头尾衔接不断；但不同语义内容，前一句话语势的结束位置和后一句的语势开始位置之间要有明显的差别，前句结尾要有结束感，后句开端要有起始感，让人一听就知道是不同的两句话。

我们继续以《荡气回肠唐宋篇》的第三段为例。这段文字很长，我们可以大致分为四部分：两句“唐宋文学……”是整段的引领；“在这里，你能……”领衔五组对仗句，是本段的第二部分；“捧出这部宝典，我们能感觉到它的分量……”引领四句排比句，是本段的第三部分；“含英咀华，我们也能体味到它的博大……”引领三对对仗句、四句的排比句，最后烘托出整段的高潮“中国

文学史上的一座珠穆朗玛”。

方明老师在处理句与句之间语势关系的时候，几乎都遵循着同一种方式：即前一句结尾低音弱收，后一句开头中音强起，结合中间的停顿和换气，让人听出不同的感觉。

而在处理一个长句之间多个语势变化，特别是对仗句、排比句之间语势变化的时候，方明老师则遵守着另一种相同的方式：前一句若是上行语势，则下一句无论是继续上行还是转而下行，句首的音调必定与前一句句尾的音调处于同样位置，也就是说两条语音的“波浪线”能够连在一起，即便略有高低差异，也会用停顿的方式来加以微调，使两者的听感处于同一平面，有一种连绵起伏的衔接感。

关于语势需要注意的最后一点是，语势的变化一定要与重音、停顿相适应。

当语势呈“波峰”型展开的时候，其最高处必然是这句话的重音位置；当语势呈“波谷”型展开的时候，在下行过程中碰到重音，音调同样有可能会略微扬起、拉长、或者虚化一点，以产生和其他字音不同的特殊感。将重音看作是语势中的一个“关键点”，才能让两者形成表情达意的合力。

至于语势和停顿的关系，我们需要了解“声停语势不断”的道理。举个简单的例子：比如说我们用上行语势来念 7 个字，每一个字都要比前一个更高一些，假设第一个字的音调是“1”，那么这七个字就是“1234567”。

但倘若这七个字是一句诗，为了表情达意的需要，我们得在第四个字和第五个字之间留一个字符的停顿，那么这句话就成了“1234（空）567”。这样就存在一个问题：当念完“1234”的时候，听众的大脑和听觉理所当然地会给这个空白处填补一个“5”的音高，继而感觉下一个念出声来的音高应该是“6”。所以我们必须把音调念成“1234（空）678”，停顿的空隙虽然没有声音，但这段时间语势的上升趋势却不能因此而停止，而必须要继续沿承。

音乐家谭盾曾经说过，“音乐中的休止符也是可以表现力度的”，在这方面，朗诵可谓是异曲同工。正因为停顿时有情感、有力度的，所以我们必须要在语势的“波浪”中为它画一条“虚线”，留出空白。

4. 节奏

终于迎来了外部技巧中的最后一类：朗诵的节奏。所谓节奏，是指朗诵过程中对作品内容情绪的一种综合性把握，既包括语速快慢，又包括力度强弱，同时也与重音、停顿有密切关系。因此可以理解为是由快慢强弱高低起伏等一系列元素所构成的符合作品段落的情节内容、情绪态度、情感思想的语言律动。

如果说，重音是处理字词的技巧，停顿是处理句中字词与字词关系的技巧，语势是处理句群中句子与句子关系的技巧，那么节奏就是处理文章中句群与句群关系的技巧。所以说，节奏是四个外部技巧中最宏观、最整体的表达技巧。

（1）节奏的理解

说起“节奏”，这个词在我们生活中应用广泛，在很多领域、很多场合都会提到“节奏”，但很少会想到，我们所提及的这些“节奏”，从含义上来说都是不同的。

语言中“节奏”的概念，并不像音乐中的节奏那样有着极其规律的“节拍”，并且按照同样的“速度”重来，它是松散、可变的。通常结构简单的乐曲，从头到底节奏是相同的；但即便是再简单的朗诵——一首五言绝句——尽管他会有一个统一的基调，但前后的节奏依然是有变化的。这一点倒和生活节奏有点相似，仅仅有一个相对稳定的速率和规律。

但同时，语言中的“节奏”，同样也有着音乐节奏“回环往复”的影子。只不过这种回环往复，并不完全规律，不是完全显性的，即便出现了听众也未必能发觉它的存在。任何一个前后相似的重音，反复出现的停顿位置，甚至是相对应的语句起伏方式，都是语言节奏“回环往复”的具体体现。

然后，还有一个概念——节奏感。音乐中的节奏感指的是人对音乐中节拍强弱、速度快慢的把握能力，而朗诵中的节奏感，则是人对文学作品中的高潮、低潮的感受能力，这种感受必须要紧扣作品的内容与情感，同时与听众的信息接收、情感共鸣、心灵脉动相匹配。大到对整篇文章情绪、气氛的理解，小到对某一个重音强弱、停顿长短的把握，都能体现朗诵者对节奏感的把握。

接下来，我们将按照不同类型为大家介绍不同的朗诵节奏。

（2）节奏的分类

在一篇朗诵作品中，节奏划分往往以作品中情绪、气氛的变化为依据。情绪舒缓、气氛轻松，是一种节奏；情绪高涨、气氛热烈，是另一种节奏；情绪紧张、气氛凝重，又是另一种节奏。我们可以用三种声音的外化元素——速度的快慢、音量的强弱、音色的明暗作为朗诵节奏的分类标准。这样我们可以得出 8 种不同的外化形式，但考虑到在“大音量”、“暗音色”与“慢语速”存在“八字不合”，因此真正有实际意义的是以下 5 种节奏——“明快强”、“明快弱”、“明慢弱”、“暗快弱”、“暗慢弱”。

这些与我们上面所提到的两种分类方式是可以一一对应：

“明快强”即为“高亢”、“强疾”——语速较快，声音响亮，音色明亮，营造出一种亢奋、强劲，令人精神振奋、气血上涌的激动。

“明快弱”即为“轻快”——语速较快，音量不大，音色明亮，营造出一种轻松、活泼、愉悦的氛围和感情。

“明慢弱”，即为“舒缓”、“沉稳”——语速不快、音量不大，音色明亮，营造出一种四平八稳、不急不躁，让人觉得很放松、很坦荡的感觉。

“暗快弱”即为“紧张”——语速较快，音量不大，音色偏暗，营造出一种千钧一发、危在旦夕，令人呼吸急促、心跳加速的紧迫感。

“暗慢弱”，即为“凝重”、“低沉”，语速不快、音量不大、音色偏暗，营造出一种深沉、厚重，仿佛空气都变得凝固，让人透不过气来的压迫感。

接下来，通过一些具体的案例，来向大家介绍不同节奏在文中的处理方法。

(3) 节奏的使用

首先，先来看一段“明快强”的文章，闻一多《最后一次演讲》：

这几天，大家晓得，在昆明出现了历史上最卑劣最无耻的事情！李先生究竟犯了什么罪，竟遭此毒手？他只不过用笔写写文章，用嘴说说话，而他所写的，所说的，都无非是一个没有失掉良心的中国人的话！大家都有一枝笔，有一张嘴，有什么理由拿出来讲啊！有事实拿出来说啊！为什么要打要杀，而且又不敢光明正大的来打来杀，而偷偷摸摸地来暗杀！这成什么话？

今天，这里有没有特务？你站出来！是好汉的站出来！你出来讲！凭什么要杀死李先生？杀死了人，又不敢承认，还要诬蔑人，说什么“桃色事件”，说什么共产党杀共产党，无耻啊！无耻啊！这是某集团的无耻，恰是李先生的光荣！李先生在昆明被暗杀是李先生留给昆明的光荣！也是昆明人的光荣！

……

这是在中国近代史上非常有名的、著名爱国主义文学家闻一多先生在1946年听闻李公朴先生被国民党反动派刺杀后，在李先生的送别仪式上发表的《关于李公朴的死》的著名演说。就在闻一多先生发表这篇演说的当天，他便遭国民党特务枪杀。因此这篇演讲也被称之为闻一多的《最后一次演讲》。

由于这篇演讲具备很强的文学性、思想性、艺术性，语言内容冲击力、感召力、震撼力极强，因此经常被作为经典朗诵表演作品反复在舞台上展示。特别是在《建国大业》中，闻一多的扮演者——北京人艺演员吴刚演完“最后一次演讲”这出戏后，更是引起了众多朗诵爱好者的关注。

首先，在声音的运用上，“明快强”节奏的朗诵极少使用虚声、假声，而必须运用强劲有力的实声；声音响亮、音调偏高，体现出一种亢奋有力的状态。此类作品内容的情感大多较为饱满、浓烈，对于口腔开度、共鸣的运用同样也有较高的要求。此外，为忠实还原作品中的情绪，有时还必须使用“喊”、“吼”这样的非常规用声方式，如何做到“喊而不哑”、“吼而不嘶”，这对朗诵者的喉部控制、气息控制都有很高的要求。

而具体在吐字发声方面，节奏快必然要求出字速度加快，即便在感情浓烈的位置也不大会出现把字音拉开、拖长的处理方式。同时字音的“点诵”要求干脆、结实、有力，不拖泥带水，不含混不清。还要注意的是，本段作品由于情绪浓烈，有大量的感叹句，同时长句不多、句子较碎，但大家不能因为节奏快而把应有的停顿都“省略”掉了。需知所谓“明快强”也只是相对概念，不能为了追求“明快强”而背离了作品本身的思想感情。

接下来，再来看一篇“明快弱”的文章，一篇很有趣的网络文学《亲爱的，请不要真的嫁给我》：

如果不是那场该死的电影，你不会认识我。都怪我的手臭，从那一大把票里。居然抽到张位置在一排女孩子中间的票。俗话说，一个女人是五百只鸭子，我实在不想被相当于一万只鸭子的女人的香味淹死，赶紧换了票逃开。谁曾想到就这样坐到你的身边，我真不是故意想和你坐到一起的。幸好，当时只有一个女人时，一只鸭子也没有了。

如果不是那个该死的打赌，你不会爱上我的。我抱着那堆脏衣服到你的宿舍去，原来希望你能从窗口把它们全扔下来，以使我可以赢得一盒香烟。可你真让我失望，第二天，你居然把衣服洗得干干净净给我送了回来，害得我差点输了一个月的伙食费。我真不是想你帮我洗那脏衣服的。

如果不是因为车子太挤的缘故，我不会揽你入怀。看你在人群中，上不着天，下不着地，两手护在胸前，随着车辆摇摆，如凄风苦雨，孤舟飘零。我一时心慈手软，揽你如怀。我原只是想做你一时的凭恃，并不想给你一生的依靠的。

……

这是一篇非常有趣的文章，从头到尾都在用一种戏谑的方式讲述着对女友的爱恋之情，并在文末用“正话反说”的方式向恋人求婚。限于篇幅同样在此仅收录节选，有兴趣的朋友直接可以在网络上搜索本文。

整篇文章都带着一种“嬉皮笑脸”式的语气，在节奏上属于典型的“明快弱”节奏。

具体在朗诵时，首先用声同样是以实声为主，用以体现音色明亮的感觉，但根据具体情况并不是不能使用少量的虚声，在演绎一些戏谑的句子时也可以用不那么结实的声音来处理。

而在吐字发声方面，字音的“点诵”要求清晰不含混，口腔开度不用很大，发音位置略微靠前，这样能使音色变得更为明亮纤细。同时出字要有一种“跳跃”感，语调的起伏“波浪”可以小一些，给人一种蹦蹦跳跳的活泼的感觉。

然后，再来看一篇“明慢弱”节奏的文章。台湾作家杏林子的一篇短片散文《朋友和其他》。限于篇幅，在本章中同样只收录部分段落。

朋友即将远行。

暮春时节，又邀了几位朋友在家小聚，虽然都是极熟的朋友，却是终年难得一见，偶尔电话里相遇，也无非是几句寻常话。一锅小米稀饭，一碟大头菜，一盘自家酿制的泡菜，一只巷口买回的烤鸭，简简单单，不像请客，倒像家人团聚。

其实，友情也好，爱情也好，久而久之都会转化为亲情。

……

夜色在笑语中渐渐沉落，朋友起身告辞，没有挽留，没有送别，甚至也没有问归期。

已经过了大喜大悲的岁月，已经过了伤感流泪的年华，知道了聚散原来是这样的自然和顺理成章，懂得这点，便懂得珍惜每一次相聚的温馨，离别便也欢喜。

这是一篇让人非常“舒服”的文章。讲述了正处中年的作者在一次与朋友的家庭小聚中所感悟到的人生哲理，文笔清新自然，却又深含哲理，让人在细细阅读中感受到了一份淡淡的温馨、淡淡的自然。

在朗诵过程中，虽然用声同样也是以实声为主，但由于力度下降，这里的实声也便不那么“结实”，声音的松弛度加强了，响度自然也就下降了，给人一种仿佛是在身边耳语的感觉。朗诵这样的文章，语速偏慢，通常不大会出现逗号不停的情况，同时在一些重音的处理上往往选择字腹拉开、字音延长，而不是力度变强的方式来体现。

而在吐字发声方面，在发音的力度降低后，字的粘连性会有所加强，有一种如“泉水淙淙”的感觉。口腔开度不大，但共鸣特别是胸腔的共鸣不能忽略。胸腔共鸣能够使明亮音色与缓慢语速、轻弱音量之间形成美妙的平衡，在确保实声的基础上凸显音色中低音区的泛音，声音不尖、不急，温润、有力，有质感、有层次，既给人以积极向上的感觉，又显得安静、有禅意。

接下来，再来看看“暗快弱”节奏的朗诵作品。严格意义上说，音色暗即意味着使用虚声或哑声，这种语言表达通常语速较慢，这与“快”之间同样是存在着天然矛盾的。因此这种“紧张”型节奏，只会在文章中的部分段落中出现。我们来借助作家王开岭的散文《两千年的闪击》中的两段，了解一下这种节奏的处理方式。

那一天，“荆轲”——这个青铜般辉煌的名字作为一枚一去不返的箭镞镇定地迈上弓弦。白幡猎猎，万马齐喑，寒风中那屏息待发的剑匣已紧固到结冰的程度，还有那淡淡的血腥味儿……连易水河畔的盲童都似乎预感到了什么。

……

是的，没有谁能比你的剑更快！你是一条比蛇还疾的闪电！闪电正一步步带近黑夜，逼近黑暗中那颗硕大的首级。

那是一个怎样漆黑的时刻，漆黑中的你后来什么也看不见了……只听见石破天惊的一声訇响。接着便是你的身躯重重摔地的沉闷。

这是一篇经典的青年朗诵篇目。摘录的这两段文字，第一段是荆轲在刺秦出发前，现场气氛的描写。临行之际，现场的空气仿佛都已经凝固，一切都已是箭在弦上、蓄势待发。后两段，则是荆轲刺秦现场的场景描写。

为了表现出内容中紧张的气氛，要做到虚实结合，中低音区部分以虚声为主，中高音区部分适当用实声，同时为避免音色过于明亮直白，可以增加出气，夹杂一些气声的效果。至于速度，为了营造出那种生死一线的紧张刺激感，语速要快，第一段的长句“寒风中那屏息待发的剑匣已紧固到结冰的程度”必须要一口气快速念完；至于第二段，更是需要打破标点符号的限制，大量地将语句连起来快速处理，以体现出那种命悬一线、成败在此一举的紧迫感。

而在吐字发声方面，快节奏决定了字音必须是短促而急速的，既要“点诵”清晰又不能太“僵”太“硬”，在这方面，加强喉部的摩擦力以及增加气声会有比较好的效果。而且要记住，节奏中的“弱”仅是指音量不大，并不是不用力气，事实上快速而紧张的气氛必须要用强有力的气息支撑下的半虚声才能体现；同时，也不能因为节奏“弱”而把句中的重音弃之不顾。相反要用极强的方式来处理重音。如第二段中的“硕大的首级”、“接着”、“重重摔地的沉闷”，都要用最强的音量从口中“喷”出，通过巨大的反差表现出情景中的紧张感。

最后，再来看一下“暗慢弱”的节奏类型。这种情绪同样较少会贯穿于整篇朗诵作品之中。较为符合的名篇当属李清照的《声声慢》：

寻寻觅觅，冷冷清清，凄凄惨惨戚戚。乍暖还寒时候，最难将息。三杯两盏淡酒，怎敌他、晚来风急？雁过也，正伤心，却是旧时相识。

满地黄花堆积。憔悴损，如今有谁堪摘？守着窗儿，独自怎生得黑？梧桐更兼细雨，到黄昏、点点滴滴。这次第，怎一个愁字了得！

自古以来，悲秋一直是诗人创作的重要主题。本篇便是作者通过对残秋的描写，触景伤情，联想到自己颠沛流离、沦落天涯的苦境，进而联想到当时国破家亡、民不聊生的惨状，所表现出的那种哀婉痛苦、悲伤愁怨的心情。全篇情绪一贯而下，具有很高的统一性，因此在朗诵的节奏选择时也会全部选择使用“暗慢弱”的节奏。

在具体朗诵时，首先声音的选择几乎没有明亮的实声，多用黯淡的虚声表现出作者愁苦悲凉之情，多以带有很强无力感的气声来表现作者不能接受现实却又无力挽回的无奈与悲凉，同时语速较慢，有一种一步一颤、步履蹒跚、力不从心的感觉。

至于具体的吐字发声，口腔的开度不宜过大，字音的饱满程度也不宜过强，同时考虑到这是一首古诗词，要具备古诗词应有的韵律感，字音的粘连程度要比普通文章强很多，而这与语速的缓慢也十分匹配。此外，通过减少软腭和唇舌的力度，可以弱化出字的积极性，这样便能在音色中描摹出一种衰老感，人未老心已老，这其中所能表现出的悲怆也就更加浓烈了。

四、辅助技巧

上一章介绍的内部技巧和外部技巧，经过一代代前辈的整理、总结、概括、提升，已形成一个可供教学使用的规范体系，属于朗诵艺术理论体系中最系统、最基础的规范技巧。任何一个想要系统学习朗诵实践的朋友，必须要由此入门，才能踏入朗诵艺术的璀璨殿堂。

然而，仅仅靠以上这些模式化的学习，就想成为“武林高手”，显然是痴人说梦了。在竞技场上，“乱拳打死老师傅”的例子比比皆是。法无定法、招无定式，如果不能在朗诵实践中灵活地运用所学的知识、技巧，依然无法成就一篇优秀的朗诵作品。

在这里，我们再专门介绍一些细节的、琐碎的，不成系统的朗诵小技巧、小经验。这些技巧经验，归根结底都是我们学过的普通话语音、气息发声、内外部技巧的一部分，只是为了适应朗诵实践的具体需要而“不走寻常路”、“反其道而行之”，以求达到特别的现场效果。

下面举出几例，希望大家能够在了解之后举一反三，灵活践行。

1. 特殊的语气

(1)虚声

在朗诵抒情散文时，根据情境需要，会在实声里增加一些气声，制造一种半虚半实的音色；或是在一句句子的部分字音上用实声处理，另一些字音用虚声处理，即所谓的虚实结合。

但在这里我们所说的“虚声”是一种以气声为主的非实声音色。这种用声方式，我们在日常说话时也会运用。例如同学在课堂上说悄悄话；或是情人在电影院里“咬耳朵”……这些情况下我们都会用到虚声。

在通常的朗诵情况下，我们运用虚实结合的技巧就可以处理绝大多数需要运用到虚声的朗诵作品。比如在处理一些非常柔和的朗诵作品，或是抒发某种浓烈而内敛的情感，又或是描绘一种幽森、悬疑气氛时，在语势的“波峰”位置运用虚声，在“波谷”位置运用实声，这样的表达既符合客观的生理要求，又符合主观的情感控制。

比如，我们来看一段朱自清《荷塘月色》中的文字：

月光如流水一般，静静地泻在这一片叶子和花上。薄薄的青雾浮起在荷塘里。叶子和花仿佛在牛乳中洗过一样；又像笼着轻纱的梦。虽然是满月，天上却有一层淡淡的云，所以不能朗照；但我以为这恰是到了好处——酣眠固不可少，小睡也别有风味的。月光是隔了树照过来的，高处丛生的灌木，落下参差的斑驳的黑影，峭楞楞如鬼一般；弯弯的杨柳的稀疏的倩影，却又像是画在荷叶上。塘中的月色并不均匀；但光与影有着和谐的旋律，如梵婀玲上奏着的名曲。

这一段优美的文字中，凡是用双线标注的，都是可以用虚声处理的文字内容。其中有的是重音或语势“波峰”处的高音，如“小睡”、“画在荷叶上”、“和谐的旋律”等，为了不使音色过于明亮而伤了意境，于是采取增加气声的方式来掩盖高音的锐利；有的是为了描写柔和的景物，如“薄薄的青雾”、“笼着轻纱的梦”、“淡淡的云”，借用虚声表现出物的朦胧与柔美；也有的是为了配合意境的需要，如“参差的斑驳的黑影”、“如鬼一般”，通过虚声烘托出一种特殊的意境。

在处理这类虚声时，我们需要适度减少朗诵时气息的支撑力度，把音量降下来，使得整体的基调控制在一种深沉、静谧的环境之下，整体的音高控制在中低音区，这种状态下嗓子无需费力，仅靠胸腔共鸣便能使声音保持在一个能被听众听清的响度范围内，同时音色也显得更为醇厚、有磁性。

在这基础上，当我们念到需要用虚声处理的字时，后声腔微微上提，同时声带间的间隙(叫做“声门”)变大一些，这时气息与声带摩擦所发出的喉元音会变弱，声音便会包裹着一层气声自口中发出。

当然，对于初学者而言，实声与虚声之间的结合会是一个难点。需要通过大量的练习、实践，才能达到从容自如的程度。

而另外一种需要完全用到虚声来处理的，便是某些情境下，表现人物角色的悄悄话。先来看刘墉的一篇散文《不完美的完美》第一段：

他有一个朋友，单身半辈子，快五十时突然结了婚。新娘跟他的年龄差不多，徐娘半老，风韵犹存，只是知道的朋友都窃窃私语：“那女人以前是个演员，嫁了两任丈夫，都离了，现在不红了，由他捡了个剩货。”

在这里，为了表现出友人们既想八卦揭朋友的隐私，又不希望被朋友听到的那种心态，整句“窃窃私语”的内容，都可以用虚声来表现。

在处理这种虚声的时候，我们需要注意一个原则：在日常中，用虚声说话是不希望被别人听见，于是用尽可能轻的音量来说话，也就是说虚声代表着说话声音最轻的音量。但在朗诵时，我们既要表现出故事中的人物在说悄悄话的状态，又要让听众挺清楚说话的内容。一方面要保证以气声为主的发音方法，另一方面要加大送气量，用气息把字音的响度提升。

(2)颤音

所谓颤音，就是在朗诵时，为了服从内容或情绪的需要，使用带有颤抖感的声音来表达。颤音在气息流经声带时，声带快速地一关一闭，使声音呈现出快节奏的抖动感。

和虚声一样，颤音的使用同样可以分为旁白和对白两种场合。

在陈述性、描述性的语言中加入颤音，往往是为了体现作者某种强烈的情感，这种情感通常以悲哀、忧伤等负面情绪为主，在此，我们以艾青的一首《雪落在中国的土地上》最后一段为例：

饥馑的大地，
朝向阴暗的天，
伸出乞援的，

颤抖着的两臂。
中国的苦痛与灾难，
像这雪夜一样广阔而又漫长呀！
雪落在中国的土地上，
寒冷在封锁着中国呀……
中国，
我的在没有灯光的晚上，
所写的无力的诗句，
能给你些许的温暖么？

作者艾青通过对雪景、农夫、老妇人、母亲的描写，刻画出了一个因战争而变得千疮百孔的悲凉的中国形象。作为早期诗作的代表，这首诗完整体现了艾青早期作品中十分普遍的悲凉、忧伤、愁苦的情绪，用诗人的原话来说，就是要“把忧郁与悲哀，看成一种力！”

当我们要用语言表现出这份忧郁与悲哀的时候，颤音便成了一种非常有效的表达技巧。用双线标注的部分，基本都是这段诗句中可以润色、需要强调的部分，都可以适当地融入颤音的表现元素。特别是在一些字音拖长的位置，如第六句中的“雪夜”、“广阔”、“漫长”，最后两句中的“无力”、“能”、“温暖”，在延长字音的同时加一些颤音，同样能有非常好的表现效果。

而在人物的对白中，颤音的运用无外乎两种情况，一种是人物衰老、或是奄奄一息，另一种是人物情绪激动。我们依然用胡适的《差不多先生传》中“差不多先生”临死前的一段话举例：

有一天，他忽然得了急病，赶快叫家人去请东街的汪医生。那家人急急忙忙地跑去，一时寻不着东街的汪大夫，却把西街牛医王大夫请来了。差不多先生病在床上，知道寻错了人；但病急了，身上痛苦，心里焦急，等不得了，心里想道：“好在王大夫同汪大夫也差不多，让他试试看罢。”于是这位牛医王大夫走近床前，用医牛的法子给差不多先生治病。不上一点钟，差不多先生就一命呜呼了。差不多先生差不多要死的时候，一口气断断续续地说道：“活人同死人也差……差……差不多，……凡事只要……差……差……不多……就……好了，……何……何……必……太……太认真呢？”他说完了这句话，方才绝气了。

此段中有两部分内容可以用颤音来处理。

第一部分是差不多先生心中所想的部分——当时他病在床上，连“人医”还是兽医都不管不顾，可见病患的折磨有多痛苦。这时在句子中适当增加一些颤音，能表现其因疾病的折磨而痛苦不堪、哀嚎呻吟的惨状。

第二部分则是差不多先生临死之前的最后一段名言——此时他只剩下了最后一口气，说话时又痛苦、又无力，语言断断絮絮、力不从心。在这种情况下，我们可以同时借助停顿、虚声、颤音三种技巧共同表现出他病死之前的语言状态。

在使用颤音时，同样需要把握一个原则：要严格控制其中的“度”，要合理把握分寸。特别对于旁白部分的颤音，一定要由情而发，声随情动，在真实情感的可控范围之内。

(3)哭腔

一篇好的朗诵在感动观众之前，朗诵者自己首先要被作品感动。在朗诵一部文学作品时，要借助内部技巧的各种方式，充分调动内在情感，争取将自己的真情实意打入观众的内心。因此，面对一篇情真意浓的作品，优秀的朗诵者会沉浸于作品之中不能自拔，甚至在朗诵时因情到深处而哽咽凝噎。这时，在他们的语音当中，就会带有明显的哭腔。

哭腔的使用同样可以分为陈述性语言（旁白）中的哭腔，和对话语言（对白）中的哭腔。姚锡娟老师在朗诵都德的著名小说《最后一课》时，在旁白和对白中都融入了哭腔。在此我们摘录其中的几个关键段落，为大家具体分析。

语法课完了，我们又上习字课。那一天，韩麦尔先生发给我们新的字帖，帖上都是美丽的圆体字：“法兰西”、“阿尔萨斯”、“法兰西”、“阿尔萨斯”。这些字帖挂在我们课桌的铁杆上，就好像许多面小国旗在教室里飘扬。个个人那么专心，教室里那么安静！只听见钢笔在纸上沙沙地响。有时候一些金甲虫飞进来，但是谁都不注意，连最小的孩子也不分心，他们正在专心画“杠子”，好像那也算是法国字。屋顶上鸽子咕咕咕咕地低声叫着，我心里想：“他们该不会强迫这些鸽子也用德国话唱歌吧！”

……

可是他有足够的勇气把今天的功课坚持到底。习字课完了，他又教了一堂历史。接着又教初级班拼他们的 ba，be，bi，bo，bu。在教室后排座位上，郝叟老头儿已经戴上眼镜，两手捧着他那本初级读本，跟他们一起拼这些字母。他感情激动，连声音都发抖了。听到他古怪的声音，我们又想笑，又难过。

……

忽然教堂的钟敲了十二下。祈祷的钟声也响了。窗外又传来普鲁士士兵的号声——他们已经收操了。韩麦尔先生站起来，脸色惨白，我觉得他从来没有这么高大。

“我的朋友们啊，”他说，“我——我——”

但是他哽住了，他说不下去了。

他转身朝着黑板，拿起一支粉笔，使出全身的力量，写了两个大字：

“法兰西万岁！”

然后他呆在那儿，头靠着墙壁，话也不说，只向我们做了一个手势：“放学了，——你们走吧。”

在这片节选中，凡是用下划线标注的部分，都是瑶席娟老师带有哭腔的语句。

首先，先来看两处旁白中的哭腔。

第一处：当小弗郎士知道了这是最后一节法语课，今后侵略者将强迫他们学习德语时，心中又难受、又愤怒。这两种状态在他听见了鸽子的叫声时瞬间爆发，就像小孩子在极度的懊恼、委屈、气氛下会嚎啕大哭一般，他的这句内心独白同样也是一种内心的哭诉。此处的哭腔，不仅仅是伤心难受，更带有一份对侵略者的愤怒与抗争——在表现时，类似于小孩子受了欺负之后发出的哭号。

第二处：小弗郎士听到身后的乡亲们也特地赶来上这最后一节法语课，听到他们因激动而颤抖的声音发出那些不标准的法语字母，这原本该是一件多么滑稽的事情啊，可在这样的场合，却又是一幕多么令人悲伤的场景啊！此处的哭腔，在难受的同时，更多的是无尽的悔恨与懊恼。

再来看两处人物对话中的哭腔。

第一处：韩麦尔先生听到了下课的钟声，知道他的最后一节法语课结束了，今后自己再也不能在这个宁静的小镇教法语了。此时无尽的悲伤涌上心头，想要说话却被泪水噎住了喉咙。这种情感状态我们每个人都曾经感受过，就是那种再说下去肯定会哭出来的感觉。此处的哭腔与其说是哭腔，倒不如说是真实的哽咽，一种最接近于哭泣的状态。

第二处：韩麦尔先生在用尽最后的力量大声呼喊“法兰西万岁”后，浑身虚脱，靠倒在墙边，用一种近乎于绝望的伤感语气宣布“放学”。此时，原本如巨浪般猛烈的情感已经化作了一片浸没了他最后希望的汪洋，无尽的疲劳与乏力让他连哀嚎哭泣的力量都没有了。此时的哭腔，带有极强的颤音，像是一种哭了很久很久，无力继续的感觉。

需要注意的是，哭腔是一种内部技巧的外在体现，绝不是利用某种特殊的发声手段就可以模仿出来的。朗诵者必须要充分调动自己的内心感受，在自己真切感受到文中的真情实意的基础上，由内而外地发出这样的声音。

而在另一方面，沉浸于情感之中的朗诵者却又必须要严格把握“感动”的分寸，千万不能把“哭腔”变成“真哭”。因为哭泣会对口腔和鼻腔的发声机能形成巨大的妨碍，除了极少数优秀演员以外，纵然是能力再强的朗诵者，都无法在哭泣状态下完成有声语言的正常创作。

(4)笑

之所以将“哭”的技巧称之为“哭腔”，而“笑”的技巧称之为“笑声”，是因为前者并不是在朗诵的时候真的哭，而是在语言表达中让人感觉到哭的情绪，而后者则真的是在朗诵中哈哈大笑。

当然，所谓“真的”哈哈大笑，和生活中发自内心的笑声还是有不同。生活中的笑是一种本能的展现，几乎不受理智控制。人想笑的时候怎么着也憋不住，一旦笑起来怎么着也停不了。我们听到过“破涕为笑”，却从来没听过“破笑为涕”，可见人体对笑的控制远远比哭更加困难。

朗诵中需要笑出声来的地方，大多都会用象声词“哈哈”注明，但倘若朗诵者严格按照“哈哈”的字数、停连来念，那显然会变得非常虚假。在这种情况下，朗诵者就必须要根据作品的具体内容、情感、态度，自由发挥“哈哈”的念法。

比较典型的例子就是鲁迅的杂文《立论》。这篇文章末尾出的“哈哈”十分考验朗诵者的功力。

我梦见自己正在小学校的讲堂上预备作文，向老师请教立论的方法。

“难！”老师从眼镜圈外斜射出眼光来，看着我，说：“我告诉你一件事——”

“一家人家生了一个男孩，合家高兴透顶了。满月的时候，抱出来给客人看，大概自然是想得一点好兆头。”

“一个说：‘这孩子将来要发财的。’他于是得到一番感谢。”

“一个说：‘这孩子将来要做官的。’他于是收回几句恭维。”

“一个说：‘这孩子将来是要死的。’他于是得到一顿大家合力的痛打。”

“说要死的必然，说富贵的说谎。但说谎的得好报，说必然的遭打。你……”

“我愿意既不说谎，也不遭打。那么，老师，我得怎么说呢？”

“那么，你得说：‘啊呀！这孩子呵！您瞧！多么……阿唷！哈哈！呵呵！呵，呵呵呵呵！’”

这篇作品，很多朗诵者都会在文末的笑声中败下阵来，这里的笑声确实具备很高的难度。想要念好必须要具备以下几点。

首先，要对文章内容有充分的了解。这个人最后为什么要笑，他的笑声里流露出了什么样的情绪、什么样的口气，他希望用笑声来说明什么、掩饰什么……都需要通过备稿来获取深刻的理解。

然后，要对自己的脸部、腹部肌肉群有很强的控制能力。开怀大笑，其实可以理解为是一种脸部和腹部的肌肉机械性痉挛，当我们在模拟笑的状态时，必须要让脸部和腹部的肌肉得到控制，即便不笑的时候也能迫使肌肉做出与笑十分相似的抽搐式运动。

在完成上述两步之后，我们就可以以作品情境为内在依托，以肌肉控制为外在支撑，让自己逐渐进入笑的状态之中。起初可能是以肌肉控制、喉部控制为主，“挤出”几声笑声，渐渐地让自己的情绪进入笑的“轨道”，便能会心地发出符合文意的笑声了。

在这个过程中，我们一定要打破文字的束缚，千万不能被作者书写下的这些笑的标记符号——“啊唷”、“哈哈”、“呵呵”困住手脚。只有根据文意调动想像力，结合自己对作品的理解，将自己的情绪、态度融于作品情境之中，才能笑得自然、笑得生动，才能真正笑出文章所需要的真实效果。

(5)叹气

叹气，无论在生活当中还是在文艺作品中，都经常出现。

在生活中，叹气属于一种负面、消极的下意识行为，当感到郁闷、无奈、心里不爽的时候，会用这种方式来排解内心的压力。叹气前通常会深吸一口气,然后发出带有浓重气声的“唉——”音，发声持续时间很长，直到一口气全部吐尽为止。

朗诵中也会出现和生活中一模一样的叹气。在朗诵作品中，这样的叹气大多出现在角色对白当中，同样表现人物内心的郁闷情绪，因此处理方式大致和日常生活中的叹气相当。

惟一需要注意的是，作为一种下意识的行为，日常生活中的叹气往往发生在一个“慢节奏”的情绪状态中，在叹气之前还需要有一个长时间的准备动作——深深地吸一口气。再加上之前的酝酿情绪，一声完整的叹气自始至终大约需要 3 到 5 秒钟的时间。

但是在朗诵时，根据稿件情节、内容，未必能够有那么一段时间供朗诵者从容不迫地酝酿情绪、深吸气、缓慢叹出。因此，我们就要琢磨一种“快速叹气法”。具体说来，就是将叹气前的准备时间尽量缩短，在朗诵前文时快速做好情绪酝酿工作，快速吸入一口气甚至半口气，进气的声音一定要轻，然后用叹气的方式将气息吐出，吐气同时发出的“唉”字音要比日常叹气时更响更实一些，以使听众能够听得清楚。

(6)嘶喊

在多数情况下，朗诵是一种声音美的展示，无论声调、音量如何，都应保证音色的悦耳动听，一旦嗓音出现“沙、嘶、劈、哑”，都是声音缺乏控制的表现，属于朗诵中的瑕疵甚至是失败。

但在少数情况下，为了表现朗诵作品中极其强烈的情感，朗诵者(尤其以男性为主)会选择使用一种接近于嘶哑的叫喊声来处理作品中最令人血脉喷张的少数语句，这种超出传统美感标准的朗诵方式反而会给听众带去极大的心灵震撼。

例如，在张爱玲的小说《霸王别姬》最后三段：

“虞姬，我们完了。我早就有些怀疑，为什么江东没有运粮到垓下来。过去的事多说也无益。我们现在只有一件事可做——冲出去。看这情形，我们是注定了要做被包围的困兽了，可是我们不要做被猎的，我们要做猎人。明天——啊，不，今天——今天是我最后一次的行猎了。我要冲出一条血路，从汉军的军盔上面踏过去！哼，那刘邦，他以为我已经被他关进笼子里了吗？我至少还有一次畅快的围猎的机会，也许我的猎枪会刺穿他的心，像我刺穿一只贵重的紫貂一样。虞姬，披上你的波斯软甲，你得跟随我，直到最后一分钟。我们都要死在马背上。”“大王，我想你是懂得我的。”虞姬低着头，用手理着项王枕边的小刀的流苏。“这是你最后一次上战场，我愿意您充分地发挥你的神威，充分地享受屠杀的快乐。我不会跟在您的背后，让您分心，顾虑我，保护我，使得江东的子弟兵讪笑您为了一个女人失去了战斗的能力。”

“噢，那你就留在后方，让汉军的士兵发现你，去把你献给刘邦吧！”虞姬微笑。她很迅速地把小刀抽出了鞘，只一刺，就深深地刺进了她的胸膛。项羽冲过去托住她的腰，她的手还紧紧抓着那镶金的刀柄，项羽俯下他的含泪的火一般光明的大眼睛紧紧瞅着她。她张开她的眼，然后，仿佛受不住这样强烈的阳光似的，她又合上了它们。项羽把耳朵凑到她的颤动的唇边，他听见她在说一句他所不懂的话：“我比较喜欢那样的收梢。”

等她的身体渐渐冷了之后，项王把她胸脯上的刀拔了出来，在他的军衣上揩抹掉血渍。然后，咬着牙，用一种沙哑的野猪的吼声似的声音，他喊叫：“军曹，吹起画角！吩咐备马，我们要冲下山去！”

第一段，为了表现项羽被围垓下、四面楚歌之时那种即使面对绝境仍要做困兽之斗的刚烈，朗诵者在处理项羽的话语时，可适当运用些带有破音的嘶喊来处理句中的重音，如带有下划线的“冲出去”、“猎人”、“踏过去”、“死在马背上”。毕竟，末路英雄的殊死一搏，绝不是饱满、圆润的音色可以表达的，那种最为原始的野性嘶喊，才配得上霸王的最后一战。

第三段，霸王项羽紧紧抱着为他而死的虞姬，心中的痛苦犹如万箭穿心一般。此时，这最后一战的意义已不再是“一场畅快的围猎”，更多的是为心爱之人报仇雪恨。然后他“用一种沙哑的野猪吼声似的声音”喊叫——这里的喊叫，早已不再是情绪与发声器官控制得了的叫喊，而成为了一种布满了愤怒、怨恨、自责、撕心裂肺、毫无理智可言的野兽般的嘶喊。因此最后一句“军曹，吹起画角！吩咐备马，我们要冲下山去！”朗诵者大可不必囿于所谓发声规范体系的标准，暂避吐字圆润、饱满的美感要求，用发声器官所能承受的最大强度“吼”出最后的这一句话。

好在，如此偏离常规的嘶喊，在朗诵表演中是极不多见的，我们绝不能把它当作是一种常规技能加以使用。而即便是强度不大的嘶喊，在朗诵中依然要有节制地使用。因为这种用声方式会对发声器官造成极大的负荷，如果不注意力度的控制，紧接下来的发音都会带有沙哑的色彩。这显然会对下一句正常音色内容的处理造成不利影响。

2. 角色模仿

在朗诵中，角色对白的处理往往是具有较高难度的。一方面需要有说话的感觉，另一方面又要有高于日常说话的艺术表现力；既要符合作品情节中的态度感情，又要与角色的音色、语气相贴近。特别是模仿典型人物，对于初学者而言，具有很高的挑战。下面，就简单介绍一下，如何通过声音的变化模仿出作品中的特定角色。

（1）老人的语言

在我们表现老人的语言时，要记住以下几点要领：老人的生活节奏慢，气力也不如年轻人，所以说话语速要慢，字幅适度拉开，保证韵母部分的圆润饱满；老人的身体机能退化明显，因此说话时口腔不能太积极，后声腔略微塌陷，唇齿力度适当降低，字音稍显模糊，略带一些口齿不清；

此外考虑到老人气息不足，还可以加少许颤音。

同时，模仿老爷爷说话，发声部位要稍往后靠，可以带一点喉音以体现苍老感；模仿老奶奶说话，口腔则要偏扁一些，声音尽量变平，可以带一点点鼻音，另外嘴唇向两边抿起，与牙齿紧紧贴合，微微模仿老奶奶牙齿掉了之后有点漏风的效果。

(2)男女声的差别

男性和女性的语言差异，主要体现在以下几个方面。

首先是音高的差别：传统的说法是女性比男性高一个八度，但事实上男女发声的生理差异并没有那么大。特别是近几年话剧、影视作品越来越重视表演的生活化，不再要求女性说话要如银铃一般清脆，男性说话要像洪钟一样响亮，因此在朗诵时，男女音高的差异也就大致在四到五度的样子。

然后是发音状态的差别：一般来说，男性发音习惯在口腔靠后一些的位置，女性发音则相对靠前；男性发音口腔的竖立感较强，而女性发音时口腔则相对偏扁；同时男性发音胸腔共鸣也比女性强很多。

最后就是咬字的差别：男性吐字气息冲、力量大，字音干脆有力，以实声为主。年轻男子的调高一些，声音可能会带一些因头腔共鸣、鼻腔共鸣而形成高音区的泛音；中年男性调低一些，声音沉稳有力，胸腔共鸣更为扎实，语速也会稍稍偏慢。相反，而女性吐字时气息则柔和很多，声音中甚至会带有一些气声。性格温婉的女性说话时音韵感很强，字与字之间的粘连性较强，有一种碧波荡漾的感觉；性格活泼的小女生语音则带有一些跳跃性，节奏快字幅短，有一种泉水叮咚的感觉。

了解了两者说话状态的差异之后，再来模仿便会容易很多。

男性模仿女性声音，可以把音调升高到接近假声而又不到假声的高度，声带略挤略紧，口腔偏扁、发音靠前，把字"叼"在唇舌中间，减少胸腔共鸣和口腔共鸣，让声音变细变薄。进而再根据角色的年龄、性格，吐字归音或舒缓或跳跃，基本就可以模仿到位。

女性模仿男性声音，则反其道而行之。音调降低到接近喉部气泡音的位置，声带放松，口腔提起，发音靠后，甚至可以有轻微的压喉，让声音变粗一些，加强口腔和胸腔的共鸣，使声音变厚一些。而男性角色年龄、性格的差异并不会对表达方式构成质的区别，无外乎是语速稍快还是稍慢、共鸣稍强还是更强之间程度上的差异而已。

(3)孩子的口吻

孩子说话嗓门儿是最高的，比女性的音调还要高。因此无论男性还是女性朗诵者，都必须要把嗓子"捏"起来，音色尖锐，发音更加靠前，模仿出一种"清脆"的声音。

此外，年纪小的孩子由于唇齿发音器官还没有发育完全，咬字的准确性不是很高，无法完整地念出一个字的"字头、字腹、字尾"，也就是说字音像南方方言一样，属于"点"状结构；同时受限于语流、语感尚未成熟，词的轻重格式、句的扬抑起伏都无法把握，在语言中几乎每个字的力度、高度都是差不多的。因此在模仿小孩的语言节奏时，我们要找到一种“一字一蹦”的感觉。

最后，小孩子说话的口气，往往要比成人更加夸张，对于喜怒哀乐的表现也会更加分明。因此在表现孩子的情绪时，要做到“三分情绪五分表达”，语言适当夸张一些，比较容易表现孩子天真、任性的特点。

3. 神情与动作

在所有非语言类的技巧中，与朗诵者关系最密切，也最能够由朗诵者掌控的，便是朗诵者在舞台上的肢体动作与表情了。朗诵时的眼神、表情、举手投足、站立行走……每一个神情与动作都能够为朗诵增添巨大的力量。这些与语言无关但同样能够对语言的表达产生正面积极作用的非语言信息，我们称之为“体态语”或是“副语言”。

例如，在朗诵一段轻松随意的小诗，或是一篇趣味十足的小品时，可在舞台上俏皮地眯缝着双眼，或在特定情境下扬起眉毛，嘴角露出轻松随意的微笑；我们可以把双手插在裤袋中，说得兴起时也可以随意地在胸前挥扬手掌，或是结合着语句内容伸出一根手指，在观众面前轻轻一点。

如果作品的基调是悲伤、忧郁、幽怨的，那目光应是憔悴、哀伤的，如同被乌云遮蔽的天空，我们的表情是无奈、痛苦的，脸上倒映着心中的怨，犹如一潭墨绿色的，浓得化不开的湖水；我们可以用手掌轻轻抚按胸膛，或是含胸低头凝视着地面，用以表现胸中的痛、心中的愁；这时双脚应当是伫立不动的，就像是在地上生了根……

如果作品的基调是热烈、积极、欢快的，那眼神中便自然会有欢喜与希望，睁大双眼望着远方，用满脸的笑容向世界宣布心中的喜悦，每个眼神，都充满正能量；我们的胸膛是挺直的，我们的胳膊是强健的，每个动作都舒展有力；如果需要行走，必定是昂首阔步，自信豪迈地往前走，举手投足间都是勇气与信心……

假使我们想在朗诵中表现愤怒而狂暴的情绪，那必定会将双目瞪得滚圆，眼神中流露出凌厉的凶光，表情凝重而冷峻，紧紧抿住双唇，连鼻孔都可能因呼吸而涨得鼓鼓；双手紧紧握拳，随着情绪的波动而用力地在胸前挥起又落下，在最情感高昂的瞬间，甚至可以高高举起双拳，向着天空大声呐喊，我们的脚步应是沉重的，每一次挪动都仿佛有千斤的负担……

假使像在朗诵中表现理性的思考和分享，就应当像一个老师那样，目光中带着探索和启发，眼神不仅能展现自信，同样可以流露思想，笑容是善意而又得体的，虽不带任何色彩，却仍像绚丽的阳光一般温暖他人的心房；双手可以礼节性地在胸前摊开又收起，手指从左到右、自上而下，如同一面小旗引导现场观众共同思考、一起判断，脚步也可随着语言边说边走，用行走代表思考，用立定表示回答……

当然，上述种种神情与动作的运用，仅是在朗诵中常见的一些典型范例，具体落实到某一篇朗诵作品中该怎么去做动作、怎么去做表情，还得根据朗诵者对稿件内容的理解，以及语言技巧的应用做出相应的设计，以使这些“体态语”能够更好地辅助有声语言发挥作用。

4. 服、道、化

朗诵中的“体态语”或者说“副语言”，是一种起到辅助性作用的附加技巧。也就是说，有则锦上添花，无也不伤大雅，只不过在舞台上进行朗诵表演的时候，增加一些辅助技巧自然能起到更好的效果。

而比起这些，接下来要提到的服装与道具，则是更加外化、更加次要的一类辅助了。但同样，越是在比较正式的场合，这种辅助性技巧的作用就越大，因此当我们的朗诵技巧达到一定的高度，具备舞台演出实力的时候，我们就需要在这方面加以准备，让自己的表现如虎添翼。

（1）服装

一套合适的服装，对于朗诵表演的舞台效果能有很好的提升作用。

当然，朗诵着装也并不需要像晚会主持人、歌手那样穿着隆重而华丽，大多数情况下，朗诵者只需要着装大方、得体，能登大雅之堂，便已足矣。

对于男性而言，“西装、衬衫、领带、皮鞋”无疑是最适合登台的正装打扮了；而对于女性来说，则可以根据自己的年龄、性格，稿件的内容、主题，选择“小西装、一步裙、高跟鞋”的正装风格，或是比较得体的小礼服打扮。

倘若朗诵一些具有时代标记的作品，如文言文、古诗词、民国文学；或是一些具有地域特色的稿件，如反应欧美、日韩、西南亚等过风土人情的朗诵；又或是具有人物属性的独白、对白，如《王子复仇记》中哈姆莱特的独白，《老人与海》中老渔夫的独白，以及我们之前举例时提到过的《霸王别姬》中虞姬与霸王的对话……当我们在舞台上表演这些朗诵节目时，服装便成为了一种必须。

好在朗诵不是演戏，朗诵者并不是要逼真地表演朗诵作品中的人物。即便有特定的历史、地域、角色属性，在服装上也只需做到大致的神似便可以了。

一套中山装便能体现出民国的特色，一件旗袍就能表现古代中国的神韵，一件燕尾服同样可以代表欧美的风情。朗诵并不是一种要求观众百分百融入舞台中所呈现的视觉情境的艺术，只要让观众能够通过服装大致把握作品的背景便足够了。

（2）化妆

朗诵表演时的化妆，与服装有着很强的关联性。

如果是非正式场合的朗诵，没有准备演出服，那么也不用特地为朗诵去化妆。即便为朗诵做了专门服装上的准备，但只要是可以在日常生活中穿着的那种服装，那么化妆上的配合同样不用太过精细，同样只要是日常生活妆就可以了。

如果是正式演出，并且有灯光、后视频的配合，甚至现场有摄像机录像，那么对朗诵者的妆面要求就会高很多。因为舞台上的灯光、后视频的亮度会令朗诵者的脸部变得黯淡，摄像机所拍摄到的近景画面中，人脸上的油光、粉刺甚至是粗大的毛孔……这些平常不会被人注意到的细节都会变成巨大的缺点。在这种情况下，按照着装的标准进行适度的化妆修饰，就变得非常必要了。

当然，即便如此，朗诵演出的化妆依然不宜过浓。在朗诵者不扮演特定角色的情况下，上台只需要画一个“舞台漂亮妆”就可以了。

对男性来说，平日在生活中不会化妆，舞台妆无外乎就是粉底、提亮、再加一点点唇彩，眉毛较淡的朋友可以再补一下眉，面部轮廓平的朋友可以稍加一些自然的眼影，最后再把头发吹一吹，便算大功告成。对于女性来讲，它和生活妆最主要的区别体现在对睫毛、眼影的处理上。长长的假睫毛、深色的眼影在生活中看着或许会有些吓人，可在舞台上却能打开“心灵的窗户”，让眼睛看上去更加有神。至于发型，同样不必太过花哨，无论是披肩发、大波浪还是盘发，保证发型在舞台上不凌乱、不碍事才是第一位。

总而言之，由于朗诵本身是一种高雅的语言艺术展示，是一种能够体现社会正能量的舞台表演，因此在朗诵者的妆容上，务必要以“端庄大方、简洁干练”为原则，体现出一种积极向上的风貌。

而倘若朗诵者在舞台上穿上了“戏服”，扮演起了某个特定的人物角色，那此时的化妆就必须要遵照人物形象设计的要求，与服装、配饰相匹配。要不然穿着清朝的马褂，却梳着一个油光蹭亮的“飞机头”，显然就变成“关公战秦琼”了。

(3)道具

朗诵表演的道具，严格地说属于演出服装的一种延伸，表演过程中的一个点缀，为了提升现场效果而设计的小噱头。

举个例子说，在朗诵戴望舒的抒情诗《雨巷》时，朗诵者可以穿一袭素色长衫，打扮成民国时期知识分子的形象。同时，为了配合作品的内容和意境，他还可以撑起一把古朴的油纸伞。在这里，油纸伞变成了朗诵时的一个道具。

从舞台效果上看，这个道具能够提升朗诵现场的意境，让观众更好地融入表演之中。但事实上，朗诵者鼻梁上挂着的那副金丝边眼镜，脖子上围着的那条红色围巾，甚至是穿着的这件长衫本身，和这把油纸伞的作用都是一样的。再说得宽泛一些，如果舞台上还立着作为道具的树木、石阶、泥墙……这些舞美道具所起到的效果也是一样的。

甚至有的时候，道具选择不当、使用不当，反而会对朗诵产生反面效果。例如在朗诵岳飞的名篇《满江红》时，为了舞台效果，朗诵者可以身着一套古代武将作战时身穿的甲胄，也可以在手上拿一把明晃晃的长柄战刀——从形式上看，这可以增加现场的视觉效果。

但是，倘若朗诵者想借助道具在舞台上摆几个威风的姿势，却又从来没有耍长刀的经验，便极有可能画虎不成反类犬，让人看着浑身别扭。

所以，道具的选择和使用必须谨慎，一切以适用为原则。倘若为了外在的视觉上的一些噱头，却反而影响了作为朗诵主体的语言表达，那反而是舍本逐末、得不偿失了。

5. 配乐与后视频

(1)配乐

配乐，在朗诵表演中，说不重要完全不重要，说重要又非常重要。

说不重要，是因为它并不是朗诵中所必需的元素。一个好的朗诵，可以有音乐伴奏，同样也可以没有配乐，音乐在朗诵中的必需性，甚至还不如服装和化妆。

说重要，是因为如果善加利用，配乐能够极大地提升朗诵的效果，甚至能将一个“普通”的朗诵变成“好听”的朗诵。配乐朗诵虽不像歌曲那样，词句与音乐完美融合，但只要合适的文字与合适的音乐放在一起，同样能够产生“化学反应”。

给朗诵选择配乐，同样也有很多要领和诀窍。

首先，朗诵作品的风格要与音乐的风格相匹配。朗诵抒情的作品，需要配上柔美的音乐；朗诵振奋的作品，需要配上激昂的音乐；朗诵欢乐的作品，需要配上活泼的音乐……同样，朗诵古诗词适合配古典民乐，朗诵现代散文适合配电子音乐；作品体裁小适合用小编制的钢琴加弦乐，作品背景浩大适合用大编制的交响乐……音乐风格和朗诵作品相匹配，才能使两者在舞台上形成“合力”。

然后，朗诵作品的节奏要与音乐的节奏相匹配。如果朗诵的篇目中有情绪的变化，需要在文章前后改变语速，我们最好能找到音乐的强弱快慢前后有变化的配乐。实在找不到，可以把两段甚至多段音乐拼接成一篇朗诵作品的伴奏音乐。

具备以上两点要求，差不多就能为朗诵选出一段不错的配乐了。然而，想要实现用音乐来提升朗诵的实力的目的，仅仅这般显然不够。还需要让音乐和文字关联得更加紧密一些——在选择配乐的时候，争取让音乐旋律的回环往复与朗诵节奏的回环往复保持一致。

这种特殊技巧主要适用于诗歌朗诵，能够让朗诵无限接近于唱歌的状态。具体说来，我们在唱歌的时候，每一句歌词都对应一小段特定的音乐旋律——在音乐理论中，我们把这一小段的旋律视为一个“乐句”，正是因为这种一一对应关系，才使得歌唱艺术能够做到文字与音乐的完美结合。

而为了尽可能地贴近唱歌的状态，我们也要像唱歌那样，寻找每一个“乐句”的长度与每句诗句的长度大致相当的配乐。音乐起则朗诵起，音乐止则朗诵止。当然在具体操作时，我们会碰到许多客观困难。

由于音乐中每一个“乐句”的长度是固定的，朗诵中每一段文字的长度也是固定的，两者之间“天然匹配”的可能性几乎为零。在这种情况下，我们只能对音乐或是朗诵稿做出“微调”，以确保两者完美共存。

一方面，如果多数句子的长度都与乐句能够对应，仅有一两句有细小的差异，我们可以通过加快或放慢语速、增加或减少停顿的方式，“赶一赶”或者“等一等”，让乐句和乐段保持一致。

另一方面，如果若干个小节的诗歌长度与一个或多个“乐段”的长度相当，但单独某段诗句无法与乐句对应，那我们可以把对应关系处理得松一些，拿一小节诗歌与一个“乐段”形成对应。

此外，如果通篇绝大部分都能与音乐匹配，只有一两处或太长或太短，我们也可以对朗诵作品本身进行修改。或在确保诗歌内容不受太大影响的前提下，删除一段或几段诗句，或将诗歌中的重点段落重复朗诵，使两者完美匹配。

借助这三种方法，让朗诵像唱歌一样与音乐完美贴合便成为了可能。经过这样的“改造”，背景音乐便不再是单纯的朗诵“背景”，而成了朗诵的“伴侣”。朗诵者的情绪随作品而起伏波动，作品的情感内容又与音乐的旋律节奏相辅相成，在作品内容、作品情感、音乐旋律、音乐情感的共同影响下，朗诵者的有声语言表达将释放出胜过以往十倍、百倍的巨大能量。

最后，关于朗诵配乐的选择，再给大家一些经验性的建议。

朗诵配乐不要选择有歌手演唱的歌曲，因为同为语言的表达，歌手的演唱会对朗诵者的表达造成干扰，同样也会令听众分心。即便是歌曲的伴奏也尽量不要用，特别是那些熟悉的歌曲，听众很容易被歌曲旋律带走，甚至默默哼唱起那首歌曲，聆听朗诵的注意力就无法保证了。

同样，朗诵配乐不要选择节奏过快、节奏过强的曲子，那会使朗诵中语言的韵律感、语流的流畅度受到破坏。不要选择金属色彩、电子色彩过重的音乐作为配乐，钢琴与弦乐永远是朗诵配乐的“王道”。平时做个有心人，多收集一些影视作品的原声音乐，从中一定能够挖掘出朗诵配乐的宝藏。

（2）后视频

除了配乐以外，后视频也是朗诵舞台展示时比较常见的辅助手段。特别随着现在科学水平的发展，高科技手段“飞入寻常百姓家”，原本只能在中央电视台的大舞台上看到的巨幅 LED 显示屏早已取代了投影仪、电视机，成为了文艺演出舞台上常见的舞美配备。在这种情况下，为朗诵准备一段后视频，不再是一件多么“高大上”的事情了。

与配乐一样，在朗诵者表演时，身后的巨幅视频墙上能播放一些与朗诵内容相匹配的视频画面，确实能起到烘托现场气氛的积极作用。制作一个优秀的后视频比较方便的方法是收集一些相关的图片，制作成一个 PPT 演示文件在朗诵时播放。如果有技术和资源做支撑，收集一些视频素材制作一个朗诵 MV 那则是更好的手段。

但无论 PPT 还是 MV，朗诵的背景视频同样也是一把双刃剑。如果能做到画面内容与稿件内容、音乐旋律三者的完美贴合，那自然是如虎添翼、事半功倍。但倘若在现场，朗诵者的语速与后视频内容出现不同步——无论时朗诵者念快了还是慢了，都会使视频成为朗诵的拖累。

因此，倘若要使用后视频并且确保播放安全，就必须要保证朗诵者的语速与配乐完美匹配，同时再让后视频的进度与音乐对应，以配乐作为朗诵和视频播放的标准，才能保证三者的绝对匹配。

第五单元　分类型朗诵训练

“实践出真知”，在学习了所有与朗诵相关的知识与技巧后，我们还需要通过大量的练习来了解如何将纸面上的知识与技巧转换为实际的朗诵能力。接下来，我们将挑选一些具有较高代表性的朗诵作品，根据不同的文体分类，逐一学习不同类型文艺作品的朗诵要领。

一、诗歌朗诵训练

1. 儿歌、儿童诗

（1）《小猫闹闹》

小猫闹闹，眼睛圆圆，胡子翘翘。
一天到晚东钻西跳，
钻到椅子下面，舔舔妹妹小脚。
跳到写字台上，挠挠爸爸棉袄。
一会儿咕噜噜跑进。
一会儿咕噜噜跑出。
一会儿自己和自己摔跤。
“闹闹，闹闹！快快睡觉！
你到底知道不知道，
白天不好好休息，
夜里就不能把老鼠捉到。”
闹闹尾巴摇摇，嘴里喵喵叫叫，
好像在说：“知道，知道。”

这是一首典型的幼儿儿歌。作者将小猫进行了拟人化处理，变成了一个调皮捣蛋、不爱睡觉的小孩子。通过小主人对小猫闹闹的批评教育，告诉小朋友们，不能在午睡时间调皮捣蛋，要听爸爸妈妈、幼儿园老师的话，老老实实睡午觉。

作为一首儿歌，本文有着较为典型的儿歌特有的韵律和节拍，这些都是朗诵重要的表达依据。同时本文也有一些“散文”化的、没有明确的节奏的语句，因此我们需要做好两种表达技巧之间的转变。

前七行诗句，都是对“小猫闹闹”的描写，这些内容大致都可以找到朗诵的节拍。前两行都可以借鉴音乐中的“$\frac{4}{4}$拍”加以处理——以“小猫闹闹”四个字为例：“小猫”两字一拍，“闹闹”两字每字一拍，然后停一拍。下一句四个字同样处理，第二行八个字一句，则一拆为二，分两个“$\frac{4}{4}$拍”来朗读。

第三、四行总共四句话，每句都是6个字，采取与上面同样的节拍，但前面四个字每两字一拍，第五、六个字每字一拍，当中不停拍，直接念后面六个字……这样前四行的节奏就完全一致了，听感上就会比较舒服。

接着连续三句“一会儿”（请注意“会”念第四声），节奏就比较难和上面统一了。但我们依然可以用一些小窍门：“一会儿”三个字一拍，“咕噜噜”三个字一拍，“跑进”、“跑出”中两个字每字一拍。最后一个“一会儿”最麻烦，我们必须要多出两个拍子才能把所有的字装下：“一会儿”三个字一拍、“自己和”三个字一拍、“自己摔跤”四个字每字一拍。这样算是把第一部分都放在同一个节奏里完成了。

第二部分是小主人批评小猫闹闹的语言，语句比较细碎，我们就不能用上面那个节拍去套了。接下去的四句话，我们要用日常说话的状态来念，找到小朋友批评做错事情的小宠物的感觉，又要严肃指出它的错误，又要苦口婆心地跟它讲道理。

倒数第二句，依然回到了最早的“$\frac{4}{4}$拍”节奏中去，一二字一拍、三四字一拍，后两个字各一拍，在语气中可以增加一些被批评了之后不好意思的色彩，声音的强度、高度都可以降低一点，有种嘟囔着说话的感觉。而最后一句，则又回到日常说话的节奏，“知道、知道”要表现出小猫被批评后动也不敢动，老老实实、乖乖的感觉。

（2）《点的自述》

我是一个“点”，
曾为自己的渺小而难堪：
对着庞大的宏观世界，
只有闭下失望的双眼。
经过一位数学教师的启发，
我有了一个新的发现：

两个“点”，
可以确定一条直线，
三个“点”，
能构成一个“三角”，
无数个“点”，
组成圆的“金环”。

我是一个“点”，
“点”是我的名片。
我也有自己的半径，
我也有对着的圆点：
不信，从月球上看地球，
也有宇宙间渺小的雀斑。
我欣喜，我狂欢！
谁没有自己的位置？
不！你的价值在闪光，
只是，你还没有发现！

这篇《“点”的自述》要比前一篇的难度高出不少。同样它所针对的朗诵者的年龄也要比之前大一些。他讲述了一个自卑的“小圆点”，逐渐了解自己的作用，最终为自己感到自豪的故事。告诉小朋友们做人要自信，只要找到自己的价值，就能够在社会中发光。

这篇作品与上两篇最大的不同在于，文字的排列结构是松散而自由的，从头到底都没有可以借鉴的“节拍”，每一句句子都需要用说话一般的方式来表达。

整首诗可以分为上下两部分，前四句为上半部分的第一段，第一句自我介绍，可以说得慢一些、清楚一些，从第二句开始要表现出一种自卑的情绪。

五到十二句是上半部分的第二段，这一段的情绪，一下子从无精打采、妄自菲薄变得乐观自信了起来。而且这种状态随着语句的深入愈发强大，说到“圆的‘金环’”的时候，已是浑身充满了力量。

接下来再看下半部分。这时候我们的“点”已经不再自卑，因此下半部分的自我介绍，语速变得更快，语气也更加有力；而到了“从月球上看地球”，它更是把自己放在了一个更高的层面去理解、去认识，这时在朗诵的声音中，更要添上一份成熟与大气。

最后四句，既是全篇的总结，又是全文的高潮，自信的“点”为自己的存在而感到自豪与骄傲，并极具哲理性地说出了令自己思想蜕变的原因——每个人都有自己的价值，只要能够发现它，便能够为自己的存在感到骄傲。这时的表达，已不单单是一种自信或是骄傲，更加入了一些对生命的思考。

2. 古诗词

（1）《水调歌头·丙辰中秋》

苏　轼

明月几时有？把酒问青天。不知天上宫阙，今夕是何年。我欲乘风归去，惟恐琼楼玉宇，高处不胜寒。起舞弄清影，何似在人间。

转朱阁，低绮户，照无眠。不应有恨，何事长向别时圆？人有悲欢离合，月有阴晴圆缺，此事古难全。但愿人长久，千里共婵娟。

这是宋代大文学家苏轼创作的一首脍炙人口的宋词佳作，后被台湾著名曲作家梁弘志改编为民谣歌曲《但愿人长久》，并由王菲唱遍大江南北，使得它成为了当代国人最为熟悉的宋词作品之一。

本篇词作，写的是诗人在中秋当晚，把酒望月，睹物思人，想起七年未见的胞弟苏辙，心中无尽的离愁别绪。因此在朗诵的时候，要表现出作者当时那种淡淡的醉意与浓浓的愁绪。

“明月几时有，把酒问青天”，很多人在处理这一句开场的时候，往往会过于表面化、形式化，甚至还要做一个举杯饮酒的动作，那便是有些浮夸了。在朗诵时，我们的情感表达需要更加“走心”，体会作者的内心起伏。特别是“我欲乘风归去……”之后的部分，要重点突出作者想归家却又归不得的无奈之情。

第二段，情绪逐渐从无奈变为忧郁。从“转朱阁”到“别时圆”，正是作者的三分醉意七分愁绪所说出的抱怨之词。因此在这一句话中，语言的情绪逐渐浓烈，力度也是逐渐上升。但最后两句，作者却又笔锋一转——自古以来，分与合一直都是世间的主旋律，又何必太过纠结呢？还是将美好的祝愿赠与世人吧！这一段的朗诵，要有一种“豁然开朗”的感觉，将原本的离愁别绪渐渐转变成对未来的美好期待，而这也是本篇作品有别于其他赏月悲秋的文章的最大亮点。

（2）《声声慢·寻寻觅觅》

李清照

寻寻觅觅，冷冷清清，凄凄惨惨戚戚。乍暖还寒时候，最难将息。三杯两盏淡酒，怎敌他、晚来风急？雁过也，正伤心，却是旧时相识。

满地黄花堆积。憔悴损，如今有谁堪摘？守着窗儿，独自怎生得黑？梧桐更兼细雨，到黄昏、点点滴滴。这次第，怎一个愁字了得！

这是宋代著名的女性文人李清照中晚期的一首代表作。李清照晚年的时候，接连遭遇国破、家亡、夫死的悲惨境遇，她的文风也变得阴沉而忧伤，这首《声声慢》属于这一风格的典型。

开篇连续七组叠词，是一种极具音韵感的设计。因此在朗诵的时候，我们要通过声音表现出这种富有弹跳性的律动来。同时，有的朗诵者在处理这七组词的时候，着重凸显一个“凄惨”，这样的理解其实是有失偏颇的。其实上半段重点表现的是李清照在秋天的早晨醒来，“孤独寂寞冷”的情绪感受。所以，无论是“冷清”还是“凄惨”，亦或是“寒暖”的感受，表现的都是一个衰老的寡妇内心的寂寞与伤感。

第一段最后一句“却是旧时相识”，拉开了作者回忆往事的序幕。满心的愁绪就这样延续了整整一天，到黄昏还下起了小雨，实在是有种“愁更愁”的意味。

因此在这段中，我们重点需要把握的就是最后一句的那个“愁”字。要知道，其实当时李清照的物质条件并没有到贫困潦倒的境地，因此悲哀的并不是贫穷，而是内心的空虚寂寥。因为心中是暗的，所以目中的一切都没了光彩。

因此，在全文的基调中，我们不能为愁而愁，甚至将愁说成了惨。不将情绪流于表面，而是将愁怨之情埋于心底，这样的朗诵效果才算上佳。

需要注意的是，这首《声声慢》属于仄韵体，从平仄关系来看，词中很多字的音调和读法都与现在不同。为了能更好地体现其中的音韵感，其中有个别关键字建议大家还是遵循古音。例如“旧时相识”的“识”要念去声，“有谁堪摘”的“摘”建议念“这”音，“怎生得黑”的“黑”建议念“贺”音，“愁字了得”的“得”建议念“地”音——这些字的声调在古时候念成“入声”，平仄关系为“仄”。由于这些字在现代普通话中都改为了阴平，所以在朗诵诗歌的时候就会出现误会。此外，“乍暖还寒”的“还”需要念“环”音，大家同样不要搞错。

（3）《将进酒》

李　白

君不见黄河之水天上来，奔流到海不复回。
君不见高堂明镜悲白发，朝如青丝暮成雪。
人生得意须尽欢，莫使金樽空对月。
天生我材必有用，千金散尽还复来。
烹羊宰牛且为乐，会须一饮三百杯。
岑夫子，丹丘生，将进酒，君莫停。
与君歌一曲，请君为我侧耳听。
钟鼓馔玉不足贵，但愿长醉不愿醒。
古来圣贤皆寂寞，惟有饮者留其名。
陈王昔时宴平乐，斗酒十千恣欢谑。

主人何为言少钱，径须沽取对君酌。
五花马，千金裘，呼儿将出换美酒，
与尔同销万古愁。

这是唐代著名的浪漫主义诗人，被称为“诗仙”的李白所写的一首脍炙人口的佳作。《将进酒》最早是汉乐府的一个曲调名，意思就是“劝酒歌”。(注意：“将”字在题目中念“枪”音)在此，李白沿用乐府诗的体例进行创作，造就了这首流传最广、影响最深远的《将进酒》。因此这首诗与规范的“五言”或“七律”诗相比，语言结构更为灵活，这也为朗诵表演创造了更大的空间。

李白爱酒，这是众所周知的事情，此诗的内容为劝酒，显然从内容到状态都离不开一个“醉”字。在朗诵时加上一些“醉”的感觉，才能让自己更加潇洒、更加豪放、更加自由自在地驾驭这首诗作。

同时，醉的目的又是什么呢？“一醉解千愁！”这首诗写于作者被“赐金放还”之后(也就是被贬谪了)，政治抱负无法施展，心中自有万千苦闷。然而作者豁达豪爽的性格又决定了他不会在这种情况下去写一些苦情哀怨的诗歌，反而是以酒解愁，借醉抒怀。

一开篇的两组长句，作者用巨大的空间对比和漫长的时间对比展现出了一幅无比大气开阔的画卷。这种长句的气势，远不是“五言”、“七律”可以比拟。因此我们在朗诵时，要尽可能地体现句中的澎湃的气势。

然后转入主题——如此澎湃的黄河也就这样奔流而过了，如此漫长的人生也就这样转眼即逝了，我们又何不“今朝有酒今朝醉”，呢？然而，作者的追求和那些“及时行乐”的狂徒终究是不同的，一句“天生我才”展示了作者远大的抱负绝非凡人可比。显然在这一段落中，要体现的是一股豪放与爽朗的劲头，而不能沾染上“纵情声色”的糜腐气息。

然后，紧接着六句短句，错落有致，话语从天上转回了席上的来宾，从“对酒当歌”变成了“把酒言欢”、“且歌且吟”。这时一定要注意朗诵时的节奏变化，凸显短句节奏鲜活明快的优势，把原先浩大的气势暂时回收，转为一种亲切、友善的席间对话。

然后话锋又转，变成了一番慷慨激昂的演讲。在此，作者将自己与陈王曹植相比，更是为了发泄心中政治抱负无法施展、郁郁不得志的愤怒与不爽。朗诵这段时，需要将之前收敛的情绪再次释放，而且与开篇不同，这里的“诳语”更有针对性、发泄是一种真真切切的情感。

最后三句，喝得酩酊大醉的作者早已忘了酒席上谁是主、谁是客，竟然要求主人典当宝马、华服，换来美酒继续喝！口气之大、姿态之高，绝非常人可以企及。因此在朗诵时，我们还要再加三分“醉意”、三分“狂劲儿”，尽可能地表达出“谪仙人”的气势与气度。

3. 现代诗

（1）《致橡树》

舒婷

我如果爱你——
绝不像攀援的凌霄花
借你的高枝炫耀自己；
我如果爱你——
绝不学痴情的鸟儿
为绿荫重复单调的歌曲；
也不止像泉源，
常年送来清凉的慰藉；
也不止像险峰
增加你的高度，衬托你的威仪。
甚至日光，
甚至春雨。
不，这些都还不够！
我必须是你近旁的一株木棉，
作为树的形象和你站在一起。
根，紧握在地下，
叶，相触在云里。
每一阵风过，
我们都互相致意，
但没有人
听懂我们的言语。
你有你的铜枝铁干，
像刀，像剑，
也像戟；
我有我红硕的花朵，
像沉重的叹息，
又像英勇的火炬。
我们分担寒潮、风雷、霹雳；
我们共享雾霭、流岚、虹霓。

仿佛永远分离，
却又终身相依。
这才是伟大的爱情，
坚贞就在这里：
爱——
不仅爱你伟岸的身躯，
也爱你坚持的位置，足下的土地！

舒婷，是中国当代非常有影响力的一位女诗人，也是中国朦胧诗派的代表人物。这首《致橡树》是她的作品中最有名的一首诗作。诗歌创作于上世纪70年代末，作者借喻“木棉向橡树的表白”，表达了自己的爱情观——独立、自尊，不依附于男性的有尊严的爱情。因此，在朗诵的时候，我们需要把准诗歌的主基调——柔中带刚。

诗歌的开头，作者接连做了六个与自己的爱情观相反的比喻，将传统、世俗的爱情比作“凌霄花、鸟儿、泉源、险峰、日光、春雨”，仅仅是依附于男性身边的一个装饰、一个点缀。这一段的朗诵，我们可以处理得稍微柔一些、“黏”一些、“嗲”一些。

“不，这些都还不够！”从这里开始，作者态度坚定地表达了自己的爱情理念——必须像木棉一样，同样是以“树的形象和你站在一起”。这里朗诵的语言就要从之前的柔美转为坚定，表现出作者独立、自尊的爱情观。“不”、“不够”、“木棉”、“树”、“站在一起”都是需要重点突出的关键词。

接下来，作者开始细细讲述木棉和橡树的爱情是什么样的。从“根、紧握在地下”到“共享雾霭、流岚、虹霓”，作者接连设计了三组情绪上的对应。在朗诵的时候，基本都是前一句带有力量，后一句略显柔情，在不断的情绪变化中展现出男性与女性的爱情相处之道。

从“仿佛永远分离”开始，诗歌进入结尾部分。先是两句对仗，“仿佛……却又……”即是对上面文字的归纳，又是底下总结句的承接，在语言处理上略偏柔和。然后从“这才是伟大的爱情”开始加强力度，“这”、“伟大”、“坚贞”、“就”这些字都可以重读处理，吐字的“硬”即代表着作者态度的坚定。

纵观全诗，朗诵的情绪表达始终处于刚柔交错的过程之中，前一句表现了力量，后一句必然展现温柔……就在这样的反复交错之中，一种象征着爱情的“韧性”便从诗句中炼成了。

（2）《再别康桥》

徐志摩

轻轻的我走了，
正如我轻轻的来；

我轻轻的招手，
作别西天的云彩。

那河畔的金柳，
是夕阳中的新娘，
波光里的艳影，
在我的心头荡漾。
软泥上的青荇，
油油的在水底招摇；
在康河的柔波里，
我甘心做一条水草！

那榆荫下的一潭，
不是清泉，是天上虹；
揉碎在浮藻间，
沉淀着彩虹似的梦。

寻梦？撑一支长篙，
向青草更青处漫溯，
满载一船星辉，
在星辉斑斓里放歌。

但我不能放歌，
悄悄是别离的笙箫；
夏虫也为我沉默，
沉默是今晚的康桥！

悄悄的我走了，
正如我悄悄的来；
我挥一挥衣袖，
不带走一片云彩。

在中国，徐志摩的《再别康桥》几乎是一首无人不知无人不晓的诗作。作为中国近代新月派诗人的代表，他那卓绝的文采与他的爱情史一同被世人所津津乐道。同时，英年早逝的命运更使一代又一代的文学青年为之扼腕痛惜。

很多人都会错把《再别康桥》当作一首情诗，事实上作者在诗中所抒发的并非男欢女爱之情，而是对英国康桥（即现在剑桥大学所在地）的思念之情。当然，也有人认为，徐志摩与一生中最爱的女子林徽因正是在康桥相识、相恋，在诗中融入了对爱人的思念之情，似乎也是有理有据，说得过去。当然，无论是追忆往昔的岁月还是追忆逝去的爱情，这首诗在中国文学界的地位，是丝毫不会动摇的。

这篇诗歌相比前一篇《致橡树》，朗诵的难度大了许多。它从头到尾的风格与基调都非常统一，在外在表现上不会有太过明显的起伏，这往往会令朗诵者有一种无处着手的感觉。朗诵得太柔和了，平淡如水，无法打动听众；朗诵得太波澜了，无病呻吟，让观众觉得做作。因此，如何通过深度备稿与内心感受，挖掘出每一行每一句的情感变化，成为了朗诵的关键所在。

全篇共分 7 段，开篇第一段，就为诗歌奠定了基调。在来去之间，没有一丝声响、不留一点痕迹，优美的文字直接为朗诵的表达指明了方向——轻轻的声音、缓缓的节奏、淡淡的情感、柔柔的内心。

然后第二、第三段，说的是康河边的美景。在作者的妙笔之下，原是普通得再不能普通的柳树与水草，仿佛都变成了世间的精灵。在朗诵之时，一定要着力凸显景物的美，以及诗人故地重游内心的欢欣。这两段的音色是稍明亮的，节奏也是稍欢快的，情感也是稍喜悦的——但一切都要在内敛的基调下，切不可表现得太过外露。

第四段伊始依然是写景，然而最后一个“梦”字，让他的内心渐渐地从对景的欢心转换为对往昔的追忆。诗人想要去追寻自己的梦，然而他在现实中的梦想已经破碎，回想起往昔的美好，留下的却只有一地残碎。

因此，从第四段到第七段，我们在朗诵时需要完成情绪上几个转变——从观景的欣喜转向对梦想的追溯，在梦想最美丽、心情最欢畅的瞬间又忽然被打回现实，原先的美好化作一缕缕愁云盖在了作者心头。第四、第五段的转换表现为兴致逐渐浓郁、状态愈发积极、情感更加欢畅，第六段的“星辉斑斓里放歌”使这种情绪到达顶端；然后第七段出现 180 度的大转弯，声音立刻回收，音色变得暗淡，愁苦与无奈在语言中成为了主导。

就这样，诗人结束了这一次的康桥之行，又将如来时那般轻轻悄悄地离去。然而此时，他的心情比来时更多了一份忧伤、一份离愁。但这样的情感同样也是轻轻悠悠的，既没有留在康河，也没有带回中国，就像一阵风，吹散在天地之间。反映在声音之上，我们依然要回归第一段时的淡然，即便去时的心情比来时更加忧郁、更加感伤，那也依然是淡淡的。

整首诗朗诵的关键，在于把握文字中的“音乐美”。能否把作品理解为一首舒伯特的小夜曲，不是在外在语音的起伏上，而是透过文字，在内在情感跳跃中找到表达的突破口，这是需要朗诵者不断思考的。

（3）《相信未来》

食指

当蜘蛛网无情地查封了我的炉台，
当灰烬的余烟叹息着贫困的悲哀，
我依然固执地铺平失望的灰烬，
用美丽的雪花写下：相信未来。

当我的紫葡萄化为深秋的露水，
当我的鲜花依偎在别人的情怀，
我依然固执地用凝霜的枯藤，
在凄凉的大地上写下：相信未来。

我要用手指那涌向天边的排浪，
我要用手掌那托起太阳的大海，
摇曳着曙光那支温暖漂亮的笔杆，
用孩子的笔体写下：相信未来。

我之所以坚定地相信未来，
是我相信未来人们的眼睛——
她有拨开历史风尘的睫毛，
她有看透岁月篇章的瞳孔。

不管人们对于我们腐烂的皮肉，
那些迷途的惆怅，失败的苦痛，
是寄予感动的热泪，深切的同情，
还是给以轻蔑的微笑，辛辣的嘲讽。

我坚信人们对于我们的脊骨，
那无数次地探索、迷途、失败和成功，
一定会给予热情、客观、公正的评定，
是的，我焦急地等待着他们的评定。

朋友，坚定地相信未来吧，

相信不屈不挠的努力，
相信战胜死亡的年轻，
相信未来，热爱生命。

《相信未来》是中国当代诗人食指的代表作。食指原名郭路生，在中国文学界被称为是朦胧诗的鼻祖。他与汪国真、舒婷、顾城、海子等一批优秀的诗人一起，在上世纪七八十年代的中国掀起了一股现代诗的热潮。

这首诗创作于1968年，那是中国无比灰暗的一段历史时期。然而，这首诗就像是一盏明灯，为当时的人们照亮了人生的道路、指明了前进的方向。

整首诗共分七段，每一段的结构相对都较为工整，这为我们朗诵(特别是配乐)提供了很好的条件。诗歌运用了大量的比喻，用以喻指那些在当时社会不能明言的“暗”与“光”。

前两段，结构完全相同，都是先抑后扬，前两句喻示着阴暗与残酷——物质的贫穷、精神的荒芜、人性的扭曲、世道的不公……后两句表明自己对未来的坚定信心。我们在朗诵的时候，两段大致可以使用同样的处理手段——前一半压抑、阴沉，语调低、语速慢，后一半色彩逐渐变得明亮，整体语势微微上扬，但同时控制力度和气息，以保持思想的深沉与坚定。另外，为了表现出一种递进的感觉，第二段整体的情感可以比第一段更为浓烈一些。

第三段的前两句是一组排比，而后两句又回到了第一、第二段的结构，可以理解为是对前两段的总结和升华。因此我们可以把声音放得更开，把之前压抑着的情绪释放出来。需要注意的是，第三段前两句中的“指”和“掌”是两个动词，不能和前面的“手”字组成词语来念。

另外，三段都是以“相信未来”结尾，我们在处理这三个“相信未来”的时候必须要有所区别。第一个对应“美丽的雪花”，可以适当柔和一些；第二个对应“凄凉的大地”，可以带一些呐喊的色彩；第三个对应“孩子的笔体”，可以带一些孩子般童真的色彩。

到了第四段，作者开始由表及里，告诉人们自己为什么会坚定地相信未来。在这里，我们语言的力度和速度都要有所加强，运用平实的中音区音色，走出之前阴暗、残酷的气氛，抬起头自信地向世人宣告。

第五、第六段是一个连贯的语意，同时两段之间又有着明显的转折和对应关系。从朗诵的表达来看，同样采用先抑后扬的方式，第五段重点描写表面的创痛，可以念得较为深沉，但第三句“感动的热泪，深切的同情”和第四句“轻蔑的微笑，辛辣的嘲讽”之间依然要有明显的区别，前者带有温暖的感情，后者带有冷酷的色彩。

第六段则是在第五段的基础上疾速上扬，“脊骨”与“皮肉”，“探索、迷途、失败和成功”与“迷途的惆怅，失败的苦痛”要在音量、音高、音色、力度上形成鲜明的反差，特别是最后一句，是对前三句的一种总结与升华，可以加一些用哑声嘶喊的技巧，或是带上一些有力的动作，将满腔的激情与信心用一种热烈而深沉的形式灌于字里行间——那是一种有含蓄的爆发，在内敛之中蕴含无限的能量。

最后一段，音色归于明亮而结实的实声，表现出作者坚定的信心和乐观的态度，以及向苦难宣战的大无畏精神。最后八个字，一定要有呐喊的感觉，但要注意，这是一种成熟呼喊，音调不能太高、音色不能太亮，不能叫在表面、流于浮夸。结实有力、带有浑厚胸腔共鸣的中音是最好的用声选择。

二、散文朗诵训练

1. 抒情散文

（1）《海上日出》

巴 金

在船上，为了看日出，我特地起个大早。那时天还没有亮，周围是很寂静的，只有机器房的声音。

天空变成了浅蓝色，很浅很浅的；转眼间天边出现了一道红霞，慢慢儿扩大了它的范围，加强了它的光亮，我知道太阳要从那天际升起来了，便目不转睛地望着那里。

果然过了一会儿，在那里就出现了太阳的一小半，红是红得很，却没有光亮。这太阳像负着什么重担似的，慢慢儿，一步一步地，努力向上面升起来。到了最后终于冲破了云霞，完全跳出了海面。那颜色真红得可爱。一刹那间，这深红的东西，忽然发出夺目的光亮，射得人眼睛发痛，同时附近的云也添了光彩。

有时太阳走入云里，它的光线却仍从云里透射下来，直射到水面上。这时候，人要分辨出何处是水，何处是天，很不容易，因为只能够看见光亮的一片。

有时天边有黑云，而且云片很厚，太阳出来了，人却不能够看见它。然而太阳在黑云里放射出光芒，透过黑云的周围，替黑云镶了一道光亮的金边，到后来才慢慢儿透出重围，出现在天空，把一片片黑云变成了紫云或红霞。这时候，光亮的不仅是太阳、云和海水，连我自己也成了光亮的了。

这不是很伟大的奇观么？

《海上日出》是大文学家巴金所写的一篇名篇，文章很小，但影响力却很大。文章写于1927年作者坐船去英国留学的途中，抒写海景之美，同样也抒发着作者对未来的希望和信心。

行文第一段，作者为了看日出“特地起个大早”，这是一种兴奋的表现。但在朗诵时，我们却不能处理得太过兴奋，因为“周围是很寂静的”，作者即便怀着兴奋的心情去看日出，却依然在清洌的晨风中，怀着一颗娴静的心。而这也为整篇文章奠定了一个主基调——舒缓的、沉静的、松弛的朗诵状态。

第二段，太阳将出而未出的时候。作者怀着期待的心情望着远方的红霞，在这一部分，我们要利用声音由弱渐强、由低转高的方法来处理，“忽然间”、“慢慢儿”这些表示时间和程度的词可以重点把握，而后一句“我知道太阳要从……”可以采取上升语势，以突显作者当时的期待不断获得满足并即将实现的喜悦。

第三段的前半，太阳“出现了一小半”——注意此处的“半”需加儿化韵——颜色虽然红却没有光亮。这时的作者似乎有些欢喜，却还并不满足。因此要通过语调和态度的变化表现出这种情绪的转折。然后“重担”、“慢慢儿”、“一步一步”、“努力”，我们同样要借助语速和力度的变化，表现出这种极其缓慢而又不易的上升过程。

最后，当太阳“完全”跳出海面的时候，我们需要在“完全”上加重音并适度夸张处理。而此时作者的感情，就好像是眼看着一只小鸡从鸡蛋中破壳而出一样，充满着喜悦与欣慰。我们可以用类似的经历来做“情感替代”，“红得可爱”可以使用“重音弱读”的方式来表现。

接着，太阳发出了“夺目的光亮”，我们的声音可以略微放开一些，语速也可以变得更快一些，“光亮”、“发痛”都可以用短促、有力的重音处理，让人有一种豁然开朗的感觉。

下一段，写的是太阳从云中透射到海面上的情境。有过相似经历的朋友完全可以想像那种海天一色闪着银光，让人睁不开眼的感觉。从这段起，作者的情绪显然随着太阳的完全出现而渐渐从兴奋转为沉稳，因此语言中除了对美景的感慨，又会多了一份娓娓道来的从容感。

倒数第二段，依然是太阳和云的关联。只是这次的云变成了厚厚的黑云。在表达上，我们要重点突出“即便有黑云，太阳依然能展现出自己的存在”这样的态度，同时，这段出现的多个色彩性词汇“黑云”、“金边”（此处“边”字同样需加儿化，若不加儿化会和柬埔寨首都金边搞混）、“紫云”、“红霞”要念出每一种色彩的不同。而最后一句“连我自己也是光亮的了”更是表现了作者希望能与自然融于一体的美好情怀，我们在语言的情感色彩中要融入一份陶醉与全身心的投入。

文章的结尾“这不是很伟大的奇观么？”是一句反问句。用反问句结尾，对于我们朗诵的表达具有一定的难度。首先，我们要保持对“海上日出”美景的喜爱与迷恋；然后，又要带有一些理性色彩去思考，并提出问题；同时，又不能在反问中表现出轻佻、质疑、甚至讽刺的味道，语调高低变化的把握是有一定难度的。

（2）《海燕》

高尔基

在苍茫的大海上，狂风卷集着乌云。在乌云和大海之间，海燕像黑色的闪电，在高傲地飞翔。

一会儿翅膀碰着波浪，一会儿箭一般地直冲向乌云，它叫喊着，——就在这鸟儿勇敢的叫喊声里，乌云听出了欢乐。

在这叫喊声里——充满着对暴风雨的渴望！在这叫喊声里，乌云听出了愤怒的力量、热情的火焰和胜利的信心。

海鸥在暴风雨来临之前呻吟着，——呻吟着，它们在大海上飞窜，想把自己对暴风雨的恐惧，掩藏到大海深处。

海鸭也在呻吟着，——它们这些海鸭啊，享受不了生活的战斗的欢乐：轰隆隆的雷声就把它们吓坏了。

蠢笨的企鹅，胆怯地把肥胖的身体躲藏到悬崖底下……只有那高傲的海燕，勇敢地，自由自在地，在泛起白沫的大海上飞翔！

乌云越来越暗，越来越低，向海面直压下来，而波浪一边歌唱，一边冲向高空，去迎接那雷声。

雷声轰响。波浪在愤怒的飞沫中呼叫，跟狂风争鸣。看吧，狂风紧紧抱起一层层巨浪，恶狠狠地把它们甩到悬崖上，把这些大块的翡翠摔成尘雾和碎末。

海燕叫喊着，飞翔着，像黑色的闪电，箭一般地穿过乌云，翅膀掠起波浪的飞沫。

看吧，它飞舞着，像个精灵，——高傲的、黑色的暴风雨的精灵，——它在大笑，它又在号叫……它笑那些乌云，它因为欢乐而号叫！

这个敏感的精灵，——它从雷声的震怒里，早就听出了困乏，它深信，乌云遮不住太阳，——是的，遮不住的！

狂风吼叫……雷声轰响……

一堆堆乌云，像黑色的火焰，在无底的大海上燃烧。大海抓住闪电的箭光，把它们熄灭在自己的深渊里。这些闪电的影子，活像一条条火蛇，在大海里蜿蜒游动，一晃就消失了。

——暴风雨！暴风雨就要来啦！

这是勇敢的海燕，在怒吼的大海上，在闪电中间，高傲地飞翔；这是胜利的预言家在叫喊：

——让暴风雨来得更猛烈些吧！

《海燕》是俄国大文豪高尔基创作的一首短小的革命题材的散文诗。这原本是短篇小说《春天的旋律》中的结尾诗，但在试图全文发表时遭到了俄国沙皇审查机构的阻挠，无奈最后钻了个空子，趁审查者的疏忽将这一段语言相对较为隐晦的散文诗在《生活》杂志上单独发表了。而就在发表不久，发现了问题的沙皇当局就立刻查封了《生活》杂志，但这篇呼吁人们冲破黑暗、迎接光明的“战斗檄文”却就此传遍了俄国。

文章创作的时间大约是在1901年初，当时俄国正处于极其动荡的沙皇统治末期，国内经济崩溃、大量工人失业，人民革命运动风起云涌，沙皇反动政府的镇压愈发残酷。高尔基创作本文的目的，正是为了呼吁广大受压迫的民众一同站起来反抗沙皇的暴虐统治，用革命力量迎接俄国美好的未来。

散文诗是一种兼具散文与诗歌特性的文学体裁。它没有诗歌的分行和押韵，但保留了诗歌的幻想意境，在词句的音韵上也具备了诗的美感；同时它又比诗歌更加注重细节的描写，还具备散文般的自由色彩与内涵。

文章大体可以分为三部分：第一部分是 1 到 6 段，写的是在暴风雨来临之前，海燕在天空中渴望暴风雨的来临；第二部分是 7 到 11 段，写的是暴风雨即将来临，海燕在海面上迎接暴风雨的来临；第三部分是 12 到 16 段，写的是海燕用自己的呼喊声向世界宣告暴风雨的来临。

整篇文章使用了大量的比喻，将革命背景下的革命力量、反动势力和愚昧的胆怯者分别比拟为不同的"物"，并在海天一线的战场上殊死搏斗。全文画面感非常强烈，每一个句子都可以转换为人脑中的画面图像。这十分有利于我们利用朗诵的"视像感"来感受、表达。在"看到"的基础上，再去进一步表现作者的内在情感，这就变得非常便利了。

一开篇，作者开门见山，交代了作品展开的基本场景和主要角色。第二段的文字清楚地指明了朗诵语势的运行方向，语调的高低与海燕上下飞舞的趋势是完全相同的。然后最后一个词"欢乐"可谓是这段表达的重点——它表现了海燕的乐观与自信，这也是真正的革命者面对最恐怖的暴力统治所应有的态度——冬天来了，春天还会远吗？

那么，作为统治者化身的"乌云"听到的究竟是什么呢？是"愤怒的力量、热情的火焰和胜利的信心"，是对象征着革命的"暴风雨"的渴望！在这一段，我们需要加强语言的力量，在所有具备强调价值的词语上施以坚定有力的重音强调，以展现出海燕对待革命的坚定信心。

然后，作者笔锋一转，用了整整三段文字描写了"海鸥"、"海鸭"、"企鹅"这三个愚民、懦夫、伪善者们面对革命时的那种丑态。因此我们的口气要极尽讽刺、鄙夷之色，用不着严厉的辱骂与批判，而是一种打从心底的蔑视。只有这样，在处理最后一句"只有那高傲的海燕……"的时候，才能使海燕与之形成鲜明的反差。

接下来，第二部分，形势变得愈发严峻。狂风与波浪的战斗，像极了反动势力对革命力量的残酷镇压。在朗诵的时候，前一段描写乌云的部分要尽量低沉、冷峻，描写波浪的时候则要表现出坚定向上的力量。

然后"雷声轰响"四个字仿佛是一场战斗开始的号角。紧接着狂风和波浪的战斗需要用很快的语速来表现出战斗的紧张感，同时还要通过声音的力度和态度表现出狂风的暴虐及对波浪的同情。

然而海燕却并没有被这残酷的一幕吓倒。它"穿过乌云、掠起飞沫"，向"乌云"发起了挑战的宣言！前一段描写海燕的动作，语速同样要略快一些，但吐字不再是机关枪一般的急促，而是如瀑布飞流而下的大气，展现出一种"强疾"的节奏。

后一段则是对海燕的赞美，我们可以采取上升语势，特别是两个破折号之间的三个形容词"高傲、黑色、暴风雨"一定要念出明显的气势上的梯度，同时后面的重音"大笑"、"号叫"、

“欢乐”、“号叫”，每一个都要有很强的力度，同时还要有一个比一个强的冲击力——这对朗诵者气息的分配、高音的控制力都有着极高的要求。

到了第11段，这是第二部分的结尾。我们要把声音重新收回来，回到低音区开始处理，对于海燕所深信的“乌云遮不住太阳”，我们并不需要喊叫，而是通过中音区明亮宽广的实声，表现出它的乐观与自信。

最后的第三部分，战争愈发迫近，“风”与“雷”试图再做最后的挣扎。这八个字，我们要降低音调、拖慢语速，用“凝重”的节奏凸显现场的紧张。

然后又是一场战斗——这次的对象是大海与闪电，最终象征革命力量的大海获得了胜利！这段战争同样要加快速度、加大力度，运用“强疾”节奏表达，同时表现出对大海获胜的自豪与对闪电落败的鄙夷。

倒数第三段，尽管是两个感叹号，但我们却并不需要处理得太过强劲。反而，倒是一种在黑夜中看见光亮一般的兴奋与激动，音色内敛深沉，“走心”为佳。

最后两段，是文章全篇最终的高潮。我们可以将这两段放在同一个上升语势中处理，六个短句每一句的音高和音强都比上一句更高、更强，并且在最后用尽全力爆发出最强的呼喊——“让暴风雨来得更猛烈些吧！”

这一部分，需要我们对发声和气息要有很强的控制力，首句的音调要足够低，气息要“兜”得住；末句的音调要足够高，力量要“砸”得出去；中间层层叠叠均匀上升，要做到层级分明、气息不断。这篇文章，可以说是考验朗诵者气息控制、音高控制、重音运用、语势运用、节奏变化、视像感把握等一系列基本功和表达技巧的集大成者。

2. 记叙散文

(1)《朋友和其他》

杏林子

朋友即将远行。

暮春时节，又邀了几位朋友在家小聚，虽然都是极熟的朋友，却是终年难得一见，偶尔电话里相遇，也无非是几句寻常话。一锅小米稀饭，一碟大头菜，一盘自家酿制的泡菜，一只巷口买回的烤鸭，简简单单，不像请客，倒像家人团聚。

其实，友情也好，爱情也好，久而久之都会转化为亲情。

说也奇怪，和新朋友会谈文学、谈哲学、谈人生道理等等，和老朋友却只话家常，柴米油盐，细细碎碎，种种琐事。很多时候，心灵的契合已经不需要太多的言语来表达。

朋友新烫了个头，不敢回家见母亲，恐怕惊骇了老人家，却欢天喜地来见我们，老朋友颇能以一种趣味性的眼光欣赏这个改变。

年少的时候，我们差不多都在为别人而活，为苦口婆心的父母活，为循循善诱的师长活，为许多观念、许多传统的约束力而活。年岁逐增，渐渐挣脱外在的限制与束缚，开始懂得为自己活，照自己的方式做一些自己喜欢的事，不在乎别人的批评意见，不在乎别人的诋毁流言，只在乎那一分随心所欲的舒坦自然。偶尔，也能够纵容自己放浪一下，并且有一种恶作剧的窃喜。

就让生命顺其自然，水到渠成吧，犹如窗前的乌桕，自生自落之间，自有一分圆融丰满的喜悦。春雨轻轻落着，没有诗，没有酒，有的只是一分相知相属的自在自得。

夜色在笑语中渐渐沉落，朋友起身告辞，没有挽留，没有送别，甚至也没有问归期。

已经过了大喜大悲的岁月，已经过了伤感流泪的年华，知道了聚散原来是这样的自然和顺理成章，懂得这点，便懂得珍惜每一次相聚的温馨，离别便也欢喜。

叙事性散文通常是对一些生活小事的讲述，在淡淡的情节中表现出作者淡淡的心绪。整体的基调有点像是节奏舒缓的文艺电影。

这是台湾作家杏林子的一篇叙事散文。整篇文章的风格始终是淡淡的，云淡风轻、花开花落、笑谈人生。因此在朗诵时，我们的基调也应该是深沉的、恬静的，偶有一些起伏，也不过是波平如镜的湖面上泛起的微微涟漪。正如古人所言——君子之交淡如水。

开篇第一句“朋友即将远行”。看似与全文没有什么关联，却隐约交代了这次聚会的缘由——下一次这样的聚会，或许要等到很久之后了。但即便如此，作者却没有丝毫幽怨。第二段立刻转入对日常的简单描写，多用短句，句与句之间的逻辑关联也并不是很明显，体现了散文“形散神不散”的特点。

当然，这对我们有声语言的表达却并不是什么“好事”。在朗诵的时候该如何把全文分段分块、梳理层次，再把每一个层次串在一起、连成一线，这都需要我们用语言技巧来实现。因此，本文朗诵的难点并不在语调、句势、起伏、重音的把握，而是在同一种节奏的回环往复之下，如何处理好停顿与连接的关系，如何体现文章中的情节推进与思想升华。

第 3、4 两段，通过“新朋友”和“老朋友”的比较，说明朋友认识久了“就会转换为亲情”。表现的是作者对于“亲情般的友情”的欣慰与感动。情感同样是淡淡的，语言也不能太过浓稠。

第 5 段，是文章中少有的情节性内容。这一段，可以说是全文中难得一见的“亮色彩”，我们在处理的时候，可以表现得略微活泼一些。

紧接着第 6 段，是从第 5 段所衍生出的一长段人生体会，并在第 7 段做出了这样的感慨——“让生命顺其自然、水到渠成”。这些内容在朗诵时，是需要一气呵成的。语速不能太快，太快会破坏意境；但语言却要有一种流畅感。一件小事，仿佛是一把小凿子，在内心凿出了一个小小的“洞”。随即，灵感便犹如泉水一般汪汪地流泻。而随着语言的流动，情绪也在不经意间渐强渐浓，这才会有最后发自内心的慨叹。

感慨过后，从第 7 段后半到第 8 段，情绪回落，重新归于对环境和气氛的描写，依然是淡淡的、随性的、舒服的感觉。直到最后，说出了之所以能够那么淡然处之的原因——时光的积累让每个人都明白了“聚散无常”的道理，“惜相聚”远比“伤别离”更有意义。

在朗诵本文最后一段的时候，我们需要将人生的感悟浓墨重彩地表达出来，因为这同样也是本文贯穿始终的核心。因此最后对相聚与别离的感触，必定是作者撰文的重点。但这种“浓墨重彩”绝不能浮于语言的表面，而更多地从内心去理解作者的思考与情怀。

之前我们曾经说过，通过时间积累才能获得的经验，是最难用年轻人的情感去替代的，因此这篇文章对于年轻的朗诵者而言，最困难的便是对作者情感的揣摩与理解。特别对平时语调过高、音色过亮的女生，或是习惯于朗诵外放型作品的男生，这篇朗诵极富挑战性。

（2）《秋天的怀念》

史铁生

双腿瘫痪后，我的脾气变得暴怒无常。望着望着天上北归的雁阵，我会突然把面前的玻璃砸碎；听着听着李谷一甜美的歌声，我会猛地把手边的东西摔向四周的墙壁。母亲就悄悄地躲出去，在我看不见的地方偷偷地听着我的动静。当一切恢复沉寂，她又悄悄地进来，眼边红红的，看着我。“听说北海的花儿都开了，我推着你去走走。”她总是这么说。母亲喜欢花，可自从我的腿瘫痪后，她侍弄的那些花都死了。“不，我不去！”我狠命地捶打这两条可恨的腿，喊着：“我活着有什么劲！”母亲扑过来抓住我的手，忍住哭声说：“咱娘儿俩在一块儿，好好儿活，好好儿活……”可我却一直都不知道，她的病已经到了那步田地。后来妹妹告诉我，她常常肝疼得整宿整宿翻来覆去地睡不了觉。

那天我又独自坐在屋里，看着窗外的树叶“唰唰啦啦”地飘落。母亲进来了，挡在窗前：“北海的菊花开了，我推着你去看看吧。”她憔悴的脸上现出央求般的神色。“什么时候？”“你要是愿意，就明天？”她说。我的回答已经让她喜出望外了。“好吧，就明天。”我说。她高兴得一会坐下，一会站起：“那就赶紧准备准备。”“唉呀，烦不烦？几步路，有什么好准备的！”她也笑了，坐在我身边，絮絮叨叨地说着：“看完菊花，咱们就去‘仿膳’，你小时候最爱吃那儿的豌豆黄儿。还记得那回我带你去北海吗？你偏说那杨树花是毛毛虫，跑着，一脚踩扁一个……”她忽然不说了。对于“跑”和“踩”一类的字眼儿，她比我还敏感。她又悄悄地出去了。

她出去了。就再也没回来。

邻居们把她抬上车时，她还在大口大口地吐着鲜血。我没想到她已经病成那样。看着三轮车远去，也绝没有想到那竟是永远的诀别。

邻居的小伙子背着我去看她的时候，她正艰难地呼吸着，像她那一生艰难的生活。别人告诉我，她昏迷前的最后一句话是：“我那个有病的儿子和我那个还未成年的女儿……”

又是秋天，妹妹推我去北海看了菊花。黄色的花淡雅、白色的花高洁、紫红色的花热烈而深沉，泼泼洒洒，秋风中正开得烂漫。我懂得母亲没有说完的话。妹妹也懂。我俩在一块儿，要好好儿活……

《秋天的怀念》是当代作家史铁生的代表作。史铁生被称作是中国当代最值得尊敬的作家，是因为他的一生都在与病魔斗争，20 岁出头双腿残疾，后来又得了肾病并发展到尿毒症，按他的话说是“本职是生病，业余在写作”。正因如此，在他的作品中始终有着一股常人所没有的对生命的尊重与坚持。

本篇散文作为史铁生人生命运最真实的写照，讲述了在他人生最低落的那段时间里，患病的母亲如何瞒着自己的病情，倾尽全力地照顾他，为他重新点亮“生”的希望，是一篇极其感人的文章。因此，本文的主基调便是那份对待生命的坚强——一种深邃、厚重、博大的温暖。

开篇，作者借两件小事讲述了自己双腿瘫痪后的“喜怒无常”。为了表现出这种情绪，我们要充分借用语言的变化，“看着……”、“听着……”用低沉而无力的声音着力描绘作者绝望、麻木；“我会……”则突然加强音量，表现出作者无理取闹、歇斯底里的状态。

转而，写到了母亲。关于母亲的描写，一定要用深沉而温柔的口吻；特别是说到“母亲喜欢花……”这一小段时，还要表现出作者内心的丝丝歉疚之情。而在处理母亲的对话时，虽要微微带一些疲乏和哀伤，但千万不要装得过于衰老(此时母亲正值中年)，气力可以小一些，音色不用太亮(特别是男性朗诵的时候千万不要把声音装得过于女性化)，而是要用温暖、深沉的音色着力表现母亲的隐忍与坚强。

而作者的表现依然是那样的歇斯底里，无论是语言的狂躁还是拍打双腿的自虐，都要用一种放肆的表述方式来处理。继而母亲的反应也会变得十分焦急，仿佛是之前小心翼翼的隐忍后的一次小小的爆发，“咱娘儿俩在一块儿，好好儿活”是文章中心主题的第一次出现，可以用一种接近于哀求与哭诉的口吻来表达。

第一段高潮过后，情绪逐渐回归沉静。这段的最后一句“可我却一直都不知道……”重新回到低音区，“那步田地”、“整宿整宿”、“翻来覆去”这些词一定要着重处理，重点表现作者现今后悔愧疚的心情。

第二段，一开始依然是作者发呆的表情，树叶“唰唰啦啦”仿佛就像是生命凋零的过程，而这也正是母亲要“挡在窗前”的原因。然后第二次提到“看花”，我们要在母亲的语言中增加一些哀伤与央求的色彩。我的回答不再是那么激烈，“什么时候”四个字要说得冷淡而麻木。而母亲的反应则是喜出望外的，“絮絮叨叨”的言语中，音色逐渐变得明亮，情绪中喜悦的色彩增加，同时节奏也变得更加欢快。

而正是这种“喜出望外”造成了随后的“言多必失”。当说到“一脚踩扁一个……”的时候，语言色彩马上就发生了变化，特别这个省略号的处理是一个难点，如何在表现“急刹车”的同时还有一种“闯祸了”的味道，需要细细斟酌。

然后母亲就出去了。在母亲的语言结束之后，作者的旁白依然要回到主基调上来，可以采取“下行”语势，情绪逐渐回落至本段结束。

“她出去了。就再也没回来。”有些朋友在处理这句话时，选择用“哭喊”的方式，但这未必是最好的选择。在此建议在说完前半句后，做一个长时间停顿，充分酝酿感情后用极慢、极深沉的方式，带一些哭腔地念出后半句，把作者的“痛心”表现得更加深邃。

然后承接下一段，这是本篇文章中情绪最外放的部分，前两句话建议用快速度、强音量来表现，有一种哭喊的感觉；第三句把速度降下来，每一个字的力度加重，再一次将悲伤放回心底。巨大的悲伤从起初的快速集聚到猛烈爆发，哭声响彻天地，最后转为心力交瘁的呜咽——整个过程，相信凡是有过失去亲人那种切肤之痛的朋友是完全能够体会的。

第五段，情绪再一次回归主基调，但多了许多内心的悲伤。这里母亲的最后一句话，不建议用“颤音”、“虚声”之类的技巧处理，也不用过多模仿中年女性的音色，在这里，内容才是第一位的。

最后一段，色彩明显要比之前明亮了一些。但“淡雅”、“高洁”、“热烈而深沉”这些对菊花颜色的感受，依然延承着温暖醇厚的情感风格，而并没有出现靓丽、轻佻的色彩。因此，更多的还是要表现语言中的温暖和力度，在点题之处赐予人“活”的力量与勇气。

三、故事朗诵训练

相比较于散文，故事更注重文章的情节，对于文中逻辑线索的呈现、“起承转合”的交代要比散文清楚得多，同时对人物的刻画、语言的安排、矛盾冲突的设计也更加细致。但故事在情绪的表达方面却并不像散文那么强，即便故事感人到痛哭流泪，也依然是要靠对情节的交代来达到这个效果；同时说理也不是故事的重点，即便最后却是蕴含着一个深刻的道理，也要等故事讲完之后自然呈现，并且“点到即止”。

因此，在朗诵故事的时候，我们最重要的还是要把握角色、雕琢语言、交代情节、突出矛盾冲突，把故事本身讲得精彩、动听、引人入胜。在这个基础上，无论是情感的表达还是道理的灌输，都会自然而然地“水到渠成”。

1. 寓言故事

（1）《猴吃西瓜》

猴王找到个大西瓜，可是怎么吃呢？这个猴王可从来没有吃过西瓜。

忽然他想出一条妙计，于是就把所有的猴子都召集起来，对大家说：“今天我找到一个大西瓜，这个西瓜的吃法嘛，我是全知道的，不过我要考验一下你们的智慧，看你们谁能说出西瓜的吃法，要是说对了，我可以多赏他一份儿；要是说错了，我可要惩罚他。”

小毛猴一听，搔了搔腮说："我知道，吃西瓜是吃瓤的。"

猴王刚想同意，"不对，我不同意小毛猴的意见！"一个短尾巴猴说，"我清清楚楚记得我和我爸爸到姑妈家去的时候，吃过甜瓜，吃甜瓜是吃皮的，我想西瓜是瓜，甜瓜也是瓜，当然该吃皮啦！"

大家一听，有道理。可是到底是谁对呢？于是大家不由得把眼光集中到一只老猴身上，老猴一看，觉得出头露面的机会来了，就清了清嗓子说到："吃西瓜嘛，当然……是吃皮啦。我从小就吃西瓜，而且一直吃皮，我想我之所以老而不死，也正是吃了西瓜皮的缘故！"

有些猴子早就等急了，一听老猴子也这么说，就跟着嚷起来："对，吃西瓜吃皮！""吃西瓜吃皮！"

猴王一看，认为自己已经找到了正确的答案，就向前跨了一步，说："对！大家说得很对，吃西瓜是吃皮！哼，就小毛猴崽子是吃瓤，那就让他一个人吃去，咱们大家都吃西瓜皮！"

于是西瓜一刀两断，小毛猴吃瓤，大伙儿共分西瓜皮。

有个猴子吃了两口，就捅了捅旁边的猴子说："哎，我说这可不是滋味呀！"

"咳——老弟，我常吃西瓜，西瓜嘛，就这味儿……"

《猴吃西瓜》是一篇十分经典的寓言故事，同时也几乎是每一个少儿语言培训班教学的必备材料。寓言故事的朗诵要比诗歌、散文、杂文等等容易得多，因为文章并不反映作者的态度和思想感情，因此在备稿时可以跳过对作品创作背景的挖掘，直接从故事内容着手即可。

另外，几乎所有童话类的寓言故事，整体基调都是差不多的，语言的色彩都是清晰明亮的。具体体现在旁白的处理——中音、实声、中慢速，轻松活泼，亲切可爱，大方得体。这和幼儿园老师给小朋友讲故事的状态是基本一致的。

而此类寓言故事最主要的难点，在于对角色的把握。多数寓言故事（特别是针对少年儿童的寓言故事）中角色都是拟人化的动物或物品，因此在表现它们的言行举止时，必须要注意以下几点：其一，角色语言要与角色的视觉形象、个性特点相贴近；其二，不同角色间的语言要有明显的反差和区别；其三，角色语言的音色处理和语气表达要具备夸张性。

回到这篇作品，文章里总共有 4 个主要角色，2 个"龙套"角色，虽然都是猴子，但是年龄不同、身份不同、性格不同，必然是千"猴"千面。我们先来看看这些猴子的语言该如何处理。

猴王，是具备权威性，但外强中干、不懂装懂的成年猴子。因此他的话既要有威严，又要时不时流露出一些露怯的感觉，通过这两者间的冲突形成角色的喜剧色彩。用声时我们倾向于使用略带粗哑的厚声，吐字时字幅拉开有点"官腔"，听着趾高气扬的样子。

小毛猴和短尾巴猴，是两只小猴子，语言的音色显然要稚嫩许多，同时吐字时可以缩小字幅的长度，增加语言的弹跳性，表现出蹦蹦跳跳的感觉。

老猴是一只年纪很大的猴子，因此语言中的衰老必须要体现出来。年纪大了体力必然不足，平常可能在猴群里也不怎么受待见，可骨子里却还有一点“出风头”的劲儿，难得有机会露脸，说话自然要“端着”点儿，原本年纪大说话就慢，在慢的基础上还得加些摇头晃脑、故作姿态、倚老卖老的味道。

另外两只最后出现的“龙套”猴子，大家可以理解为成年猴子，都属于在人群后面“跟风”的类型。前一只还算有点质疑精神，却只敢在人群里嘀咕；后一只则是不懂装懂的典型。这两只猴子的对话可以用中音区正常音色表现，前者加一些犹豫的色彩，后者则要更加装腔作势。

把握了旁白和各个角色的表达方法后，再来看这篇寓言，朗诵起来便没什么困难了。寓言中的道理都是通过比喻、拟人、类比、夸大等艺术形式来表现的，所以语言表达夸张一些，反而能得到不错的效果。当然，夸张不等同于挤眉弄眼、阴阳怪气，特别在旁白的处理上，同样需要在讲述感、亲切感和语言的生动流畅上多下功夫。

（2）《狗的友谊》

波耳卡和巴尔鲍斯在厨房的窗口下晒太阳。虽说他们在院门口看家，比较来得合适，可是他们已经吃得饱饱的，而且这两只狗都是彬彬有礼，白天对谁也不乱叫，这样，他俩就纵情谈起各种事情来了：谈到狗的职务，坏事情，好事情都谈，最后谈起友谊来了。

“还有什么更快乐的呢？”波耳卡说，“除了跟朋友真心诚意地一起生活：什么事都能互相合作，同喝同吃，全力保卫咱同类，最后，互相了解地看看，抓紧幸福的一刻安慰朋友和让朋友愉快，把整个自己的幸福放在朋友的幸福上！如果我们能够建立这样的友谊，我敢大胆说一句，我们就不会觉得时间的过去了。”

“当真吗？这倒挺有意思！波耳卡·努什卡，我早就很痛心，你我虽然同住一个院子，我们简直没有一天不打架，这究竟是为了什么呢？感谢我们的主人：我们从来不饿肚子，住得又好又舒服！而且，说来真惭愧，狗的友谊自古就传为美谈，然而狗与狗之间的友谊，真好像人与人之间的友谊，几乎从来没有看到过。在这年代，我们来做现代友谊的模范吧！”接着两个朋友就拥抱和接吻起来，高兴得不知道把对方比做谁好，“我的俄瑞斯忒斯！”——“我的波拉得斯！”争吵、忌妒、恶意都给滚开吧！

不幸，这时候厨子从厨房丢出来一根骨头。于是两个朋友争先向它飞奔过去，友谊与和睦都到哪儿去了？俄瑞斯忒斯和波拉得斯对咬起来，只见一蓬蓬的狗毛在飞扬，最后好容易用了水才把它们冲开了。

世上到处都充满这样的友谊，叫起来，大家好像一条心——然而只消丢给它们一根骨头，他们就会像狗儿一样！

并不是所有的寓言故事都是面向儿童的。就像这篇《狗的友谊》就属于典型的面向成年人的寓言故事。文章的作者是俄罗斯 18 至 19 世纪著名的作家、寓言家克雷洛夫。他的寓言作品多为揭露当时社会中的尖锐问题，如沙皇的专制统治，劳动人民的悲惨生活，人性的阴暗与丑陋等等，作品的思想性并不输于散文或杂文。因此在朗诵时，对寓言中心思想的准确把握成为了最关键的第一步。

以本文为例，它通过对这两只狗虚假友谊的描写，讽刺那些表面上同心同德，可一旦触及彼此的利益，转眼就翻脸不认人的虚伪的友谊。在把握了这个中心思想后，我们就明白该如何去刻画这两只狗的形象了。

从音色上来讲，我们可以想像到这样两个人的形象：本该在门口看门儿，却因为吃得饱饱的，于是在晒太阳，而且平常对谁都不叫……是不是特别像政府机关办事能力低下、吃饱了撑着没事干的冗余办事员呢？

这样，我们不妨直接借用文中暗喻的那些人的形象来表现这两只狗的语言形象吧！一个肥头大耳、满头油光、好吃懒做；另一个身材短小、獐头鼠目、胆小怕事，天天在机关里混日子。于是乎，那只胖狗的声音可以是肥厚而暗哑的，说话拖沓而做作；那只瘦狗的声音可以是粗糙而尖锐的，说话装腔作势……当然，每个人都会对这两只狗有不同的想象，只要确保声音形象具备反面性与讽刺性，同时两只狗有所区分，都是成立的。

解决了角色的语言，再来看看旁白。这里的旁白，显然不能像儿童语言那样亲切、活泼，要是要表现出更多发人深思的意味。

先看第一段，从他们原本应该在看门儿却“玩忽职守”晒太阳聊天开始，旁白就要表现出若隐若现的讽刺色彩。在这个基础上，第二段再进入两者间虚假、做作的对话，整体的情绪便能自然而然、水到渠成地衔接上了。

第二段旁白，也就是全文的第四段，情节风云突变，两只狗瞬间从朋友变成了敌人。此时旁白中隐约的讽刺变成了直接的批判，语言力度加强的同时，作者的态度也表现得更为鲜明。

而文章的最后一段，我们可以稍稍跳脱原有的基调——因为最后一段的道理是说给所有的听众听的。在以听众为对象时，要多一些语重心长，但说到这两条狗一样的人时，则同样不能丢掉讽刺和批判的精神。

2. 情感故事

（1）《军礼》

天下着鹅毛大雪。一支红军队伍在零下三十多度的酷寒中艰难地行进着。

突然，队伍中有人喊起来：“有人冻死啦！”军长一震，急步向前跑去。松树下，一位战士倚着树干，坐在雪窝里，一动也不动。他的右手夹着半截子用树叶卷成的烟，小心地放在胸前，仿佛在最寒冷的时刻还在渴望一支烟的温暖。他右手握着一个小纸包，脸上还挂着一丝早已冷却的笑容。军长用颤抖的手打开了那个纸包，一只红辣椒跳进了军长的眼帘。他轻轻拂去战士肩上的积雪，猛然发现他身上竟然穿得那样单薄，单薄得像一张纸。“棉衣，棉衣呢？为什么没发给他棉衣？”军长两眼发红：“军需处长呢？”警卫员在发愣。“给我找军需处长。”还是没有人应声。“快，给我找军需处长！”警卫员哇的一声哭了出来：“报告军长，他就是刚任命的军需处长。棉衣不够了……每人发的御寒辣椒也都没舍得吃一口……”

军长愣住了，他望着雕像般的军需处长，眼泪成串成串地流了下来。他高高地举起那只鲜红的辣椒，在铅灰色的天穹下，在迷漫的雪雾中，辣椒就像一把燃烧的火炬，照耀着前程。在这火炬下，一只又一只右手缓缓举起。军礼是那样庄重，整个队伍发出一片抽泣声，像一曲悲壮的哀乐，回荡在雪地上空。

人们不知道这位军需处长的名字。可是，永远也忘不了他留给我们的那只鲜红的辣椒。

《军礼》是一篇非常经典的朗诵作品。这篇文章篇幅短小、内容完整、情境感强、矛盾冲突鲜明，主题十分符合“主旋律”，在朗诵时声音起伏分明、语言表现力强、情感真挚朴实，这也使得它成为了众多艺术院校表演专业、播音主持专业的必学篇目。

开篇第一句，营造出了一个“雪山行军”的艰难景象，同时为作品奠定了一个深沉、凝重的基调。

定下基调之后，我们还要对故事中两个角色进行分析，以明确对话中音色、语气的处理方式。首先军长，应该是一个干练、果决、有能力、有威严、正义感强、责任感强的军人，年龄并不会太大。警卫员会被军长吓得大哭，应当是一个刚刚参军不久，十几岁的毛头小子。

明确人物语言风格后，我们便可以逐一分析作品的朗诵技巧。忽然，队伍中有人喊起来，联系后文，喊声距离军长有一段距离，因此是由远及近地“飘”过来的，所以在喊的时候不能扯着嗓子，而是要运用气声“收着”喊，表现出声音出现在远方的感觉。而军长的反应是急迫的，需要加快语速体现紧张感。

接下来接连三句话描写冻死的战士。作者的文笔写得很细，我们需要借助“视像感”将这一场景还原出来，而且每一镜头都是特写，都需要表现得特别细致。语言则要表现出深沉感与温暖感。

然后是军长的两个动作——打开纸包、拍积雪。每个动作后面都跟着一个反应。先是看到“红辣椒”，这里的“红辣椒”是文章里的第一个亮色彩，我们要尽力让它“跳进”听众的耳朵；然后发现战士没有棉衣，这里的“猛然”、“那样单薄”、“一张纸”都是需要强调的重点。

紧接着，军长的四句话，是本篇中的一个难点，同样也是朗诵中的一个亮点。这四句话我们要念出不同的色彩。第一句，是军长的自言自语，他很纳闷，为什么这位战士没有穿棉衣呢？第二句，军长虽然气愤，但表现出了一个领袖的风范，他轻声、但确实很坚决地要把军需处长找来，问问军需处长，为什么这个战士没有拿到棉衣。第三句，军长见警卫员没有反应，心中的怒火逐渐难以压抑，他的嗓门变大，情绪也变得急躁。第四句，军长怒火中烧、忍无可忍，他把满腔的愤怒统统发泄了出来，此时的怒吼是没有节制、没有控制的，震耳欲聋、响彻天际。

“警卫员哇的一声哭了出来”，这个“哇”字需要着重处理，但又不能喊，可以加上大量气声来表现。接着警卫员的话，前一句是带有哭腔、大声地回答，后一句则是哭腔越来越重，发音越来越呜咽，“吃一口”三个字可以完全用哭的方式来表现。

当悬念揭晓之后，后一段的旁白变得凝重异常。同时在这种凝重中，更蕴含着无比的温暖与力量。在这里，“红辣椒”再次出现，从“辣椒”、“火炬”，到后面的“军礼”、“哀乐”，悲痛中蕴含着希望。朗诵的语言必须是缓慢而凝重、深沉而感人、坚定而有力的。

最后一句，先长长地做一个停顿，把状态调整回最初的基调，放慢语速，然后语势由低处向高处缓缓上行，在“永远”、“鲜红”、“辣椒”处加重音，突出表现出文章的主题。

(2)《青衣》

自古到今，唱青衣的人成百上千，但真正领悟了青衣意韵的极少。

筱燕秋是个天生的青衣坯子。二十年前，京剧《奔月》的演出，让人们认识了一个真正的嫦娥。可造化弄人，此后她沉寂了二十年，在远离舞台的戏校里教书。学生春来的出现让筱燕秋重新看到了当年的自己。

二十年后，《奔月》复排，这对师生成了嫦娥的 AB 角。把命都给了嫦娥的筱燕秋一口气演了四场，她不让给春来，谁劝都没用。可第五场，她来晚了。筱燕秋冲进化妆间的时候，春来已经上好了妆。她们对视了一眼，都没有开口。筱燕秋一把抓住化妆师，她想大声告诉化妆师，她想告诉每一个人，“我才是嫦娥，只有我才是嫦娥”，但是她没有说，她现在只会抖动嘴唇，不会说话。

上了妆的春来真是比天仙还要美，她才是嫦娥，这个世上没有嫦娥，化妆师给谁上妆，谁就是嫦娥。大幕拉开，锣鼓响起来了，筱燕秋目送着春来走向了上场门。筱燕秋知道，她的嫦娥在她四十岁的那个雪夜，真的死了。

观众承认了春来，掌声和喝采声就是最好的证明。筱燕秋无声地坐在化妆台前，她望着自己，目光像秋夜的月光，汪汪地散了一地。她一点都不知道自己做了些什么，她拿起青衣给自己披上，取过肉色底彩，挤在左手的掌心，均匀地一点一点往手上抹，往脖子上抹，往脸上抹……她请化妆师给她调眉，包头，上齐眉穗，戴头套，镇定自若地，出奇地安静。

筱燕秋并没有说什么，只是拉开了门，往门外走去。筱燕秋穿着一身薄薄的戏装走进了风雪，她来到了剧场的大门口，站在了路灯下面，她看了大雪中的马路一眼，自己给自己数起了板眼。她开始了唱，她唱的依旧是二簧慢板转原板、转流水、转高腔。雪花在飞舞，戏场门口，人越来越多，车越来越挤，但没有一点声音。筱燕秋旁若无人，边舞边唱。她要给天唱，给地唱，给她心中的观众唱。

筱燕秋的告别演出轰轰烈烈地结束了。人的一生其实就是不断地失去自己挚爱的过程，而且是永远的失去，这是每个人必经的巨大伤痛，而我们从筱燕秋的微笑中看到了她的释怀，看到了她的执著和期盼。

生活中充满了失望和希望，失望在先，希望在后，有希望就不是悲！

《青衣》是一篇十分热门的朗诵作品。它原是中生代小说家毕飞宇的一部短篇小说，后被改编为现在这篇短小精干的朗诵作品。

朗诵作品《青衣》保留了小说《青衣》中的主要人物角色和剧情，短短800余字便将主角筱燕秋一生中最为跌宕起伏的二十余年从艺历程展现了出来，在塑造人物角色的时代感、命运感方面颇有独到之功。不仅如此，作品虽然篇幅很小，但在细节的描写方面却做得非常细致，人物的每一个动作、每一个表情都可谓“精雕细琢”，将人物描绘得栩栩如生。

当然，读过小说原著的朋友再回过头来看这篇朗诵作品，一定会发现两者之间对于人物的塑造是有差别的。尽管改编后作品中对角色的评判和原著中稍有不同，但在朗诵时我们依然需要尊重朗诵作品中的人物形象。在作品中，痴迷于“青衣”表演的筱燕秋将戏中所饰演的“嫦娥”的角色投影到了自己的人生之中。最终，当她在岁月的蹉跎和命运的戏弄下不得不离开那片舞台的时候，她用一种极其戏剧化且悲剧化的方式为自己的艺术生命画下了句号。

因此，当我们在诠释这个角色时，一是要把握筱燕秋对于“嫦娥”的“痴”，另一是要把握筱燕秋身上作为“青衣”的“悲”。

首末两段，是全篇中的“魂”，需要我们念出意境、念出意蕴。头一句，是对筱燕秋这个“天生的青衣坯子”的一种认可。最后一段则是对整个故事的总括，让人在最后能够若有所感、若有所思。

第二段，短短四句话，横跨筱燕秋整整二十年的艺术生涯，同时也为下文中她无比执着于“嫦娥”这个角色作了一个铺垫。朗诵时既需要保证陈述过程中的理性客观，又要表现出二十年“弹指一挥间”的历史沧桑，对人物命运的变化转折，也要交代清楚。

第三段前四句，从上一段的“教书”到这一段的“复排”，从原本的“AB角”到“不让给春来”再到“来晚了”，接连的变化表现出筱燕秋对艺术表演的痴狂，以及她所遭受的命运的无情戏弄。在朗诵时，同样要表现出这种“风云突变”的剧情变化对人物所造成的巨大影响。

这一段的后两句，作品从宏观描写逐渐转入细节描写，筱燕秋“冲进化妆间”后内心情绪、外在动作的激动和她“只会抖动着嘴唇”的无言，正是一对鲜明的对立体，需要通过语速的快慢变化和情绪的强弱变化予以表现。

第四段，作者通过对春来上场时的“光鲜”反衬出筱燕秋的“失落”，进而宣告筱燕秋艺术生命的终结。在这里我们需要去思考，为什么春来上台之后筱燕秋就知道“她的嫦娥”“真的死了”呢？春来的年轻、优秀显然是原因之一。另一个原因——筱燕秋对于“嫦娥”这个角色的精神洁癖，同样可以从她“不让给春来”的行动和“我才是嫦娥”的呼喊声中感受到。

接下来的两段，是整篇作品中最重要的部分。大量的细节描写折射出了筱燕秋在艺术生涯终结那一刻的失魂落魄，正是在这样一种非正常状况下，她才会选择在风雪交加的马路上用“唱”的方式来祭奠自己心中的“嫦娥”。全篇中的悲剧色彩正是在这两段中逐渐变得浓郁、强烈的。

从“拿起……取过……挤在……”到“往手上抹，往脖子上抹，往脸上抹”，接着“调眉，包头，上齐眉穗，戴头套”，再到“二簧慢板转原板、转流水、转高腔”，一系列短促的动作描写将故事中的悲情色彩一步步地往上推，直到“给天唱，给地唱，给她心中的观众唱”时达到巅峰。在这里，我们看到的是无数细碎的短句乃至词语，但在朗诵时，我们必须要把这些短句念成首尾相接的长句，语调逐渐上升、语速逐渐加快、力量不断增加，将文中的情感逐渐推向高潮。

第七段是文章从“叙”到“议”的转变，同样也是从“感性”到“理性”的转移。在这段中，通过直白、深沉的讲述，能够让听众从故事的悲剧色彩中渐渐走出来，看到悲伤背后的光明与希望。在这里，一种更为坦然的语气替代了原有的苦情与悲情，带有坚韧力量的正能量色彩逐渐在语言中出现，并最终转入最后一段对生命中“失望”和“希望”的辩证思考，给人以相信未来、相信希望的力量和勇气。

四、杂文朗诵训练

杂文，是一种十分特别的文体形式。它既具备散文“形散意不散”的行文特点，又具备寓言“含蓄幽默、借古讽今”的思想特性，还具备议论文“观点明确、思路清晰”的论证特色，同时言简意赅、短小精悍，是一种文学性、艺术性与思想性并重的文体形式。

具体落实到朗诵上，杂文朗诵既要有散文朗诵的松弛感，又要有古诗朗诵的吸引力，也要有寓言故事中的趣味性，同时更要多一份理性的思考、哲学的意蕴。文学性、艺术性、思想性的并重，在语言表达中同样十分重要。

1. 说理性杂文

（1）《启示的启示》

墙壁上，一只虫子在艰难地往上爬，爬到了一半，忽然跌落了下来。

这是它又一次失败的记录。

然而，过了一会儿，它又沿着墙根，一点一点地往上爬了。第一个人注视着这只虫子，感叹地说：

“一只小小的虫子，这样的执着、顽强，失败了，不屈服；跌倒了，从头干；真是百折不饶啊！

我遭到了一点挫折，我能气馁、退缩、自暴自弃吗？

难道我还不如这只虫子？！”

第二个人注视它，禁不住叹气说：

“可怜的虫子！这样盲目地爬行，什么时候才能爬到墙头呢?

只要稍微改变一下方位，它就能很容易地爬上去；可是它就是不愿反省，不肯看一看。唉——可悲的虫子！”

反省我自己吧：我正在做的那件事一再失利，我该学得聪明一点，不能再闷着头蛮干一气了——我是个有头脑的人，可不是虫子。

第三个人询问智者：

“观察同一只虫子，两个人的见解和判断截然相反，得到的启示迥然不同。可敬的智者，请您说说，他们哪一个对呢?”

智者回答：“两个人都对。”

询问者感到困惑：

“怎么会都对呢?

您是不愿还是不敢分辨是非呢?”

智者笑了笑，回答道：

“太阳在白天放射光明，月亮在夜晚投洒青辉，——它们相反的；你能不能告诉我：太阳和月亮，究竟谁是谁非?

……但是，世界并不是简单的是非组合体。同样观察虫子，两个人所处的角度不同，他们的感觉和判断就不可能一致，他们获得的启示也就有差异。

你只看到两个人之间的异，却没有看到他们之间的同；他们同样有反省和进取的精神。

形式的差异，往往蕴含着精神实质的一致；表面的相似，倒可能掩蔽着内在的不可调和的对立……”

这是一篇典型的说理性杂文，通过一个虚拟的、抽象的事例，来说明一个小小的道理。文中的事例，算不得是一个完整的故事，只是在某一个特定的情境之下，不同人所作出的不同选择，作者写这个事例的目的，也只是为了说明不同选择背后所蕴含的不同的价值观念。

从这个角度来看，说理性杂文的朗读，或许更接近于有稿演讲的状态——同样是根据稿件内容来讲述一种观点、一个道理，惟一的区别在于，演讲说的是自己的观点，属于“一次创作”的“再发表”；而朗诵是将作者的观点转述给听众，属于“二次创作”。

这么一来，大家就比较理解，杂文的朗诵方式了。语言自然、平实、生活化，比起对吐字归音、抑扬顿挫的讲究，更重视逻辑线条的梳理、信息的清晰传递。在这基础上，再通过悬念的设计、好奇心的吸引、反问与设问等等手段引导听众跟随言语进程去思考，在共同的思考中找出最终的答案，并在最后有一种豁然开朗的满足感。

前三段，描写虫子锲而不舍地往上爬，语言中可以增加一些艰难与坚持的色彩。后边连续两个人，同样先对虫子的行为加以感慨，然后联想到自己，得到启示。但由于两人思考的角度不同，获得启示的内容也不同，色彩上需要有所区别。前者对虫子的坚持不懈表示钦佩，声音力度可以稍强一些，以表现他内心的果决；后者对虫子的选择错误表示遗憾，语气可以更加慨叹一些，以表示他对自己的反思。

文章后半段，是第三个人与智者的对话。作为提问者，第三个人的语言中需要表现出疑惑的心情，同时，他所提出的两个问题之间也有明显的色彩差异。第一个问题是纯粹虚心的求教，但因为听不懂智者的回答，第二个问题变得有些尖锐，情绪有渐强的态势。

而智者的回答始终保持一个状态——松弛、从容、沉稳、因势利导、循循善诱，将文章中所蕴含的道理告诉大家。特别是在表现最后一长段的回答时，要将作者撰写本文的目的、态度、思想感情融入智者的话语中，共同表现出来。

（2）《换了你，你会杀了谁》

朋友拿了一份报纸要我作个实验，我同意了。

问题一：如果你知道一个女人怀孕了，她已经生了8个小孩子了，其中有3个耳朵聋，2个眼睛瞎，一个智能不足，而这个女人自己又有梅毒，请问，你会建议她堕胎吗？

我刚要回答，朋友制止了我，又问我第二个问题。

问题二：现在要选举一名领袖，而你这一票很关键，下面是关于3个候选人的一些事实：

候选人A：跟一些不诚实的政客有往来，而且会星象占卜学。他有婚外情，是一个老烟枪，每天喝8到10杯的马丁尼。

候选人B：他过去有过2次被解雇的记录，睡觉睡到中午才起来，大学时吸鸦片，而且每天傍晚会喝一大夸特威士忌。

候选人C：他是一位受勋的战争英雄，素食主义者，不抽烟，只偶尔喝一点啤酒。从没有发生婚外情。

请问你会在这些候选人中选择谁？

我把答案写在纸上，然后朋友告诉我：

候选人A是富兰克林罗斯福，候选人B是温斯顿丘吉尔，候选人C是亚道夫希特勒。

我听了答案张大了嘴巴。朋友问我你是不是因为人们选择了希特勒？那你会建议那个妇女去堕胎吗？

我说：这个问题不用考虑，我们受优生优育教育多年了，都生那么多歪瓜裂枣了，就别再添乱了。我建议她去堕胎。

朋友告诉我：你杀了贝多芬，她是贝多芬的母亲。

我又一次张大了嘴巴。朋友说：吓一跳吧？本来以为你认为很好的答案，结果却扼杀了贝多芬，创造了希特勒？

最后的总结是：所以不要用既定的价值观来思考事物！

要是换做你们的话？你们会毁灭谁？创造谁？

这篇《换了你，你会杀了谁》，和上一篇文章属于同一风格，都是借助一个特定的话题场景，通过人物角色的判断选择来推动文章的进程，逐渐引出一个值得深思的道理。不同点在于，《启示的启示》中的作者是"传道者"（可以理解"智者"就是作者的"化身"），而本文中的作者则是"受教者"。

因此在语言表达时，"我"的位置得放得低一些，着力表现自己在一次次的"意外"中所获得的触动与感悟。相反，"朋友"的姿态却是很高的，他的语言起到了引导读者思考、揭示作品思想的重要作用。同时，"朋友"的语言中还需要带有一些悬念感，甚至要有种"卖关子"、"吊胃口"的意思，让听众能牢牢跟着自己的思路去听、去思考。

此外，文中还有一些内容，属于"旁白的旁白"。这主要指的就是"问题一"、"问题二"、"候选人A"、"候选人B"、"候选人C"中的相关内容。这些内容我们可以理解为是朋友的讲解，也就是说是一种信息的陈述、资料的罗列，其中的情感色彩自然与朋友同我说话，特别是后面揭晓答案时的口气有很大不同，需要更加客观、更加沉稳。

当然，所谓的客观也并不代表绝对不含情感色彩，事实上，关于两个问题、三个候选人的说明具有很强的诱导性。第一个问题显然是为了诱导"我"做出"堕胎"的选择；第二个问题同样是为了诱导"我"做出"选第三个"的决定。而为了达到上述目的，我们的讲述同样需要在"客观"中加入"主观"色彩，有扬有抑、重音分明，让听众能够听明白什么样的选择是符合常理的。

只有在这样的前提下，当"朋友"公布答案的时候，才会让人产生一种始料未及、意想不到的效果，这与我当时"张大了嘴巴"、"又一次张大了嘴巴"的反应是吻合的，而这种强烈的"剧情反转"是有助于作者在文末对于核心观点的表达的。

2. 批判性杂文

（1）《差不多先生传》

胡 适

你知道中国最有名的人是谁？

提起此人，人人皆晓，处处闻名。他姓差，名不多，是各省各县各村人氏。你一定见过他，一定听过别人谈起他。差不多先生的名字天天挂在大家的口头，因为他是中国全国人的代表。

差不多先生的相貌和你和我都差不多。他有一双眼睛，但看得不很清楚；有两只耳朵，但听得不很分明；有鼻子和嘴，但他对于气味和口味都不很讲究。他的脑子也不小，但他的记性却不很精明，他的思想也不很细密。他常常说："凡事只要差不多，就好了。何必太精明呢？"

他小的时候，他妈叫他去买红糖，他买了白糖回来。他妈骂他，他摇摇头说："红糖白糖不是差不多吗？"

他在学堂的时候，先生问他："直隶省的西边是哪一省？"他说是陕西。先生说："错了。是山西，不是陕西。"他说："陕西同山西，不是差不多吗？"

后来他在一个钱铺里做伙计，他也会写，也会算，只是总不会精细。"十"字常常写成"千"字，"千"字常常写成"十"字。掌柜的生气了，常常骂他。他只是笑嘻嘻地赔小心道："'千'字比'十'字只多一小撇，不是差不多吗？"

有一天，他为了一件要紧的事，要搭火车到上海去。他从从容容地走到火车站，迟了两分钟，火车已开走了。他白瞪着眼，望着远远的火车上的煤烟，摇摇头道："只好明天再走了，今天走同明天走，也还差不多。可是火车公司未免太认真了。八点三十分开，同八点三十二分开，不是差不多吗？"他一面说，一面慢慢地走回家，心里总不明白为什么火车不肯等他两分钟。

有一天，他忽然得了急病，赶快叫家人去请东街的汪医生。那家人急急忙忙地跑去，一时寻不着东街的汪大夫，却把西街牛医王大夫请来了。差不多先生病在床上，知道寻错了人；但病急了，身上痛苦，心里焦急，等不得了，心里想道："好在王大夫同汪大夫也差不多，让他试试看罢。"于是这位牛医王大夫走近床前，用医牛的法子给差不多先生治病。不上一点钟，差不多先生就一命呜呼了。差不多先生差不多要死的时候，一口气断断续续地说道："活人同死人也差……差……差不多，……凡事只要……差……差……不多……就……好了，……何……何……必……太……太认真呢？"他说完了这句格言，方才绝气了。

他死后，大家都很称赞差不多先生样样事情看得破，想得通；大家都说他一生不肯认真，不肯算账，不肯计较，真是一位有德行的人。于是大家给他取个死后的法号，叫他做圆通大师。

他的名誉越传越远，越久越大。无数无数的人都学他的榜样。于是人人都成了一个差不多先生。——然而中国从此就成为一个懒人国了。

《差不多先生传》是中国新文化运动的领袖胡适先生所创作的一篇寓言式杂文。之所以将之作为杂文来学习，主要是考虑到胡适先生作为中国现代杂文的初创作者之一，曾经写过大量的类似的杂文，通过一些令人发笑的小事，在琐琐碎碎中揭驳谬说、针砭时弊。此类故事的情节贯穿、过程描述、细节描写都不是很细致，更多的是通过现象揭露本质，因而我们将此类型的寓言式杂文作为杂文的一种加以分析。

文章的时代背景是民国，白话文刚刚开始普及的时候，处理"民国范儿"的朗诵和古诗词朗诵类似，吐字归音和抑扬顿挫的要求通常比较高，特别是这篇作品，一开篇就是"你知道……"更要有种"说书"的感觉。

第二、第三段，是对"差不多先生"详细的介绍。由于这个人是纯粹的虚构形象，因此在介绍中带有强烈的讽喻色彩，而且口气中要凸显他“和你我都差不多”、是“全国人的代表”，使听众加强对这类社会负面现象的警惕。

值得额外说明的是，在介绍差不多先生的形象的时候，出现了大量的排比句式，在此我们需要巧妙应用重音和语势的变化，例如：第一句“耳朵”重而“清楚”弱，第二句“眼睛”抑而“分明”扬，第三句“鼻子和嘴”强调而“不很讲究”带点拖调……这样表达的韵律感就能加强很多。

接下来五段，分别写了“差不多先生”从小到大发生过的五件事，三件略写、两件详写。略写的两件，在朗诵时一个是要突出矛盾的关键词，“白糖”和“红糖”、“山西”和“陕西”、“十”字和“千”字；另外是要表现出“差不多先生”犯了错时的无所谓心态，并且这种心态随着年龄的增长，口气从“嘟囔”到“无所谓”再到“打哈哈”，是有细微变化的。

而详写的第一件是赶火车的事情。这段的事件描写是全文中相对最详细的，我们可以想像出一些“视像感”来——穿着粗布长衫、提着藤条箱子的“差不多先生”，不紧不慢地走到月台，却发现火车已经开走了，望着火车留下的淡淡的煤烟，他三分生气、七分不解——“不是差不多吗？”描摹出这副神情举止，这段的朗诵便算是到位了。

至于第五件事，是全文篇幅最长的一件事，但长并不是长在情节的起承转合，而是对“差不多先生”语言和心态的描摹。前两句交代找错人，只要点出“东街汪大夫”和“西街牛医王大夫”即可。然后“差不多先生”病急乱投医的“不讲究”，需要通过语言同时表现出病痛时的呻吟和差不多的习性。而死前的那一段，则需要借助“气声”、“虚声”、“颤音”、“停顿”等多种技巧，带有些许夸张色彩地表现他的临终“名言”。连活与死都差不多的人生态度，那是何其夸张、何其讽刺，这些都要透过语言来表现。

第九段，他人对“差不多先生”死后的评价，那是极其讽刺的。朗诵时必须充分表现出“反语”的色彩，适当增加一些鼻腔共鸣，同时用拖音的方式表现重音，以体现对“差不多先生”们不屑的语气。

最后一段，颇有一些爱之深、责之切的痛苦与无奈，故而胡适先生才希望通过这样一篇小文章警醒世人。

（2）《聪明人和傻子和奴才》

奴才总不过是寻人诉苦。只要这样，也只能这样。有一日，他遇到一个聪明人。

“先生！”他悲哀地说，眼泪连成一线，就从眼角上直流下来。“你知道的。我所过的简直不是人的生活。吃的是一天未必有一餐，这一餐又不过是高粱皮，连猪狗都不要吃的，尚且只有一小碗……”

“这实在令人同情。”聪明人也惨然说。

“可不是么！”他高兴了。“可是做工是昼夜无休息的：清早担水晚烧饭，上午跑街夜磨面，晴洗衣裳雨张伞，冬烧汽炉夏打扇。半夜要煨银耳，侍候主人耍钱；头钱从来没分，有时还挨皮鞭……。”

“唉唉……”聪明人叹息着，眼圈有些发红，似乎要下泪。

“先生！我这样是敷衍不下去的。我总得另外想法子，可是什么法子呢？……”

“我想，你总会好起来……”

“是么？但愿如此。可是我对先生诉了冤苦，又得你的同情和慰安，已经舒坦得不少了。可见天理没有灭绝……”

但是，不几日，他又不平起来了，仍然寻人去诉苦。

“先生！”他流着眼泪说，“你知道的。我住的简直比猪窠还不如。主人并不将我当人；他对他的叭儿狗还要好到几万倍……”

“混账！”那人大叫起来，使他吃惊了。那人是一个傻子。

“先生，我住的只是一间破小屋，又湿，又阴，满是臭虫，睡下去就咬得真可以。秽气冲着鼻子，四面又没有一个窗……”

“你不会要你的主人开一个窗的么？”

“这怎么行？……”

“那么，你带我去看去！”傻子跟奴才到他屋外，动手就砸那泥墙。

“先生！你干什么？”他大惊地说。

“我给你打开一个窗洞来。”

“这不行！主人要骂的！”

“管他呢！”他仍然砸。

“来人呀！强盗在毁咱们的屋子了！快来呀！迟一点可要打出窟窿来了！……”他哭嚷着，在地上团团地打滚。

一群奴才都出来了，将傻子赶走。

听到了喊声，慢慢地最后出来的是主人。

“有强盗要来毁咱们的屋子，我首先叫喊起来，大家一同把他赶走了。”他恭敬而得胜地说。

“你不错。”主人这样夸奖他。

这一天就来了许多慰问的人，聪明人也在内。

“先生，这回因为我有功，主人夸奖我了。你先前说我总会好起来，实在是有先见之明……”他大有希望似的高兴地说。

“可不是么……”聪明人也代为高兴似的回答他。

《聪明人和傻子和奴才》是中国近现代最伟大的文学家鲁迅先生创作的一篇寓言式杂文，收录于诗歌散文集《野草》之中。这篇文章的创作思路和《差不多先生传》有些类似，同样是借助一些不存在的人、虚构出来的事，生动、形象，又极具概括性地批判了人性的丑陋以及社会的不良风气，振聋发聩，具有很强的警世作用。

而这篇文章的独特之处在于，用大量的篇幅来描写三个人之间的对话，以对话展开故事情节、推动故事进程、反映人物特征、揭露内在本质。因此我们在朗诵的时候，也必须要紧紧扣住三个人物语言上的特点，着力描摹。

奴才，是封建社会中的受害者。作为社会中的弱者，他们时刻都遭受着统治阶级的欺凌与压迫，然而他们却认为自己所承受的这一切都是理所当然的。在千百年封建体制下，他们的内心已经麻木，奴性充斥了他们的灵魂。

聪明人，代表着封建实力的守护者。他们看上去很善良、很真诚，却反复地用虚伪的好意去麻痹那些受欺压的人，让弱者安于现状，心甘情愿地被压迫、被剥削。他们与“奴才”的“主人”站在同一阵营，并且希望有朝一日也能够成为“主人”的角色。

傻子，是封建社会中的革命者。他们同情受欺凌、受压迫的弱者，想要打破现有的不平等的社会体制，用自己的双手创造出一个人与人平等相处的理想世界。然而，在那些安于现状、维护现状的人看来，这种行为是极其愚蠢的，所以他们才会被称为“傻子”。

了解了这三类人物所代表的社会群体，以及他们的思想态度，我们就可以为他们设计语言了。

奴才的语言是懦弱的、卑微的，当改变真的出现的时候，他反倒是恐惧的。因此我们需要在语言中表现出他的矛盾性。

聪明人的语言是亲切的、和蔼的，但这种亲切中透露出来的却是伪善，而非真诚。他善于融入话题的情境，并表现出与之相符的情感与态度——该哭的场合他就能哭，该高兴的场合他就高兴，可一切都只是场面上的“应酬”而已。

傻子的语言是正直的、冲动的，“路见不平一声吼”，面对“奴才”的诉苦，他的反应激烈甚至有些鲁莽，也正是这股子气势，把“奴才”吓个半死，并最终被当作强盗赶走了。

有了上述的语言形象，接下来的处理就便利多了。

首先，旁白的处理方式和《两只狗的友谊》差不多，都是在平缓的语气中带出些许嘲笑与讽刺。此外，和《差不多先生传》一样，在吐字归音和抑扬顿挫上也要花些功夫。

奴才和聪明人的对话，奴才要尽量表现出哀怨苦恼的语气，特别是在得到了聪明人的应和后，还流露出了些许想要做出改变的迹象——这个铺垫对于后面情节的展开是非常重要的。而聪明人的语言始终是虚假的同情，可以用叹气、低沉的虚声来表现出怜悯之情，用缓慢的语速和较长的停顿表示虚伪做作。

奴才和傻子的对话，起先，奴才的口气依然是哀怨苦恼的，但当傻子说要在墙上砸个窗时，顿时语气就变成了惊诧和恐惧。然而，作为奴才，他又是断然不敢和傻子正面抗争的，在阻拦傻子的过程中，语言中依然还要多出一份胆小怕事的味道。至于那傻子的语言，自始至终都是强有力的，并且有着一种“说干就干”的果决。

接下来，奴才还有一句同主人的对话，这时奴才的语言需要在卑微、怯懦的基础上增加一些“邀功讨赏”的形象，好像是一只把主人扔出去的飞盘叼回来，摇着尾巴向主人讨食物的哈巴狗。而主人的回答只有三个字——“你”字后面可以带一个长长的停顿，“不错”两字又要念出傲慢之气，还要有点无所谓的感觉。

最后一段，是奴才向聪明人报喜。奴才的语言又在卑微、懦弱中加上了些受表扬的骄傲，以及对聪明人的感谢，而聪明人则是一如既往地假模假样的亲切。本文最后并没有作者的评点或是理的讲述，甚至没有一个传统意义上的结尾。但即便如此，最后的那句旁白还是需要通过语速的变化、语气的变化体现出朗诵的结束感，给听众一个“有始有终”的印象。

第六单元　分年龄作品赏析

一、适合幼儿朗诵的作品

1. 儿歌类

（1）《青蛙比大》

青蛙看见水牛的身体，
心里实在很不服气：
为什么他这样高大漂亮？
为什么我小得鸡蛋一样？
她躺下身体，
鼓起肚皮；
使足劲道，
拼命胀气；
为的是，要跟水牛比上一比。
她一面把肚皮胀大，
一面问旁边的青蛙：
“姐姐，你看哪！差不多了吗？”
旁边的青蛙说：
“那怎么能比！”
又问：
“现在呢？”
说：

“不行啊！”
“你再看看！”
“还差得远！”
这个愚蠢的小东西，
拼命胀，胀，胀，
到底胀破了肚皮！

这是一篇很有趣的儿童寓言诗。青蛙不服气水牛有着比自己更大、更漂亮的身体，一心想着要把自己的肚子撑大，来和水牛比一比。这种不服气，更像是一种妒忌，还带一些自不量力。它拼命鼓起肚皮，越鼓越难受，说话也越来越憋气。边上的姐姐可比它明白事理得多，看着小青蛙任性的表现，边说“不行”边摇头。只可惜小青蛙丝毫不听姐姐的劝，最终把肚皮撑破，丢了性命。

朗诵的时候，前半段重点突出小青蛙的嫉妒、不懂事、不服气；后半段在表现小青蛙的语言时要有种鼓着气说话的费力感，而在表现姐姐的回答时则要比较理性，根据不同的理解还可以加上些为小青蛙操心或是爱答不理的口气(两种情绪皆能在文中言之成理)。

(2)《帽子的秘密》

我的哥哥可不是个普通的人，
他是一个四年级的学生。
他一连考了那么多个满分，
妈妈送他一顶帽子当奖品。

帽子的颜色可真蓝，
漆黑的帽檐亮闪闪；
别说把它戴在头上，
就是看看心里也喜欢。

可是这顶帽子有点奇怪，
它的帽檐老是掉下来，
妈妈把它缝了又缝，
不知道为什么它总是坏。

妈妈叫我跟哥哥一块儿，

好看看帽檐怎么会掉下来，
可是哥哥只要一见我，
马上就把我赶开。

今天我偷偷地到了他的学校，
这才把事儿弄明白：
他们七八个四年级学生，
一出校门就把帽檐扯下来。

他们在空地上来回地跑。
又喊“靠岸”，又喊“抛锚”。
哥哥拿着个望远镜——木头的，
四面八方到处瞧。

我还没决定躲不躲，
望远镜已经瞄准了我。
忽然背后一声“站住”！
我叫人抓住怎么也挣不脱。

两个“水兵”向哥哥敬礼，
报告抓到了一个“奸细”。
哥哥看也不看我一眼，
就下命令把我“禁闭”。

我生气地说：“我不是什么奸细，
我是你的弟弟！”
可是哥哥皱着眉说：
“是奸细就不是弟弟！”

明明是弟弟，偏说是奸细，
我又吵又闹心里着急，
两个“水兵”只好安慰我，
禁闭是假的，你别生气。

我说："不管什么真的还是假的，
反正我不能叫你们禁闭；
我长大了要当解放军，
随便说我是奸细我可不依。"

"水兵"们听了哈哈大笑，
哥哥只得把命令取消。
大伙说："这可不是胆小鬼，
欢迎他参加我们'海军部队'。"

晚上我回家见了妈妈，
向她谈了甲板又谈舰艇，
我告诉她什么叫做舰队，
还说天下最勇敢的就是水兵。

至于哥哥的帽子嘛……
我说："这是个秘密，告诉你怎能行！"
妈妈摸着我的头发笑了：
"那好吧，亲爱的小水兵！"

我奇怪妈妈怎么知道，
她说这也是个秘密。
她还说，有几句话
托我给所有的小水兵捎去：

"真正的水兵坚强英勇，
热爱祖国热爱劳动，
你们能不能学习英雄，
不看帽子要看行动！"

这篇儿童诗是由当代著名的女性作家柯岩所写。柯岩曾经写过许多流传甚广的诗歌佳作，最著名的当属感动了一代又一代人的《周总理，你在哪里》。

这是一首典型的故事性的儿童诗歌，它采取了诗歌的结构，有严格的分段和押韵，而内容则是一个完整的儿童故事。因此在朗诵的时候，我们既要生动地展现出故事的剧情起伏、转折——比如一开始我对哥哥帽子的秘密的好奇，我被“水兵”抓住后的危急，加入“海军部队”后的兴奋……都要像讲故事一样地表现出来；同时，又要念出诗歌的节奏和韵律，句尾押韵要有统一的处理，通过句内停顿表现出统一的语句结构，句与句、段与段之间的关系也要有明确的设计。

同时，考虑到这依然是一首儿童诗，朗诵的节奏要比普通诗歌更加明快，吐字可以带有些许的跳跃性，以表现出儿童诗的活泼与童趣。

（3）《神奇的字》

你可知道，你可知道，
世上有些字万分神奇。
只要你和它们交上朋友，
你的生活也就会变得神奇。

当我第一次用它们和妈妈说话，
啊！妈妈的眼神这样惊喜。
她紧紧地紧紧地搂住了我，
睫毛上竟凝聚了晶莹的泪滴。

当我第一次用它们向老师提问，
老师立即松开了紧皱的双眉。
她那样激动地帮我解题，
完全失去了平时讲课的流利。

当我的同桌向我举起拳头，
因为我用坏了他的钢笔。
我只轻轻地说出了它们，
他竟立即平息了怒气。

当我在公共场合得罪了人，
我也赶快把它们送出口去。
叔叔听了客气地说：“不要紧。”
阿姨们温柔地回答：“没关系。”

你不相信，不相信么？
看，你的眼里充满了猜疑。
其实这是几个极为平常的字，
它们是：请，谢谢，对不起！

这首小诗给人猜了一个谜，究竟是什么样的汉字竟会如此神奇？作者用了四组排比讲述了生活中的四个小事例，每一个都能体现出这些汉字的本领。诗的最后作者才揭晓了谜底——请，谢谢，对不起。

通过这样一种“倒置”的方法，小诗告诉我们待人接物要懂礼貌的道理。朗诵时，四个小事例的表现属于重点，需要将每一个场合说出“神奇的字”后人们的欣喜的反应描绘出来。这些“神奇的字”对听众的吸引力越强，揭晓谜底时语言的表现力也就越强。

（4）《窗前一株紫丁香》

踮起脚尖儿，
走进浓绿的小院。
我们把一株紫丁香，
栽在老师窗前。

老师，老师，
就让它绿色的枝叶，
伸进您的窗口，
夜夜和您做伴。

您听，您听，
绿叶在风里沙沙，
那是我们给您唱歌，
帮您解除一天的疲倦。

您看，您看，
满树盛开的小花，
那是我们的笑脸，
感谢您时时把我们挂牵。

夜深了，星星困得眨眼，
老师，快休息吧！
让花香飘进您的梦里，
那梦啊，准是又香又甜。

这是一首以“师生情”为主题的小诗。学生为老师栽上一株紫丁香，让绿叶和小花常伴老师身旁，伴随老师从清晨到梦乡。通过这一株紫丁香，表达了学生对老师浓浓的爱意和感激。紫丁香是美的，这朵美丽的花同样代表着老师的辛勤付出。在朗诵时，既要表现花的美丽芬芳，也要表现老师的工作辛劳，还要表现学生的感恩之心——而这三点，其实都是融于一体的。

2. 寓言类

（1）《蚂蚁报恩》

在一个炎热的夏季里，有一只蚂蚁被风刮落到池塘里，命在旦夕。树上有只鸽子看到这情景，“好可怜啊！去帮帮它吧！”鸽子赶忙将一片叶子丢进池塘。

蚂蚁爬上叶子，叶子再飘到池边，蚂蚁便得救了。“多亏鸽子的救助啊！”蚂蚁始终记得鸽子的救命之恩。

过了很久，有个猎人来了，用枪瞄准树上的鸽子，但是鸽子一点儿也不知道。这时蚂蚁爬上猎人的脚，狠狠咬了一口。“哎呀！好痛！啊！”猎人一痛，就把子弹打歪了。

鸽子逃过一劫，蚂蚁就这样报答了鸽子的救命之恩。

鸽子帮助蚂蚁，这只是一件举手之劳的事情。所以即便当时的情形对蚂蚁而言非常危险，但在鸽子的眼中看来依旧算不上什么。同样当蚂蚁得救后，蚂蚁把这件事情深深地记在了心中，而鸽子，或许早就忘记了。

当鸽子遇到危险的时候，尽管情况非常危险，可鸽子却毫不知情。这时蚂蚁挺身而出，并在关键时刻帮助鸽子逃过一劫。

第一个故事中，蚂蚁的生死危机，鸽子的同情怜悯，蚂蚁的铭记心底……第二个故事中，现场的千钧一发，鸽子的混不知情，蚂蚁的全力相救……这些不同状态都需要用不同的音色与口气来表现。

（2）《羊和水牛》

羊跌在河中，大呼救命。

水牛走过来看见，问道：“羊呀，你怎么会跌在河里了？”

羊说：“我刚才走路不小心跌下去的。”

水牛又问:“你没有学过游泳吗?”

羊回答:“没有学过,我不会游泳。”

水牛说:“难道你不晓得游泳是多么重要吗?”

羊说:“我知道游泳是重要的。”

水牛又问:“那么你为什么不学游泳呢?”

羊恳求说:“牛呀,请你先把我救上来,再慢慢地问吧,不然……”

水牛说:“不,不先把情况调查清楚,我是决不随便开始办事的!”

羊着急地说:“唉呀,你如果再问几句,我便要淹死了呀!”

水牛说:“那么好吧,我们把谈话精简一些,我问你:以后愿意不愿意学游泳?”

羊说:“愿意,愿意,快把我救上来吧!”

水牛说:“很好,既然你已经觉悟,懂得了游泳的重要,那么,我马上回家去拿一本《游泳初步》给你看。

小羊跌入水中,生命危在旦夕,看见路过的水牛,本以为救星降临了,却没想到水牛唠唠叨叨、磨磨唧唧,丝毫不顾小羊当下的危机,却要回家去拿《游泳初步》。故事告诉我们,面对紧急事态,应当要有当机立断的果断力。远水解不了近渴,更救不了近火。

在表达时,要将山羊话语中焦急的神情、奄奄一息的状态和水牛在岸上的不紧不慢、让人急死的腔调凸显出来,形成一对声音形象上的“冲突体”。声音形象表现得越鲜活,越能表现出其中蕴含的意义。

(3)《鼻子和嘴的争斗》

鼻子下面有张嘴,嘴上面有个鼻子。自从盘古开天地,三皇五帝到如今,从来如此,没有例外。它们相安无事,合作得很好,好像没有听说它们闹过别扭。不过有一天,古怪的事情发生了,它们吵了起来,而且越吵越凶,以致不可开交。鼻子说:“你老横在我下面,真讨厌!”

嘴说:“你老竖在我上头,太可恶!”鼻子说:“你臭,一天到晚熏我!”嘴说:“你脏,一瞅你能把人恶心死!”鼻子说:“好东西都让你吃了,就数你馋!”嘴说:“香味全被你闻了,数你毒!”鼻子说:“我不呼吸,憋死你!”嘴说:“我不吃不喝,不吸取营养,准叫你想憋也憋不住!”它们各不相让,各自行动起来。第一天僵持过去了!第二天熬过来了!到了第三天,这第三天怎么说呢?眼睛说:“哎呀,我花了!你们这是在和谁过不去啊!”耳朵说:“不得了啦!我鸣了,简直像打雷!你们争斗,我跟着受罪呀!”最后,鼻子终于松开,深深吸了一口气,有力无气地说:“亲爱的,我受不了啦,我们不能再闹了,我离不开你。”嘴顿时觉得轻松,也长长地舒了一口气,有气无力地说:“好兄弟,也够我受的啦,我也离不开你哟。”

鼻子和嘴闹情绪，一个不呼吸，一个不吃饭，闹得眼睛耳朵一块儿受了罪。最终他俩才发现，身体是一个整体，谁离开谁都没法生活。

故事的前半段，说的是鼻子和嘴吵架的事情。两个角色都是任性的小孩子脾气，从语言的口气上我们很难把它们区分开来，但我们可以根据不同器官的特性给它们设计不同的音色——鼻子说话的音色可以带些鼻音，嘴说话的咬字状态可以更靠近口腔前端。

故事的后半段，显示眼睛和耳朵的“抗议”，要表现出这两个器官在鼻子和嘴的斗争中受尽折腾、苦不堪言的可怜样儿，说话时仿佛要快哭出来了一般。同样根据眼睛和耳朵的形象，我们可以把眼睛处理成小女生的音色，耳朵处理成小男生的音色，以表现出两者的不同。而最后当鼻子和嘴大彻大悟的时候，要表现出它们重归于好的亲切感，以及认识到错误后的悔意。

(4) 《乌鸦和猪的谅解》

乌鸦在一株树上，看见下面有一只浑身长满黑毛的猪。

“哈哈！这个黑家伙，多难看呀！”乌鸦说。猪向四处看了看，发现说话的是乌鸦，也就说：“讲话的，原来是一个黑得可怜的小东西！”“你说谁？你也不看看你自己！”乌鸦气愤地说。

“你也看看你自己吧！”猪也很气愤。它们争吵了一阵，就一道去池塘，证实谁更黑得难看。它们从水里照了照自己，又互相端详了一下，谁也不开口了。但乌鸦忽然高兴起来说：“其实，黑有什么不好看呢？”“我也以为黑是很好看的。”猪也快乐地说。——这只是一点比喻，是说：我们应该警惕，不要因为彼此都有同样的缺点，就互相原谅，并且把缺点当作优点自称自赞起来。

这是一篇非常经典的幼儿寓言故事，告诉了小朋友们这样一个道理——不能因为自己有和别人一样的缺点，就自我安慰地把缺点当作优点。故事中有两个角色，乌鸦和猪，他们外表上的共同点都是“黑”，而内心的共同点都愿意把共同的缺点当作优点。

从音色上看，两个动物的声音是完全不同的。乌鸦声音尖利刺耳，在朗诵乌鸦的台词时需要把口腔变得扁平，发声位置靠前，语速偏快、语调偏高，音色上要模仿乌鸦“嘎——嘎——”的叫声。猪体型肥大、臃肿，行为缓慢，因此在朗诵猪的台词时发声位置要略微靠后，后声腔抬起，声音偏闷、语调偏低，可以模仿《西游记》中猪八戒说话的口气。同时要注意，由于这两种角色在作品中都是反面角色，因此从语言的态度上要增加一些讽刺感。

总而言之，鲜活地表现出乌鸦和猪这两种动物的音色语气，同时在全文中表现出否定的情感态度，做好这两点，便能够把握这篇作品的朗诵要领。

(5) 《谦虚过度》

水牛爷爷是森林世界公认的谦虚人。很受大家尊重。小白兔夸它：“水牛爷爷的劲儿最大了！”“唉，过奖了，犀牛、野牛劲儿都比我大。”小山羊夸它：“水牛爷爷贡献最多！”它就说：“哎，不能这样讲了，奶牛吃下的是草，挤出的是奶，它的贡献比我多。”

狐狸艾克很羡慕水牛爷爷谦虚的美名。它想：“我也来谦虚一下吧，这谦虚太好学了。”它想了：“水牛爷爷的谦虚不就是两点吗？一是把自己什么都说小点；二是把自己什么都说少点。对！就是这样！”

一天，艾克遇到一只小老鼠。小老鼠看到艾克一条火红蓬松的大尾巴，不禁发出了由衷的赞美：“哎呀，艾克大叔，您这尾巴真大呀！”艾克学着水牛爷爷的口气，歪歪嘴：“哎，过奖了，你们老鼠的尾巴比我大多了。”“啊，什么？”小老鼠大吃一惊：“你长那么长的四条腿，却拖根比我小的尾巴？”艾克谦虚的说：“哎，不能这么讲，我那有四条腿，三条了，三条了。”小老鼠以为艾克得了神经病吓跑了。

艾克的谦虚没有换来美名，倒换来一大堆谣言。大家说：“唉，森林里出了一只妖狐狸，只有三条腿，还拖着比老鼠还小的尾巴……”

谦虚也要实事求是，不实事求是瞎谦虚，那就不知道该叫什么了？

这是“狐狸艾克”系列寓言故事中的一篇，说的是为人处事需要实事求是，只有在实事求是的基础上，谦虚才是真正的谦虚。

这篇作品朗诵最大的难点在于，故事中角色较多，几乎每一个角色都要用不同的音色来表达。水牛爷爷是一个胖胖的、和善的、说话慢条斯理的老年男性的声音形象；狐狸艾克是一个虚伪的、爱耍小聪明的声音形象；小白兔说话轻轻的，带些跳跃性；小山羊字音略扁，带些颤音；小老鼠声音尖细，前后的情感也要有些变化；最后“大家说”则需要压低声音带些嘘声。这些都把握好了，朗诵也就没什么难度了。

二、适合少儿朗诵的作品

1. 诗歌类

（1）《面朝大海春暖花开》

从明天起，做一个幸福的人
喂马、劈柴，周游世界
从明天起，关心粮食和蔬菜
我有一所房子，面朝大海，春暖花开

从明天起，和每一个亲人通信
告诉他们我的幸福
那幸福的闪电告诉我的
我将告诉每一个人

给每一条河每一座山取一个温暖的名字
陌生人，我也为你祝福
愿你有一个灿烂的前程
愿你有情人终成眷属
愿你在尘世获得幸福
我只愿面朝大海，春暖花开。

这首诗是中国近现代著名的诗人海子的代表作，表现出了诗人热爱生活、热爱自然，对未来充满希望与信心的浪漫主义情怀。该诗经常被选为青少年朗诵的表演或比赛作品。

朗诵这首诗需要注意两个方面。一个是音色的运用，另一个是情绪的把握。在音色上，要有一种“孩子的感觉”，表现出一种天真烂漫的状态。而在情绪上，要有一种充满朝气、活力的状态。借助这两点，便能表现出作者对生活的爱、对自然的爱、对世界的爱。

需要注意的是，在表现这种无限的梦想与期望时，一定要借助内部技巧来带动外部技巧，千万不能单纯地利用外部技巧去卖弄。一旦情感不足很容易让听众产生虚假、做作的情绪。

（2）《微笑》

微笑是心灵上无声的问好，
微笑是淡雅、友爱的花苞，
它是像蓝天一样明净的小诗，
它是试探性的信任和礼貌。

不要只在上级面前才把微笑慷慨馈赠，
不要见了关系户才咧开嘴角，
不要为了谋求私利就把它廉价拍卖，
不要为了失望和惆怅就把它扔进了地窖。

在繁忙的柜台，
在拥挤的车厢，

在摩肩接踵的人行道，
越是火星儿容易燃爆的地方，
越是需要有微笑。

探索者对困难微笑，
生活会以光明和信心回报；
失足者对挫折微笑，
生活会同友情和温暖相交。

我们的事业展开了金色的翅膀，
喜悦溢出了嘴角，漫上了眉梢。
微笑应该成为我们经常的面容，
微笑应该成为我们共同遵守的一个信条。

朋友们，微笑吧，微笑是沉静的美；
朋友们，微笑吧，微笑是文明的桥。
让全世界都投来羡慕，
在中国，到处都充满着微笑！

这是一首充满着温暖与友善的诗歌，告诉了大家微笑在生活中的重要性与可贵性，以及如何用微笑换来生活的美好与时代的文明。

这首诗歌是一首纯粹的抒情诗，文中没有故事的讲述、情节的描述，也没有人物独白、对白的表现，而完全使用一种咏叹式或者说理式的风格娓娓道来，因此在整篇诗歌的朗诵中，语言的基调是统一一致的，情感的表达也没有太大的变化，这对朗诵者而言此类诗歌的朗诵难度并不会太大。

需要注意的是，当我们的年轻朗诵者朗诵这首诗歌的时候，一定要把自己放在一个相对较“高”的位置，也就是说朗诵的口吻不能太稚嫩，同时情感的表现不能太浮夸。朗诵者必须要用一个成熟的声音形象来展示这首诗歌中的态度，用一种平实的情感将自己的思想与他人分享。尽管在诗歌最后两段也有口号式的语言，情绪必然会向上扬起，但终究只是一种面对面、手握手的心灵激荡，而不是在舞台上面对无数听众的高声呐喊。

（3）《感谢》

让我怎样感谢你

当我走向你的时候
我原想收获一缕春风
你却给了我整个春天

让我怎样感谢你
当我走向你的时候
我原想捧起一簇浪花
你却给了我整个海洋

让我怎样感谢你
当我走向你的时候
我原想撷取一枚红叶
你却给了我整个枫林

让我怎样感谢你
当我走向你的时候
我原想亲吻一朵雪花
你却给了我银色的世界

这首小诗是我国现代著名的诗人汪国真的代表作。汪国真可以说是上世纪九十年代中国最红的诗人，他擅长创作抒情诗，作品往往结构简单、篇幅短小，但情感真挚细腻，能够打动人心。

这首《感谢》，可以说是汪国真创作风格的典型。全诗总共4段16句，每一段的前两句都是一样的，后两句也采取了相同的结构，但四段分别借用春夏秋冬四季不同的风景的美好，借喻“你”对“我”的好，进而表现出“我”对“你”的感谢之情。

这样循环结构的诗歌，看似简单，但对朗诵者却有着很高的要求。如何把每一句相近似甚至是相同的语言念出不同的味道，这需要朗诵者在备稿过程中反复体验、感受，从中“悟”出每一段不同的思想、情感与韵味。

（4）《谜语》

有人有它，
有人没有它。
有它的人珍惜它爱护它，
真正的人不会离开它。

没有它的说世界上从来没有它，
却在市场上零整出卖它。

有人因为它而流离颠沛，
但得到它的安慰。
有人曾因为没有它而飞黄腾达，
但受到它的责骂。
它，化为道义的鞭挞，
它，化为历史的惩罚。

它又具体，
它又抽象，
请你猜一猜，
它是什么？
让我告诉你谜底吧，
它就是良心！

这是一首由中国当代诗人邵燕祥创作的小诗《谜语》。邵燕祥的诗歌往往具备鲜明的说理色彩，同时紧扣社会现实，针对性强，这首诗同样如此。它让读者去猜一个谜，在长长的谜面中既谈到了有良心的好与“不好”，也提及了没有良心的不好与“好”，并最终借助这两者的对比，告诉大家“良心”对于人的重要性。

在朗诵这首诗的时候，我们既要表现出这首诗的“面”：谜语的特性，也就是说在语言中要有一种提出问题、诱导听众思考的色彩；又要表现出这首诗的“里”：谜语中所透出的对于良心价值的思考。

同时，这首诗歌朗诵时还需要把握对“有良心”和“没良心”两者间语言态度的对比：对前者的热烈赞美、深切关怀，对后者的冷峻讽刺、严厉批判。这种对比在诗歌的3到10句中需要明确地表现出来。

2. 寓言、故事类

（1）《一头学问渊博的猪》

一头绝顶聪明的猪，住在一个非常出名的图书馆的院子里。它深信自己由于多年图书馆的生涯，已经成了渊博的学者。

有一天，一只八哥来访问。这头猪立即按照惯例，对客人进行自我介绍。

“朋友，相信我吧！”它说，“我在这个图书馆里待的时间很长了，我对这儿的沟渠、粪坑、垃圾堆，都有着深刻的了解，甚至屋后山坡上的墓穴都拱翻了好几个。谁要是想在这个图书馆得到知识而不找我，那他是白跑了一趟。”

八哥说：“你所说的都是图书馆外面的事，那里面的东西也了解吗？”

“里面？”这头学问渊博的猪说，“那我最清楚不过了。里面无非是一些木架子，上面堆满了各色各样的书。”

“你对那些书也了解吗？”八哥问。

“怎么不了解呢？”这位渊博的学者说，“那是最没意思的了。它们既没有什么香气，也没有什么臭气，我咀嚼过好几本，也谈不上有什么味道，干巴巴的，连一点儿水分也没有。”

“可是人们老在里面待着，据说他们在里面探求知识的宝藏呢！”八哥又说。

“人们？你说他们干什么！”这位猪学者说，“他们确实是那样想的，想在书里找点什么东西。我常常看到许多人把那些书翻来翻去，结果什么也没有得到，仍然把书丢在架子上又走了。我保险他们在里面连糠渣菜叶都没有得到一点，还谈什么宝藏！我从不做那种蠢事。与其花时间去啃书本，还不如到垃圾堆翻几个烂萝卜啃啃。”

“算了吧，我的学者！”八哥说，“一个从垃圾堆里啃烂萝卜的嘴巴，来谈论书本上的事，是不大相宜的。还是去啃你的烂萝卜吧！”

这同样是一篇很有趣味的儿童寓言，通过一只“学问渊博”的猪与八哥的对话，讲述了一个十分简单明了的道理：书本里的知识只有学到脑袋里去才算是自己的，仅仅生活在书本的环境里，或是把书本“啃”进肚子，毫无意义。

与其他的以动物为角色的寓言一样，我们依然需要把朗诵的重点放到角色语言的把握中去。作品的主角学问渊博的猪在说话时既要有《乌鸦和猪的谅解》中猪的蠢笨、呆傻，又要有那种自恃学问渊博的狂妄自大。这样来把握猪的声音形象，基本上算是到位了。

另一方面，尽管八哥的音色始终是尖亮的，扁平的，和日常听到的八哥学语的声音色彩比较接近；但在作品前后，八哥在和猪对话时的态度却有着一百八十度的“大拐弯儿”——前半段对猪万般尊敬、崇拜，后半段却变成了鄙夷与讽刺。因此我们在保持八哥本身音色的同时，也要把这种情绪态度表现出来。

（2）《两只笨狗熊》

狗熊妈妈有两个孩子，一个叫大黑，一个叫小黑。他们长得挺胖。可是都很笨。是两只笨狗熊。有一天，天气真好，哥儿俩拉着手一起出去玩儿。他们走着，走着，忽然看见路边有一块很大的干面包，捡起来闻闻，嘿，喷喷香。可是只有一块面包，两只小狗熊怎么吃呢？大黑怕小黑多吃一点，小黑也怕大黑多吃一点。这可不好办呀！大黑说：“咱们分了吃，可要分得公平，我的不能比你的小。”小黑说：“对。要分得公平。你的不能比我的大。”哥儿俩正闹着呢，狐狸大婶来了。她看见干面包，眼珠骨碌碌一转，说：“噢，你们是怕分得不公平吧？来，让大婶给你们分！”哥儿俩高兴地说：“好，好，咱们让狐狸大婶来分！”

狐狸大婶接过干面包，恨不得一口吞下去。可是她没有这样做。她把干面包一下掰成两半。哥儿俩一看，连忙叫起来：“不行！不行！一块大，一块小。”狐狸大婶说：“你们别着急呀！瞧，这一块大一点儿吧？我咬它一口。”狐狸大婶张开大嘴，“啊呜”咬了一口。哥儿俩一看，又叫起来了：“不行！不行！这块大的被你咬了一口，又变成小的了。”狐狸大婶说：“你们急什么呀，那块大了，我再咬它一口吧。”狐狸大婶张开大嘴，“啊呜”咬了一口。哥儿俩一看，急得叫起来：“那块大的被你咬了一口，又变成小的了。”狐狸大婶就这样这块咬一口，那块咬一口，干面包只剩下小手指头那么一点儿了。她把一丁点儿大的干面包分给大黑和小黑，说：“现在两块干面包都一样大小了，吃吧，吃吧，吃得饱饱的。”

大黑和小黑你看看我，我看看你，一句话也说不出来。

《两只笨狗熊》同样是一篇非常经典的寓言故事，经常出现在儿童朗诵比赛或故事比赛当中。故事情节相信每一个朋友都是非常熟悉的，狐狸利用笨狗熊兄弟谁都不肯吃亏的心态，用诡计吃光了兄弟俩捡到的干面包。

作为一篇以动物为主要角色的儿童语言，动物角色声音形象的把握同样是朗诵时的关键所在。本文中的三个角色中，狗熊兄弟的声音形象是比较接近的，都是呆板、愚笨、小心眼、斤斤计较的“傻、大、愣”形象。而在细节把握上，我们可以根据老大、老二年龄上的差别加以区分。至于狐狸，在本文中狐狸大婶的音色和之前《谦虚过度》里狐狸艾克较为接近，仅仅是在年龄感、说话口气、思想态度上会有一些不同。狐狸大婶要比狐狸艾克的形象更土一些，年龄更大一些，态度中的虚伪更外露一些，内心的奸诈、狡猾更老道一些。把握住了这三个角色的声音，故事的表现便不会有太大难度了。

（3）《卖火柴的小女孩》

天冷极了，下着雪，又快黑了。这是一年的最后一天——大年夜。在这又冷又黑的晚上，一个乖巧的小女孩，赤着脚在街上走着。她从家里出来的时候还穿着一双拖鞋，但是有什么用呢？那是一双很大的拖鞋——那么大，一向是她妈妈穿的。她穿过马路的时候，两辆马车飞快地冲过来，吓得她把鞋都跑掉了。一只怎么也找不着，另一只叫一个男孩捡起来拿着跑了。他说，将来他有了孩子可以拿它当摇篮。

小女孩只好赤着脚走，一双小脚冻得红一块青一块的。她的旧围裙里兜着许多火柴，手里还拿着一把。这一整天，谁也没买过她一根火柴，谁也没给过她一个硬币。

可怜的小女孩！她又冷又饿，哆哆嗦嗦地向前走。雪花落在她的金黄的长头发上，那头发打成卷儿披在肩上，看上去很美丽，不过她没注意这些。每个窗子里都透出灯光来，街上飘着一股烤鹅的香味，因为这是大年夜——她可忘不了这个。

她在一座房子的墙角里坐下来，蜷着腿缩成一团。她觉得更冷了。她不敢回家，因为她没卖掉一根火柴，没挣到一个钱，爸爸一定会打她的。再说，家里跟街上一样冷。他们头上只有个房顶，虽然最大的裂缝已经用草和破布堵住了，风还是可以灌进来。

她的一双小手几乎冻僵了。啊，哪怕一根小小的火柴，对她也是有好处的！她敢从成把的火柴里抽出一根，在墙上擦燃了，来暖和暖和自己的小手吗？她终于抽出了一根。哧！火柴燃起来了，冒出火焰来了！她把小手拢在火焰上。多么温暖多么明亮的火焰啊，简直像一支小小的蜡烛。这是一道奇异的火光！小女孩觉得自己好像坐在一个大火炉前面，火炉装着闪亮的铜脚和铜把手，烧得旺旺的，暖烘烘的，多么舒服啊！哎，这是怎么回事呢？她刚把脚伸出去，想让脚也暖和一下，火柴灭了，火炉不见了。她坐在那儿，手里只有一根烧过了的火柴梗。

她又擦了一根。火柴燃起来了，发出亮光来了。亮光落在墙上，那儿忽然变得像薄纱那么透明，她可以一直看到屋里。桌上铺着雪白的台布，摆着精致的盘子和碗，肚子里填满了苹果和梅子的烤鹅正冒着香气。更妙的是这只鹅从盘子里跳下来，背上插着刀和叉，摇摇摆摆地在地板上走着，一直向这个穷苦的小女孩走来。这时候，火柴又灭了，她面前只有一堵又厚又冷的墙。

她又擦着了一根火柴。这一回，她坐在美丽的圣诞树下。这棵圣诞树，比她去年圣诞节透过富商家的玻璃门看到的还要大，还要美。翠绿的树枝上点着几千支明晃晃的蜡烛，许多幅美丽的彩色画片，跟挂在商店橱窗里的一个样，在向她眨眼睛。小女孩向画片伸出手去。这时候，火柴又灭了。只见圣诞树上的烛光越升越高，最后成了在天空中闪烁的星星。有一颗星星落下来了，在天空中划出了一道细长的红光。

“有一个什么人快要死了。”小女孩说。惟一疼她的奶奶活着的时候告诉过她：一颗星星落下来，就有一个灵魂要到上帝那儿去了。

她在墙上又擦着了一根火柴。这一回，火柴把周围全照亮了。奶奶出现在亮光里，是那么温和，那么慈爱。“奶奶！”小女孩叫起来，“啊！请把我带走吧！我知道，火柴一灭，您就会不见的，像那暖和的火炉，喷香的烤鹅，美丽的圣诞树一个样，就会不见的！”

她赶紧擦着了一大把火柴，要把奶奶留住。一大把火柴发出强烈的光，照得跟白天一样明亮。奶奶从来没有像现在这样高大，这样美丽。奶奶把小女孩抱起来，搂在怀里。她俩在光明和快乐中飞走了，越飞越高，飞到那没有寒冷，没有饥饿，也没有痛苦的地方去了。

第二天清晨，这个小女孩坐在墙角里，两腮通红，嘴上带着微笑。她死了，在旧年的大年夜冻死了。新年的太阳升起来了，照在她小小的尸体上。小女孩坐在那儿，手里还捏着一把烧过了的火柴梗。

“她想给自己暖和一下。”人们说。谁也不知道她曾经看到过多么美丽的东西，她曾经多么幸福，跟着她奶奶一起走向新年的幸福中去。

《卖火柴的小女孩》是丹麦著名童话家安徒生所写的一篇著名的童话故事。故事讲述了一个贫穷的小女孩在圣诞节的夜里饥寒交迫，最终死在街头的悲剧故事。作家通过小女孩在现实世界中的遭遇的描写，与小女孩通过火柴的光所看到的那个梦幻般的世界形成鲜明的对比，在“悲”的色彩中融入了对“美”的憧憬，在抨击资本主义世界的罪恶的同时，也表现出了贫苦大众对光明的向往与追求。

由此可见，虽然同为寓言故事，但这篇作品的朗诵难度显然要比之前以动物为主要角色的儿童寓言高了不少。

正是因为有了上述的对比，文章每一部分的基调、节奏都是不一样的。当我们在讲述小女孩的贫困生活，在街头的悲惨境遇时，我们的语言要表现出忧伤、怜悯的色彩；在表现富人的奢侈、路人的冷漠时，我们的语言要表现出对这个不公平的时代的鞭笞和批判；在描绘小女孩从火柴的光芒中所看到烤鹅、火炉、圣诞树、去世的奶奶时，我们的语言要表现出如梦般的温暖与幸福。

当然，单独表现这些情感态度并不是难事，但在语段中反复切换语言的情绪状态，这就需要朗诵者在表达时对自己的声音有很强的控制力。

3. 散文故事类

（1）《苹果里的星星》

一个人的错误，有可能侥幸地成为另一个人的发展。

儿子走上前来，向我报告幼儿园里的新闻。说他又学会了新东西，想在我面前显示显示。他拿出一把还不该他用的小刀，又取出一个苹果，说：“妈妈，我要让你看看里头是什么。”

“我知道苹果里是什么。”我说。“还是让我切给您看看吧。”说着他把苹果一切两半，切错了！我们都知道，正确的切法应该是从茎部切到底部窝凹处。而他呢，却是把苹果横放着，拦腰切下去。然后他把切好的苹果伸到我的面前：“妈妈，看哪，里头有颗星星呢。”真的，从横切面看，苹果核果然显一个清晰的五角形状。我们一生不知吃过多少苹果，总规规矩矩地按正确的切法把它们切成两半，却从未疑心过还有什么隐藏的图案我尚未发现！于是，在那么一天，我的孩子把消息带回家来，彻底改变了冥顽不化的我们。不论是谁，第一次切“错”苹果，大凡都仅出于好奇，或由于疏忽所致，使我深深触动的是，这深藏其中、不为人知的图案竟具有如此巨大的魅力。它先从不知什么地方传到我儿子的幼儿园，接着便传给我们大家。

是的，如果你想知道什么叫创造力，往小处说，就是苹果——切错的苹果。

这是一个颇有哲学色彩的小散文。通过一个日常生活中常见的小故事，表现出一个不易被人们关注到的哲学小道理——所谓创造力就像是切错的苹果那样，需要我们打破常规才能去发现。

在朗诵本篇作品时，整体的语言风格是平实、沉稳的，语言中“艺术性”的表现力并不需要太强，重点营造出生活中的日常状态。至于人物角色的语言，孩子的语言需要略微表现出一些天真的稚气；“我”的语言与旁白比较接近，需要表现出一个三十多岁成年人的口吻。因此，倘若由青少年来朗诵本篇作品，则需要在整体上将自己的声音表现得更为成熟。

（2）《火烧云》

晚饭过后，火烧云上来了。霞光照得小孩子的脸红红的，大白狗变成红的了，红公鸡变成金的了，黑母鸡变成紫檀色的了。喂猪的老头儿在墙根站着，笑盈盈地看着他的两头小白猪变成小金猪了。他刚想说：“你们也变了……”旁边走来个乘凉的人，对他说：“您老人家必要高寿，您老是金胡子了。”

天上的云从西边一直烧到东边，红彤彤的，好像是天空着了火。

这地方的火烧云变化极多，一会儿红彤彤的，一会儿金灿灿的，一会儿半紫半黄，一会儿半灰半百合色。葡萄灰，梨黄，茄子紫，这些颜色天空都有，还有些说也说不出来、见也没见过的颜色。

一会儿，天空出现一匹马，马头向南，马尾向西。马是跪着的，像是在等人骑到它的背上，它才站起来似的。过了两三秒钟，那匹马大起来了。马腿伸开了，马脖子也长了，一条马尾巴可不见了。看的人正在寻找马尾巴，那匹马就变模糊了。

忽然又来了一条大狗。那条狗十分凶猛，它在前面跑着，后边似乎还跟着好几条小狗。跑着跑着，小狗不知跑哪里去了，大狗也不见了。

接着又来了一头大狮子，跟庙门前的大石头狮子一模一样，也是那么大，也是那么蹲着，很威武很镇静地蹲着。可是一转眼就变了，想要再看到那头大狮子，怎么也看不到了。

一时恍恍惚惚的，天空里又像这个，又像那个，其实什么也不像，什么也看不清了。必须低下头，揉一揉眼睛，沉静一会儿再看。可是天空偏偏不等待那些爱好它的孩子。一会儿工夫，火烧云下去了。

《火烧云》是萧红写的一篇极富童趣的抒情散文，写的虽然是景，却如同一篇童话故事一般。这篇散文以“云”为写作对象，短短五百多字的篇幅作者使用了十余种色彩变化的描写和四五个动物的形象比喻。因此在朗诵时，我们必须要紧紧抓住一个“趣”字。

文章的前半部分重点在于色彩的描摹。无论是动物——大白狗、红公鸡、黑母鸡、小白猪……的变色，还是单纯云的颜色的分辨——红彤彤、金灿灿、半紫半黄、半灰半百合色、葡萄灰、梨黄、茄子紫……每一种色彩都要念出各自不同的风韵和趣味。这对于表达技巧的考验还是比较高的。

文章的下半部分，转而写云的形状的变化。从马到大狗再到大狮子，我们都要不急不躁地把细节逐一表现出来，并且通过语言色彩表现出不同动物不同的特性。并且最终，让小朋友们在一种朦胧、梦幻的感觉下结束全文。

这篇散文朗诵的难度并不大，但对朗诵初学者而言，却是一篇非常好的练习用作品。学好这篇朗诵，对于语言中色彩的描摹、形象的刻画便有了一个非常扎实的基础了。

(3)《月光曲》

一百多年前，德国有个音乐家叫贝多芬，他谱写了许多著名的曲子。其中有一首著名的钢琴曲叫《月光曲》，传说是这样谱成的。

有一年秋天，贝多芬去各地旅行演出，来到莱茵河边的一个小镇上。一天夜晚，他在幽静的小路上散步，听到断断续续的钢琴声从一所茅屋里传出来，弹的正是他的曲子。

贝多芬走近茅屋，琴声突然停了，屋子里有人在谈话。一个姑娘说："这首曲子多难弹啊！我只听别人弹过几遍，总是记不住该怎样弹，要是能听一听贝多芬自己是怎样弹的，那有多好啊！"一个男的说："是啊，可是音乐会的入场券太贵了，咱们又太穷。"姑娘说："哥哥，你别难过，我不过随便说说罢了。"

贝多芬听到这里，就推开门，轻轻地走了进去。茅屋里点着一支蜡烛。在微弱的烛光下，男的正在做皮鞋。窗前有架旧钢琴，前面坐着个十六七岁的姑娘，脸很清秀，可是眼睛瞎了。

皮鞋匠看见进来个陌生人，站起来问："先生，您找谁？走错门了吧？"贝多芬说："不，我是来弹一首曲子给这位姑娘听的。"

姑娘连忙站起来让座。贝多芬坐在钢琴前面，弹起盲姑娘刚才弹的那首曲子来。盲姑娘听得入了神，一曲完了，她激动地说："弹得多纯熟啊！感情多深哪！您，您就是贝多芬先生吧？"

贝多芬没有回答，他问盲姑娘："您爱听吗？我再给您弹一首吧。"

一阵风把蜡烛吹灭了。月光照进窗子来，茅屋里的一切好像披上了银纱，显得格外清幽。贝多芬望了望站在他身旁的穷兄妹俩，借着清幽的月光，按起琴键来。

皮鞋匠静静地听着。他好像面对着大海，月光正从水天相接的地方升起来。微波粼粼的海面上，霎时间洒遍了银光。月亮越升越高，穿过一缕一缕轻纱似的微云。忽然，海面上刮起了大风，卷起了巨浪。被月光照得雪亮的浪花，一个连一个朝着岸边涌过来……皮鞋匠看看妹妹，月光正照在她那恬静的脸上，照着她睁得大大的眼睛，她仿佛也看到了，看到了她从来没有看到过的景象，在月光照耀下的波涛汹涌的大海。

兄妹俩被美妙的琴声陶醉了。等他们苏醒过来，贝多芬早已离开了茅屋。他飞奔回客店，花了一夜工夫，把刚才弹的曲子——《月光曲》记录了下来。

本文讲述了伟大音乐家贝多芬在创作钢琴名曲《月光曲》的过程中所经历的一件感人的故事。虽然也曾有人在考证后指出，故事中的情节纯属杜撰，贝多芬在创作《月光曲》前并没有给穷兄妹俩弹琴的经历，但作为曾经语文课本中的一篇必学课文，这个故事对中国许多人来说都是非常熟悉的。

在朗诵这篇文章时，前半段故事的讲述、人物的对白并没有太高的难度，但文章后半段的情景描绘及语句节奏变化却是极具挑战的。朗诵者不仅要妥善处理贝多芬、皮鞋匠、盲女三人的行为动作及现场的环境气氛，还要准确把握皮鞋匠、盲女在听《月光曲》时眼前浮现出的景象。做好这两类的结合才能将作品朗诵得准确、到位。

（4）《春》

盼望着，盼望着，东风来了，春天的脚步近了。

一切都像刚睡醒的样子，欣欣然张开了眼。山朗润起来了，水涨起来了，太阳的脸红起来了。

小草偷偷地从土地里钻出来，嫩嫩的，绿绿的。园子里，田野里，瞧去，一大片一大片满是的。坐着，躺着，打两个滚，踢几脚球，赛几趟跑，捉几回迷藏。风轻俏俏的，草软绵绵的。

桃树，杏树，梨树，你不让我，我不让你，都开满了花赶趟儿。红的像火，粉的像霞，白的像雪。花里带着甜味，闭了眼，树上仿佛已经满是桃儿，杏儿，梨儿。花下成千成百的蜜蜂嗡嗡地闹着，大小的蝴蝶飞来飞去。野花遍地是：杂样儿，有名字的，没名字的，散在草丛里，像眼睛，像星星，还眨呀眨。

“吹面不寒杨柳风”，不错的，像母亲的手抚摸着你，风里带着些新翻的泥土的气息，混着青草味儿，还有各种花的香，都在微微润湿的空气里酝酿。鸟儿将巢安在繁花嫩叶当中，高兴起来，呼朋引伴的卖弄清脆的歌喉，唱出婉转的曲子，跟清风流水应和着。牛背上牧童的短笛，这时候也成天嘹亮地响着。

雨是最寻常的，一下就是三两天。可别恼。看，像牛牦，像花针，像细丝，密密地斜织着，人家屋顶上全笼着一层薄烟。树叶却绿得发亮，小草也青得逼你的眼。傍晚时候，上灯了，一点点黄晕的光，烘托出一片安静而和平的夜。在乡下，小路上，石桥边，有撑着伞慢慢走着的人，地里还有工作的农民，披着蓑戴着笠。他们的房屋，稀稀疏疏的，在雨里静默着。

天上的风筝渐渐多了，地上的孩子也多了。城里乡下，家家户户，老老小小，也赶趟儿似的，一个个都出来了。舒活舒活筋骨，抖擞抖擞精神，各做各的一份事儿去。“一年之计在于春”，刚起头儿，有的是工夫，有的是希望。

春天像刚落地的娃娃，从头到脚都是新的，它生长着。

春天像小姑娘，花枝招展的，笑着，走着。

春天像健壮的青年，有铁一般的胳膊和腰脚，领着我们上前去。

《春》是中国近代著名文学家朱自清所撰写的一篇散文。朱自清的散文在民国时期的文学家中可谓是独树一帜、颇具特色，《春》、《绿》、《背影》、《匆匆》、《荷塘月色》等，每一篇都是国人耳熟能详的散文名篇。

《春》是一篇色彩较为明亮的散文，通过对一花一草、一物一景、一人一事细心描绘，展现出一副初春时节的田野乡村图。因此在本文的朗诵过程中，需要时刻在语言中流露出一股“自然清新”的美好气息，给人以朝气蓬勃、干劲满满的感觉，对未来的生活充满希望。

此外，这篇作品十分考验朗诵者的内外部技巧。特别对是内部技巧中的“视像感”的运用，以及外部技巧中“重音”的使用，都需要朗诵者去认真思考、仔细分析、善加把握。

三、适合青少年朗诵的作品

1. 诗歌类

(1)《一棵开花的树》

如何让你遇见我
在我最美丽的时刻

为这
我已在佛前求了五百年
求佛让我们结一段尘缘
佛于是把我化做一棵树
长在你必经的路旁

阳光下
慎重地开满了花
朵朵都是我前世的盼望

当你走近
请你细听
那颤抖的叶

是我等待的热情

而当你终于无视地走过
在你身后落了一地的
朋友啊
那不是花瓣
那是我凋零的心

《一棵开花的树》是中国台湾女诗人席慕容的一首作品。席慕容生于四川，是蒙古族王族之后。她的诗歌篇幅简练、文字优美，大多以爱情、乡愁等主题入诗，在海峡两岸的年轻人群体中有着无数拥趸。

这首诗无论从内容还是结构上看，都是一首简单的小诗。但诗中的意蕴却是十分深远，耐人寻味。首先这并不是一首简单地描写“女孩在路边等着男孩看自己”的浅薄的情诗，其次它也不是一首讲述“女孩被男孩抛弃”的失恋悲歌，它所表现的应该是一种真挚的、热烈的对待爱的追寻和诉求。因此需要在朗诵时表现出更多虔诚、执着、庄重的情感。把爱情视作一种神圣的仪式，才能诵出作者创作时的情怀。

（2）《假如生活欺骗了你》

假如生活欺骗了你，
不要悲伤，不要心急！
忧郁的日子里需要镇静：
相信吧，快乐的日子将会来临。
心儿永远向往着未来，
现在却常是忧郁。
一切都是瞬息，
一切都将会过去，
而那过去了的，
就会成为亲切的怀恋。

这是俄国最伟大的诗人普希金所创作的一首小诗。诗歌写于1925年，那年12月，爆发了俄国历史上著名的十二月党人起义。而那时，坚定站在十二月党人阵营中的普希金却因遭到流放而无法投身革命之中。即便如此，普希金却依然表现出了强大的乐观精神，而这首诗歌正是他坚强乐观的人生信念的写照。

因此，在朗诵这首诗的时候，一定要充分表现出诗人身处逆境时的那股热爱生活、相信未来、不畏艰险、迎难而上的热情、勇气和信心。诗歌中所流露出的情感力量深沉而热烈、清新而质朴，同时还带有积极向上的哲理思想。诗歌不长，言语简洁明了，用一种直白干脆的语言节奏去朗诵，更能表现出作者的胸怀与斗志。

(3) 《乡愁》

小时候，
乡愁是一枚小小的邮票，
我在这头，
母亲在那头。

长大后，
乡愁是一张窄窄的船票，
我在这头，
新娘在那头。

后来啊，
乡愁是一方矮矮的坟墓，
我在外头，
母亲在里头。

而现在，
乡愁是一湾浅浅的海峡，
我在这头，
大陆在那头。

《乡愁》是中国台湾地区著名的诗人余光中的一篇代表作。诗歌表现了余光中作为一名游子对故乡的无限依恋之情。结合海峡两岸的历史渊源与现实状态，这首小诗一经出版就在海峡两岸引起了广泛关注与强烈共鸣，成为了中国现代诗坛举足轻重的一首作品。

这首小诗的结构和汪国真的《感谢》十分相似，都是4段16句，并且段内语句的结构和行文风格完全一致。而从内容上看，四段诗歌依次是以作者成长历程为轴，选取了“小时候”、“长大后”、“后来啊”、“而现在”四个点，用四种不同的借喻表现作者对故乡的思念之情。

在朗诵时，我们既要充分利用诗歌排比式的结构，表现出一种“回环往复”的节奏感和韵律感；同时，又要根据每一段不同的内容表现出各自不同的语气、语势。当然，最重要的还是要原汁原味地呈现出作者最真挚的思想情感——从幼年、到成年、到老年，不同的年纪、不同的信物，却孕育着相同的乡愁之情。

（4）《有的人——纪念鲁迅有感》

有的人活着，
他已经死了；
有的人死了，
他还活着。
有的人，
骑在人民头上："呵，我多伟大！"
有的人，
俯下身子给人民当牛马。
有的人，
把名字刻在石头上想"不朽"；
有的人，
情愿作野草，等着地下的火烧。
有的人，
他活着别人就不能活；
有的人，
他活着为了多数人更好地活。
骑在人民头上的，
人民把他摔倒；
给人民做牛马的，
人民永远记住他！
把名字刻在石头上的，
名字比尸首烂得更早；
只要春风吹到的地方，
到处是青青的野草。
他活着别人就不能活的人，
他的下场可以看到；
他活着为了多数人更好地活着的人，
群众把他抬举得很高，很高。

《有的人》是诗人臧克家为纪念鲁迅逝世13周年而创作的一首诗作。诗人通过诗歌的方式，表达了自己对人民文学家鲁迅先生的崇高敬意。因此，在题目之后还添有一个副标题“纪念鲁迅有感”。

这首诗同之前我们学习过的《谜语》有些相似，都是通过反复对比的方式，一边是诗人批判的“骑在人民头上”作威作福的人；另一边则是诗人赞颂的“俯首甘为孺子牛”为民奉献的鲁迅。一扬一抑，爱憎分明地表现出自己对鲁迅先生的敬意，以及对反动统治者的憎恶。

这种爱与憎、歌颂与批驳，必须要通过有声语言鲜明地表现出来，让听众能够通过声音“看到”这两种不同的人物形象。声音塑造的形象反差越大，朗诵的表现就越有效果。

（5）《雨巷》

撑着油纸伞，独自
彷徨在悠长、悠长
又寂寥的雨巷，
我希望逢着
一个丁香一样的
结着愁怨的姑娘。

她是有
丁香一样的颜色，
丁香一样的芬芳，
丁香一样的忧愁，
在雨中哀怨，
哀怨又彷徨；

她彷徨在寂寥的雨巷，
撑着油纸伞
像我一样，
像我一样地
默默彳亍着
冷漠、凄清，又惆怅。

她默默地走近，
走近，又投出

太息一般的眼光
她飘过
像梦一般地，
像梦一般地凄婉迷茫。

像梦中飘过
一枝丁香地，
我身旁飘过这个女郎；
她静默地远了，远了，
到了颓圮的篱墙，
走尽这雨巷。

在雨的哀曲里，
消了她的颜色，
散了她的芬芳，
消散了，甚至她的
太息般的眼光
丁香般的惆怅。

撑着油纸伞，独自
彷徨在悠长、悠长
又寂寥的雨巷，
我希望飘过
一个丁香一样的
结着愁怨的姑娘。

《雨巷》是中国近代著名诗人戴望舒的名作。正因为这首诗歌，戴望舒又被称之为“雨巷诗人”，可见该诗对中国诗坛影响之大。

很多人会把这首诗理解为一首情诗，这其实是一种误读。这首诗写于上世纪二十年代，当时的全国都笼罩在白色恐怖之中，作为爱国进步文人的代表，作者被迫隐居在松江朋友的家中，终日苦闷贫乏，内心抑郁，前途迷茫。而这首诗正是在这样的环境下创作完成的。

因此，诗中“悠长又寂寥的雨巷”暗指诗人所处的那个令他感到煎熬与痛苦的时代环境，而那个“结着愁怨的姑娘”则是隐喻他心中朦朦胧胧的对美好未来的希望。

诗中，雨巷的凄凉是既定的，这决定了整首诗的基调是阴沉的，甚至带有一些压抑；而丁香一样的姑娘却是恍惚的、渺茫的，因此即便在诗歌中偶尔存有些许明亮的色彩，那也是转瞬即逝的。但纵使如此，诗人心中的那一份期待却从来没有消亡。纵然只是一点点迷茫的光亮，那也是要通过语言表现出来的。

2. 散文故事类

（1）《海滨仲夏夜》

夕阳落山不久，西方的天空，还燃烧着一片橘红色的晚霞。大海，也被这霞光染成了红色，而且比天空的景色更要壮观。因为它是活动的，每当一排排波浪涌起的时候，那映照在浪峰上的霞光，又红又亮，简直就像一片片霍霍燃烧着的火焰，闪烁着，消失了。而后面的一排，又闪烁着，滚动着，涌了过来。

天空的霞光渐渐地淡下去了，深红的颜色变成了绯红，绯红又变为浅红。最后，当这一切红光都消失了的时候，那突然显得高而远了的天空，则呈现出一片肃穆的神色。最早出现的启明星，在这深蓝色的天幕上闪烁起来了。它是那么大，那么亮，整个广漠的天幕上只有它在那里放射着令人注目的光辉，活像一盏悬挂在高空的明灯。

夜色加浓，苍空中的“明灯”越来越多了。而城市各处的真的灯火也次第亮了起来，尤其是围绕在海港周围山坡上的那一片灯光，从半空倒映在乌蓝的海面上，随着波浪，晃动着，闪烁着，像一串流动着的珍珠，和那一片片密布在苍穹里的星斗互相辉映，煞是好看。

在这幽美的夜色中，我踏着软绵绵的沙滩，沿着海边，慢慢地向前走去。海水，轻轻地抚摸着细软的沙滩，发出温柔的刷刷声。晚来的海风，清新而又凉爽。我的心里，有着说不出的兴奋和愉快。

夜风轻飘飘地吹拂着，空气中飘荡着一种大海和田禾相混合的香味，柔软的沙滩上还残留着白天太阳炙晒的余温。那些在各个工作岗位上劳动了一天的人们，三三两两地来到了这软绵绵的沙滩上，他们浴着凉爽的海风，望着那缀满了星星的夜空，尽情地说笑，尽情地休憩。愉快的笑声，不时地从这儿那儿飞扬开来，像平静的海面上不断地从这儿那儿涌起的波浪。

我漫步沙滩，徘徊在我的乡亲朋友们中间。我看到，在那边，在一只底儿朝上反扣在沙滩上的木船旁边，是一群刚从田里收割麦子归来的人们，他们在谈论着今年的收成。今春，雨水足，麦苗长得旺，收成比去年好。眼下，又下了一场透雨，秋后的丰收局面，也大体可以确定下来了。人们为这大好年景所鼓舞着，谈话中也充满了愉快欢乐的笑声。

月亮上来了。

是一轮灿烂的满月。它像一面光辉四射的银盘似的，从那平静的大海里涌了出来。大海里，闪烁着一片鱼鳞似的银波。沙滩上，也突然明亮了起来，一片片坐着、卧着、走着的人影，看得清清楚楚了。啊！海滩上，居然有这么多的人在乘凉。说话声、欢笑声、唱歌声、嬉闹声，响遍了整个的海滩。月亮升得很高了。它是那么皎洁，那么明亮。

夜已经深了。

沙滩上的人，有的躺在那软绵绵的沙滩上睡着了，有的还在谈笑。凉爽的风轻轻地吹拂着，皎洁的月光照耀着。让这些英雄的人们，在这自由的天幕下，干净的沙滩上，海阔天空地尽情谈笑吧，酣畅地休憩吧。

《海滨仲夏夜》并不是一篇完整的文学作品，它是从作家峻青的散文集《秋色赋》中有关夏日海滨风景描写的内容节选而来，因此文章段与段之间的关联性并不是太强，可以理解为是一篇风光描写的“精选集”。

而正因为它是一篇风光描写的合集，因此特别适合拿来作为专项训练使用。多版中小学语文课本中都收录了这篇文章，用以指导学生学习景物的描写；同时对于朗诵者而言，同样能够用来锻炼自己描绘景物抒发感情的语言表现力。

因此，我们可以把它当作是一篇训练朗诵“视像感”的范文，通过语言营造出一片舒适、温馨的氛围，进而对环境中的霞光、波浪、沙滩、海风、人、船、笑声、满月、灯火……作出细致的描绘，在听众面前展现出一幅栩栩如生的仲夏夜海滨风光图。

(2)《匆匆》

燕子去了，有再来的时候；杨柳枯了，有再青的时候；桃花谢了，有再开的时候。但是，聪明的，你告诉我，我们的日子为什么一去不复返呢？——是有人偷了他们罢：那是谁？又藏在何处呢？是他们自己逃走了罢：如今又到了哪里呢？

我不知道他们给了我多少日子，但我的手确乎是渐渐空虚了。在默默里算着，八千多日子已经从我手中溜去，像针尖上一滴水滴在大海里，我的日子滴在时间的流里，没有声音，也没有影子。我不禁头涔涔而泪潸潸了。

去的尽管去了，来的尽管来着；去来的中间，又怎样地匆匆呢？早上我起来的时候，小屋里射进两三方斜斜的太阳。太阳它有脚啊，轻轻悄悄地挪移了，我也茫茫然跟着旋转。于是——洗手的时候，日子从水盆里过去；吃饭的时候，日子从饭碗里过去；默默时，便从凝然的双眼前过去。我觉察它去得匆匆了，伸出手遮挽时，它又从遮挽着的手边过去。天黑时，我躺在床上，它便伶伶俐俐地从我身上跨过，从我脚边飞去了。等我睁开眼和太阳再见，这算又溜走了一日。我掩着面叹息。但是新来的日子的影儿又开始在叹息里闪过了。

在逃去如飞的日子里，在千门万户的世界里的我能做些什么呢？只有徘徊罢了，只有匆匆罢了；在八千多日的匆匆里，除徘徊外，又剩些什么呢？过去的日子如轻烟，被微风吹散了；如薄雾，被初阳蒸融了；我留着些什么痕迹呢？我何曾留着像游丝样的痕迹呢？

我赤裸裸来到这世界，转眼间也将赤裸裸地回去罢？但不能平的，为什么偏要白白走这一遭啊？

你聪明的，告诉我，我们的日子为什么一去不复返呢？

《匆匆》是朱自清的有一篇经典散文短篇。但不同于我们之前学习的《春》,《匆匆》并没有太多景物的描写，也不像《背影》有故事的讲述，而是以作者对时间的思考来展开全文。因此，文章的思想性、哲理性是非常强的。

正因为要表现出作者的思考，所以在朗诵的时候，语速绝不能太快，边说边思考的感觉，同时语言基调也应当是平实的、沉稳的，即便是一些情绪波澜的感慨，也应当是含蓄而内敛的。例如第三段“又是怎样的匆匆呢”，第五段“又剩些什么呢”、“白白走这一遭”等内容，千万不能用过于强烈的语气来朗诵。

需知，本文的“主人公”是时间，无论如何高喊挽留，无色无形无味的时间都不会做出任何的回应。面对这样一个对手，作者的内心是感慨的、郁郁的、无奈的。而煽情的呼唤显然是无助于表现这种情感的。

(3) 《麻雀》

我打猎归来，沿着花园的林阴路走着。狗跑在我前边。

突然，狗放慢脚步，蹑足潜行，好像嗅到了前边有什么野物。

我顺着林阴路望去，看见了一只嘴边还带黄色、头上生着柔毛的小麻雀，它从巢里跌落下来(风猛烈地吹动着林阴路上的白桦树)，呆呆地伏在地上，孤苦无援地张开两只刚刚长出羽毛的小翅膀。我的狗慢慢地逼近它。忽然,从附近一棵树上扑下一只黑胸脯的老麻雀，像一颗石子似的落在狗的嘴脸眼前——它全身倒竖着羽毛，惊惶万状，发出绝望、凄惨的吱吱喳喳叫声，两次向露出牙齿、大张着的狗嘴边跳扑前去。 它是猛扑下来救护的，它以自己的躯体掩护着自己的幼儿……可是，由于恐怖，它整个小小的躯体都在颤抖，它那小小的叫声变得粗暴嘶哑了，它吓呆了，它在牺牲自己了！ 在它看来，狗该是个多么庞大的怪物啊！然而，它还是不愿站定在自己高高的、安全的树枝上……一种比它的意志更强大的力量，使它从那儿扑下身来。我的特列左尔站住了，向后退下来……看来，它也承认了这种力量。

我赶紧叫开受窘的狗——于是，我怀着极恭敬的心情，走开了。 是啊，请不要见笑。我崇敬那只小小的、英勇的鸟儿,我崇敬它那爱的冲动。爱,我想,比死和死的恐惧更加强大。只有依靠它，依靠这种爱，生命才能维持下去，发展下去。

《麻雀》是俄国著名现实主义作家屠格涅夫创作的一篇散文诗。和《海燕》一样，在翻译过后作品已经基本看不出“诗”的影子，因此我们依然将它看作是一篇故事性散文来介绍。

屠格涅夫的作品中蕴含有强烈的现实主义元素和批判精神。《麻雀》具备着屠格涅夫短篇散文诗的一贯风格，借助生活中的某一个场景、通过对场景中人与物的展示，表现出作家的情绪和态度。

文章开篇的情绪是非常平缓的，但随即便进入了十分紧张的情境与节奏，同时，麻雀与狗对峙的场面更是对作者造成了巨大的心灵震撼。渐渐地，作者心中的震撼变成了一股崇高的敬意，并在文末为鸟儿的勇敢唱出了赞歌。把握住这样的情绪状态，朗诵作品时便有了内在的依据。

（4）《补旧》

来到吴家花园，起初组织上还是要给彭总派护士、派公务员，他不要，他说："我没有病，要什么护士，现在是个闲人了，还要人家来打扫卫生、料理生活，那真是岂有此理！"

从此，一切生活上的事，如扫地、洗衣服、补衣服，都是彭总自己动手。他的夫人浦安修同志那时在北师大做领导工作，只有星期日才回来。

冬天来到的时候，彭总找出了他的旧棉衣在屋檐下补着，一边晒太阳，我看他干得十分吃力，对他说："眼花手笨的，还是我来吧。"他说："你呀，未必有我这两下子。"

我接过一看，针脚整齐，横是横，竖是竖的，补得就是不错。彭总从老花镜上边看着我，有些得意地说："多多评头论足吧。"就在这次，他给我谈了他的身世：他童年丧母，家庭很穷，他不但要给人家当苦工，还要照顾两个弟弟。"那时候，什么活没干过，什么苦没吃过？"彭总感触很深地说："今天，住到这个圆明园，皇帝老子住过的地方啊！"

他的这身棉衣，是在抗美援朝期间，有次回国来，为了外出方便买来穿上"打掩护的"。质料很一般，外头连罩衫也没有。就是这身棉衣，伴着他在吴家花园度过了六七个寒冬，后来又穿着它到了西南。直到他被林彪、江青派来的一伙人揪上北京，我们最后分别时，他穿的还是这件黑蓝颜色、上头闪着一层油光的土布棉衣。

记不得是哪个冬天了，也是一个风和日丽的日子，彭总在院子里补衣服，我带着家里人照相玩，走过他面前，故意逗趣地说："这位大爷，照相吧？"我们都以为他不会干的，还会说，"我这个人长得丑"之类的话，谁知这一回他抬起头来，笑呵呵地坐正了，说："照相吧！"

笑声中，我给他拍了一张"老人补旧"的照片。

这张照片的主人已经不在人世间了，照片本身也在一场浩劫中化成了灰烬，但是当时的情景，却永远留在我和妻子的心中。

《补旧》的作者是著名的军旅作家丁隆炎。他曾经写过多部以彭德怀元帅为主要题材的文学著作。本文是由他执笔，彭德怀警卫参谋景希珍口述的报告文学《在彭总身边》中的一篇小文章。

故事的内容简单朴实，可其中蕴含的情感思想却是意味深长。这位为创建新中国立下汗马功劳的老人，在晚年时候竟然生活得如此勤俭朴素，这即便在今天都是极有教育意义的。

作为一篇带有回忆录色彩的文学作品，朗诵时情绪状态总体上是内敛而深沉的，只有在一些特定的关键词句中才会表现出些许情感的波澜起伏。而在人物的对白方面，可以有适度的角色模仿，但主要追求“神似”，太过戏剧化的表现反而会与整篇作品的基调形成冲突。

3. 古文类

(1)《江城子·密州出猎》

苏 轼

老夫聊发少年狂。左牵黄。右擎苍。锦帽貂裘，千骑卷平冈。为报倾城随太守，亲射虎，看孙郎。

酒酣胸胆尚开张。鬓微霜。又何妨。持节云中，何日遣冯唐。会挽雕弓如满月，西北望，射天狼。

这是宋代文学家苏轼在出任密州知州的时候写下的一首词，相比《水调歌头》，这首词情绪更加张扬外放，更具“豪放派”的特色。

苏轼出任密州知州，其背景是四年前他与王安石政见不同，主动要求下放地方。当时诗人刚刚完成在杭州的履职，主动前往穷乡僻壤的密州，正是希望能在那里实现一番作为。而这首词正是借出外打猎的机会，表达自己强国抗敌的报国之志。

因而在朗诵的时候，语言的表面要有一股“狂”的劲头儿，而内在的情绪则要透出一股不惧强敌的壮志豪情。把握住了内外的基础和依据，便能表现出作者在词中所要表现出的崇高的政治抱负。

(2)《卜算子·咏梅》

毛泽东

风雨送春归，飞雪迎春到。已是悬崖百丈冰，犹有花枝俏。

俏也不争春，只把春来报。待到山花烂漫时，她在丛中笑。

自古以来，咏梅的诗歌数不胜数，但是能将梅花描绘得如此恢宏大气的，恐怕也只有毛泽东一人。这显然是由这位新中国的开国领袖个人独一无二的气魄所成就的。

这首词写于1963年。“三年自然灾害”加上国外繁华势力的紧逼，新中国面临着巨大的考验。此时，毛泽东借梅花勉励共产党人要有斗霜傲雪、一枝独秀的高洁品德。以梅言志，以梅励己。

为了表现这种气魄与志向，我们在朗诵时既需要表现出磅礴大气，又要保有一种从容自信的感觉，声音在沉稳的基础上适度外放，展现出“四两拨千斤”的气势与力度。

（3）《雨霖铃》

柳 永

寒蝉凄切，对长亭晚，骤雨初歇。都门帐饮无绪，留恋处，兰舟催发。执手相看泪眼，竟无语凝噎。念去去千里烟波，暮霭沈沈楚天阔。

多情自古伤离别，更那堪冷落清秋节！今宵酒醒何处？杨柳岸，晓风残月。此去经年，应是良辰美景虚设。便纵有千种风情，更与何人说！

柳永是宋词“婉约派”的代表。他的词作大多以山水风光或是情爱生活为主题，配上曲调，与当今时代的言情歌曲颇有相似之处。

本首词写的是离愁别绪。柳永仕途失意，不得不离开京都远行，临行之际与恋人饮酒作别，浓浓的哀怨之情围绕在作者心间。

在表现这样一首意韵婉约的作品的时候，无论在语言的力度还是速度方面，都要有别于“豪放派”的词作。朗诵者需要用更加柔软的声音，缓慢如同泉流一般地吐字念白，气声的应用也需要适度增加。同时在表情达意上，更要重点把握作者凄婉、哀伤、苦楚的情感，将这一股离愁别绪发挥到淋漓尽致。

（4）《满江红》

岳 飞

怒发冲冠，凭栏处、潇潇雨歇。抬望眼、仰天长啸，壮怀激烈。三十功名尘与土，八千里路云和月。莫等闲、白了少年头，空悲切。

靖康耻，犹未雪。臣子恨，何时灭。驾长车，踏破贺兰山缺。壮志饥餐胡虏肉，笑谈渴饮匈奴血。待从头、收拾旧山河，朝天阙。

岳飞是宋朝著名的爱国将领，但他的诗词流传后世的却并不多，唯有这首《满江红》，即便是在千年之后的今天依然是家喻户晓、老少皆闻。《满江红》具体的创作时间、创作地点，学者们至今仍有不同的看法，而这同样也就影响到了对这首词意义和思想的理解。

但不论如何，词所表现出的情感还是十分鲜明的，那就是岳飞赤胆精忠的报国志，一腔热血的英雄气。考虑到作者是一名武将而非文人，词作内容也与战争杀敌相关，因此在朗诵时要有一种立于沙场般的雄壮气势，语言的力度和情感的澎湃紧密关联，在关键的词句中，甚至需要用高声呐喊的方式来表现出作品与作者的胸怀与决心。

(5)《念奴娇·赤壁怀古》

苏 轼

大江东去，浪淘尽，千古风流人物。故垒西边，人道是，三国周郎赤壁。乱石穿空，惊涛拍岸，卷起千堆雪。江山如画，一时多少豪杰。

遥想公瑾当年，小乔初嫁了，雄姿英发。羽扇纶巾，谈笑间，樯橹灰飞烟灭。故国神游，多情应笑我，早生华发。人生如梦，一樽还酹江月。

苏轼的这首《念奴娇》，同样也是他豪放派词作中的经典之作。这首词是在苏轼47岁被贬谪黄州期间游赤壁而作，在凭吊古迹之时想到了三国时期吴国重臣周瑜的卓越功绩，借古谈今，借古人谈自己，委婉地表达了自己怀才不遇，政治抱负无法实现的郁闷之情。

因此在朗诵的时候，我们需要把握作者的两种感情。一种是想起当年周瑜春风得意、豪情万丈的狂放气度，另一种是联想到自己境遇时思绪深沉、唏嘘慨叹之情。具体到声音的运用上，要做到张弛有度、收放自如，该强的地方放而不喊，该弱的地方收而不虚，将语言的表达与作者的情怀紧密相连。

四、适合成人朗诵的作品

1. 诗歌类

(1)《我爱这土地》

假如我是一只鸟，
我也应该用嘶哑的喉咙歌唱：
这被暴风雨所打击着的土地，
这永远汹涌着我们的悲愤的河流，
这无止息地吹刮着的激怒的风，
和那来自林间的无比温柔的黎明……
——然后我死了，
连羽毛也腐烂在土地里面。

为什么我的眼里常含泪水？
因为我对这土地爱得深沉……

《我爱这土地》是艾青的一首短诗，表现的是诗人对祖国无比深沉的爱意。在这首诗里，作者把自己比喻成一只鸟，即便声音嘶哑也依然要为祖国而歌唱，死也要死在祖国的土地里。

显然，“深沉”是朗诵这首诗的根本基调，而在这基调之上的，则是作者对于祖国的无比虔诚。整篇诗歌的情景是虚幻的，宛如童话世界一般，但在这种意境下的情感却是无比真实的，在虚幻的世界中表现真实的情感，可以把声音放得更开，情绪演绎得更为浓烈。

诗歌的第3到第6句，有着明显的排比格式，在朗诵时需要注意句与句的起伏变化，通常而言，采取“低、次高、次低、高”的变化较为合适。同时“土地”、“河流”、“风”和“黎明”同样要用声音表现出彼此之间的不同。

最后两句之前有一个分段，代表着诗歌内容情绪的转折。在这里并不需要停顿太长时间，而是要通过前后情绪的转变来表现诗歌的变化——前面是高声的呐喊与歌唱，后面则是静静的沉思与慨叹。这样的处理，末尾处的结束感与诗歌的完整性就能得到较好的呈现。

（2）《回答》

卑鄙是卑鄙者的通行证，
高尚是高尚者的墓志铭，
看吧，在那镀金的天空中，
飘满了死者弯曲的倒影。

冰川纪过去了，
为什么到处都是冰凌？
好望角发现了，
为什么死海里千帆相竞？

我来到这个世界上，
只带着纸、绳索和身影，
为了在审判之前，
宣读那些被判决的声音。

告诉你吧，世界
我——不——相——信！
纵使你脚下有一千名挑战者，
那就把我算作第一千零一名。

我不相信天是蓝的，
我不相信雷的回声，
我不相信梦是假的，
我不相信死无报应。

如果海洋注定要决堤，
就让所有的苦水都注入我心中，
如果陆地注定要上升，
就让人类重新选择生存的峰顶。

新的转机和闪闪星斗，
正在缀满没有遮拦的天空。
那是五千年的象形文字，
那是未来人们凝视的眼睛。

《回答》是诗人北岛的代表作。与顾城、海子、食指一样，现担任香港中文大学讲座教授的北岛同样是上世纪末中国诗坛最重要的代表人物之一，曾获得诺贝尔文学奖提名的荣誉更是对他作品的最高认可。

对于中国多数知识分子而言，《回答》都是一首耳熟能详的诗作。其中的名句“卑鄙是卑鄙者的通行证，高尚是高尚者的墓志铭。”更是影响了一代又一代的国人。朗诵这首诗的根本在于理解诗歌的创作背景和目的。作为一首典型的朦胧诗，作者在诗中使用了大量的隐喻，朗诵者必须要明白诗人到底在质疑什么、批判什么，又选择坚持什么、相信什么。只有从深层地理解了这首诗歌的写作意图，才能在朗诵中表现出正确的情感与态度。

(3)《雪落在中国的土地上》

雪落在中国的土地上，
寒冷在封锁着中国呀……
风，
像一个太悲哀了的老妇。
紧紧地跟随着，
伸出寒冷的指爪，
拉扯着行人的衣襟。
用着像土地一样古老的话，

一刻也不停地絮聒着……
那从林间出现的，
赶着马车的，
你中国的农夫，
戴着皮帽，
冒着大雪，
你要到哪儿去呢？
告诉你，
我也是农人的后裔——
由于你们的，
刻满了痛苦的皱纹的脸，
我能如此深深地，
知道了，
生活在草原上的人们的，
岁月的艰辛。
而我，
也并不比你们快乐啊，
——躺在时间的河流上，
苦难的浪涛，
曾经几次把我吞没而又卷起——
流浪与监禁，
已失去了我的青春的最可贵的日子，
我的生命，
也像你们的生命，
一样的憔悴呀。
雪落在中国的土地上，
寒冷在封锁着中国呀……
沿着雪夜的河流，
一盏小油灯在徐缓地移行，
那破烂的乌篷船里，
映着灯光，垂着头，
坐着的是谁呀？
——啊，你，

蓬发垢面的少妇，
是不是
你的家，
——那幸福与温暖的巢穴——
已被暴戾的敌人，
烧毁了么？
是不是
也像这样的夜间，
失去了男人的保护，
在死亡的恐怖里，
你已经受尽敌人刺刀的戏弄？
咳，就在如此寒冷的今夜，
无数的，
我们的年老的母亲，
都蜷伏在不是自己的家里，
就像异邦人，
不知明天的车轮，
要滚上怎样的路程？
——而且，
中国的路，
是如此的崎岖，
是如此的泥泞呀。
雪落在中国的土地上，
寒冷在封锁着中国呀……
透过雪夜的草原，
那些被烽火所啮啃着的地域，
无数的，土地的垦植者，
失去了他们所饲养的家畜，
失去了他们肥沃的田地，
拥挤在，
生活的绝望的污巷里；
饥馑的大地，
朝向阴暗的天，

伸出乞援的，
颤抖着的两臂。
中国的苦痛与灾难，
像这雪夜一样广阔而又漫长呀！
雪落在中国的土地上，
寒冷在封锁着中国呀……
中国，
我的在没有灯光的晚上，
所写的无力的诗句，
能给你些许的温暖么？

《雪落在中国的土地上》同样也是诗人艾青的一首代表作。但不同于《我爱这土地》，这首诗中所流露出的情绪更多了一些悲伤与痛苦，而这也是艾青早期作品的特色所在。但诗中的悲伤并不是悲观，“把忧郁与悲哀，看成一种力！”才是诗人创作的意图所在。

因此，当我们在诠释这一句句充满着悲伤的诗句时，决不能过多地营造出悲惨、乏力的色彩，而是要在悲痛中蕴藏力量，表现出对严峻现实的思考，以及对祖国命运的关心。虽然展现的是字面上雪的寒冷，但让人听来，却要能够感觉到诗人那颗滚烫的心。

具体落实到声音的运用上，要注意气息对字音强有力的支撑，低沉处要靠气息顶住，不能变虚变弱变哑；高亢处要靠气息拽住，不能太高太亮太响。因为始终要用腹部来作为气息的控制枢纽，在全诗朗诵完后，可能会出现腹部肌肉胀痛的感觉，这种气息的控制是到位的。

（4）《有赠》

我是从感情的沙漠上来的旅客，
我饥渴、劳累、困顿。
我远远地就看到你窗前的光亮，
它在招引我——我的生命的灯。

我轻轻地叩门，如同心跳。
你为我开门。
你默默地凝望着我，
（那闪耀着的是泪光么？）

你为我引路、掌着灯。

我怀着不安的心情走进你洁净的小屋，
我赤着脚，走得很慢，很轻，
但每一步还是留下了灰土和血印。

你让我在舒适的靠椅上坐下。
你微现慌张地为我倒茶，送水。
我眯着眼，因为不能习惯光亮，
也不能习惯你母亲般温存的眼睛。

我的行囊很小，
但我背负着的东西却很重，很重，
你看我头发斑白了，我的背脊伛偻了，
虽然我还年轻。

一捧水就可以解救我的口渴，
一口酒就使我醉了，
一点温暖就使我全身灼热，
那么，我能有力量承担你如此的好意和温情么？

我全身颤栗，当你的手轻轻地握着我的，
我忍不住啜泣，当你的眼泪滴在我的手背。
你愿这样握着我的手走向人生的长途么？
你敢这样握着我的手穿过蔑视的人群么？

在一瞬间闪过了我的一生，
这神圣的时刻是结束也是开始，
一切过去的已经过去，终于过去了，
你给了我力量、勇气和信心。

你的含泪微笑着的眼睛是一座炼狱。
你的晶莹的泪光焚冶着我的灵魂，
我将在彩云般的烈焰中飞腾，
口中喷出痛苦而又欢乐的歌声……

这是一首非常特殊的情诗，写于半个世纪前，那个“战歌”横行的特殊年代。它并不唯美，也不浪漫，更没有花前月下的甜蜜，作者曾卓通过这首诗表达了对一个伟大女性的爱恋与感激，“她”在“他”最艰难、最卑微、最无助的时候送上了爱的温暖。在诗中，作者展示了“她”的正直、善良、勇敢的爱，也表现了自己对历史的伤痛、命运的不公的控诉。

作为一首以第一人称视角创作的诗歌，朗诵着的口吻应当准确表现出“我”此时此刻的状态和心绪。因而，诗歌的基调应当是沧桑的、深沉的，落实到音色上应当是暗哑的。昔日的痛苦虽已过去，但留下的创伤却并未磨灭。但每当提到“你”的时候，便如同是在干涸的土地上浇上一捧清泉，色彩顿时便明亮了起来，声音也变得温润如春。至于文末，当“我”感受到了“你”的好意和温情之后，那股压抑了许久的爱和感激如火山一般喷涌而出，情感的浓烈同样需要用强劲有力的语言来表达。

(5)《哦，船长，我的船长！》

哦，船长，我的船长！我们险恶的航程已经告终，
我们的船安渡过惊涛骇浪，我们寻求的奖赏已赢得手中。
港口已经不远，钟声我已听见，万千人众在欢呼呐喊，
目迎着我们的船从容返航，我们的船威严而且勇敢。
可是，心啊！心啊！心啊！
哦，殷红的血滴流泻，
在甲板上，那里躺着我的船长，
他已倒下，已死去，已冷却。

哦，船长，我的船长！起来吧，请听听这钟声，
起来，——旌旗，为你招展——号角，为你长鸣。
为你，岸上挤满了人群——为你，无数花束、彩带、花环。
为你，熙攘的群众在呼唤，转动着多少殷切的脸。
这里，船长！亲爱的父亲！
你头颅下边是我的手臂！
这是甲板上的一场梦啊，
你已倒下，已死去，已冷却。

我们的船长不作回答，他的双唇惨白、寂静，
我的父亲不能感觉我的手臂，他已没有脉搏、没有生命，
我们的船已安全抛锚碇泊，航行已完成，已告终，

胜利的船从险恶的旅途归来，我们寻求的已赢得手中。
欢呼，哦，海岸！轰鸣，哦，洪钟！
可是，我却轻移悲伤的步履，
在甲板上，那里躺着我的船长，
他已倒下，已死去，已冷却。

这是美国现代诗歌之父——沃尔特·惠特曼所写的一首经典诗作，用以悼念在南北战争中做出过卓越功勋的美国总统林肯。诗里的船已经顺利返航，码头上满是迎接的人群，可本该享受欢呼的船长却在甲板上死去——这与林肯在赢得南北战争的胜利、成功解放黑奴之后遭到暗杀的历史是完全吻合的。

在1989年拍摄的奥斯卡获奖影片《死亡诗社》中，导演借用这首诗表达了剧中学生对老师的无比敬意，这部电影在上世纪末的中国年轻人中引起了巨大的反响，惠特曼和他的这首诗也成为了国人心中的经典。

整首诗分为三段，每段都采用“四长四短”的创作手法，前两段的四句长句都采用了对话般的口吻，情绪状态兴奋而激动，仿佛是作者在向船长汇报喜讯；四句短句则是自己的内心独白。因此在朗诵时，前四句要带些“戏剧范儿”，有点像是在舞台上演话剧念台词，声音响亮情绪高昂；而后一段，仿佛是之前两段内容的反复，朗诵的情感色彩也需要在回环往复中不断升华。这样，便能将文字的感染力与声音的感染力融为一体，将作者对林肯无限的敬仰与缅怀之情烘托得更为浓郁。

2. 散文故事类

（1）《立论》

我梦见自己正在小学校的讲堂上预备作文，向老师请教立论的方法。

“难！”老师从眼镜圈外斜射出眼光来，看着我，说：“我告诉你一件事——”

“一家人家生了一个男孩，合家高兴透顶了。满月的时候，抱出来给客人看，——大概自然是想得一点好兆头。”

“一个说：‘这孩子将来要发财的’。他于是得到一番感谢。”

“一个说：‘这孩子将来要做官的’。他于是收回几句恭维。”

“一个说：‘这孩子将来要死的’。他于是得到一顿大家合力的痛打。”

“说要死的必然，说富贵的说谎。但说谎的得好报，说必然的遭打。你……”

“我愿意既不谎人，也不遭打。那么，老师，我得怎么说呢？”

“那么，你得说：‘啊呀！这孩子呵！你瞧，多么……。啊唷！哈哈！呵呵！呵，呵呵呵呵！’”

《立论》也是鲁迅创作的一篇杂文，和《聪明人和傻子和奴才》一样，文章的主题同样是对那个现实环境中，某类人的批驳与讽刺，也同样收录于《野草》文集之中。

文章借用一个“梦”来展开，这多少给全文带去了一些光怪陆离的荒诞感。同时文中“我”和老师的对话占据了绝大部分篇幅，并且还有“语言套语言”的结构，显然，对人物语言的揣摩、把握，将成为朗诵成败的关键。

相对而言，“我”和老师的语言比较容易把握，一个用成年的实声表现出我的成熟和谦逊，另一个用老人的口吻、缓慢的语速表现老师的学识深厚、阅历丰富、待人和善。难处在于——如何表现老师口中三个人所说的四句话。

前两人的前两句，所代表的都是“说谎”的人，说话的音色和语气都是虚伪、做作的，但需要在音色中加以区别；第三人的第三句，是不好听的“实话”，可以选用中低音区的实声、平稳的语调，略带一些严峻的神情，这样的表达是比较到位的；至于第三人“不遭打”的第二句话，音色还是先前的音色，语气却要略带一些类似于之前两人的色彩，特别是最后的一连串笑声，对朗诵者而言可谓是最大的考验。

（2）《最后一课》

那天早晨上学，我去得很晚，心里很怕韩麦尔先生骂我，况且他说过要问我们分词。可是我连一个字也说不上来。我想就别上学了，到野外去玩玩吧。

天气那么暖和，那么晴朗！

画眉在树林边婉转地唱歌；锯木厂后边草地上，普鲁士兵正在操练。这些景象，比分词用法有趣多了；可是我还能管住自己，急忙向学校跑去。

我走过镇公所的时候，看见许多人站在布告牌前边。最近两年来，我们的一切坏消息都是从那里传出来的：败仗啦，征发啦，司令部的各种命令啦——我也不停步，只在心里思量：“又出了什么事啦？”

铁匠华希特带着他的徒弟也挤在那里看布告，他看见我在广场上跑过，就向我喊：“用不着那么快呀，孩子，你反正是来得及赶到学校的！”

我想他在拿我开玩笑，就上气不接下气地赶到韩麦尔先生的小院子里。

平常日子，学校开始上课的时候，总有一阵喧闹，就是在街上也能听到。开课桌啦，关课桌啦，大家怕吵捂着耳朵大声背书啦……还有老师拿着大铁戒尺在桌子上紧敲着，“静一点，静一点……”

我本来打算趁那一阵喧闹偷偷地溜到我的座位上去；可是那一天，一切偏安安静静的，跟星期日的早晨一样。我从开着的窗子望进去，看见同学们都在自己的座位上了；韩麦尔先生呢，踱来踱去，胳膊底下夹着那怕人的铁戒尺。我只好推开门，当着大家的面走过静悄悄的教室。你们可以想象，我那时脸多么红，心多么慌！

可是一点儿也没有什么。韩麦尔先生见了我，很温和地说：“快坐好，小弗郎士，我们就要开始上课，不等你了。”

我一纵身跨过板凳就坐下。我的心稍微平静了一点儿，我才注意到，而且整个教室有一种不平常的严肃的气氛。最使我吃惊的是，后边几排一向空着的板凳上坐着好些镇上的人，他们也跟我们一样肃静。其中有郝叟老头儿，戴着他那顶三角帽，有从前的镇长，从前的邮递员，还有些别的人，个个看来都很忧愁。郝叟还带着一本书边破了的初级读本，他把书翻开，摊在膝头上，书上横放着他那副大眼镜。

我看见这些情形，正在诧异，韩麦尔先生已经坐上椅子，像刚才对我说话那样，又柔和又严肃地对我们说：“我的孩子们，这是我最后一次给你们上课了。柏林已经来了命令，阿尔萨斯和洛林的学校只许教德语了。新老师明天就到。今天是你们最后一堂法语课，我希望你们多多用心学习。”

我听了这几句话，心里万分难过。啊，那些坏家伙，他们贴在镇公所布告牌上的，原来就是这么一回事！

我的最后一堂法语课！

我几乎还不会作文呢！我再也不能学法语了！难道这样就算了吗？我从前没好好学习，旷了课去找鸟窝，到萨尔河上去溜冰……想起这些，我多么懊悔！我这些课本，语法啦，历史啦，刚才我还觉得那么讨厌，带着又那么重，现在都好像是我的老朋友，舍不得跟它们分手了。还有韩麦尔先生也一样。他就要离开了，我再也不能看见他了！想起这些，我忘了他给我的惩罚，忘了我挨的戒尺。

可怜的人！

他穿上那套漂亮的礼服，原来是为了纪念这最后一课！现在我明白了，镇上那些老年人为什么来坐在教室里。这好像告诉我，他们也懊悔当初没常到学校里来。他们像是用这种方式来感谢我们老师四十年来忠诚的服务，来表示对就要失去的国土的敬意。

我正想着这些的时候，忽然听见老师叫我的名字。轮到我背书了。天啊，如果我能把那条出名难学的分词用法语从头到尾说出来，声音响亮，口齿清楚，又没有一点儿错误，那么任何代价我都愿意拿出来的。可是开头几个字我就弄糊涂了，我只好站在那里摇摇晃晃，心里挺难受，连头也不敢抬起来。我听见韩麦尔先生对我说：

“我也不责备你，小弗郎士，你自己一定够难受的了，这就是了。大家天天都这么想：‘算了吧，时间有的是，明天再学也不迟。’现在看看我们的结果吧。唉，总要把学习拖到明天，这正是阿尔萨斯人最大的不幸。现在那些家伙就有理由对我们说了：‘怎么？你们还自己说是法国人呢，你们连自己的语言都不会说，不会写！……’不过，可怜的小弗郎士，也并不是你一个人的过错，我们大家都有许多地方应该责备自己呢。”

“你们的爹妈对你们的学习不够关心。他们为了多赚一点钱，宁可叫你们丢下书本到地里，到纱厂里去干活儿。我呢，我难道没有应该责备自己的地方吗？我不是常常让你们丢下功课替我浇花吗？我去钓鱼的时候，不是干脆就放你们一天假吗？……”

接着，韩麦尔先生从这一件事谈到那一件事，谈到法国语言上来了。他说，法国语言是世界上最美的语言，最明白，最精确；又说，我们必须把它记在心里，永远别忘了它，亡了国当了奴隶的人民，只要牢牢记住他们的语言，就好像拿着一把打开监狱大门的钥匙。说到这里，他就翻开书讲语法。真奇怪，今天听讲，我全都懂。他讲的似乎挺容易，挺容易。我觉得我从来没有这样细心听讲过，他也从来没有这样耐心讲解过。这可怜的人好像恨不得把自己知道的东西在他离开之前全教给我们，一下子塞进我们的脑子里去。

语法课完了，我们又上习字课。那一天，韩麦尔先生发给我们新的字帖，帖上都是美丽的圆体字："法兰西"、"阿尔萨斯"、"法兰西"、"阿尔萨斯"。这些字帖挂在我们课桌的铁杆上，就好像许多面小国旗在教室里飘扬。个个人那么专心，教室里那么安静！只听见钢笔在纸上沙沙地响。有时候一些金甲虫飞进来，但是谁都不注意，连最小的孩子也不分心，他们正在专心画"杠子"，好像那也算是法国字。屋顶上鸽子咕咕咕咕地低声叫着，我心里想："他们该不会强迫这些鸽子也用德国话唱歌吧！"

我每次抬起头来，总看见韩麦尔先生坐在椅子里，一动也不动，瞪着眼看周围的东西，好像要把这教室里的东西都装在眼睛里带走似的。只要想想：四十年来，他一直在这里，窗外是他的小院子，面前是他的学生；用了多年的课桌和椅子，擦光了，磨损了；院子里的胡桃树长高了；他亲手栽的紫藤，如今也绕着窗口一直爬到屋顶了。

可怜的人啊，现在要他跟这一切分手，叫他怎么不伤心呢？何况又听见他的妹妹在楼上走来走去收拾行李！——他们明天就要永远离开这个地方了。

可是他有足够的勇气把今天的功课坚持到底。习字课完了，他又教了一堂历史。接着又教初级班拼他们的 ba，be，bi，bo，bu。在教室后排座位上，郝叟老头儿已经戴上眼镜，两手捧着他那本初级读本，跟他们一起拼这些字母。他感情激动，连声音都发抖了。听到他古怪的声音，我们又想笑，又难过。啊！这最后一课，我真永远忘不了！

忽然教堂的钟敲了十二下。祈祷的钟声也响了。窗外又传来普鲁士士兵的号声——他们已经收操了。韩麦尔先生站起来，脸色惨白，我觉得他从来没有这么高大。

"我的朋友们啊，"他说，"我——我——"

但是他哽住了，他说不下去了。

他转身朝着黑板，拿起一支粉笔，使出全身的力量，写了两个大字：

"法兰西万岁！"

然后他呆在那儿，头靠着墙壁，话也不说，只向我们做了一个手势："放学了，——你们走吧。"

这是一篇脍炙人口的短片小说，作者是法国著名作家都德。作品通过一个小孩子的口吻，讲述了普法战争后普鲁士强迫阿尔萨斯和洛林两地学校停教法语，改教德语的历史事件，表现出了作者坚定不移的爱国主义情怀。正因为此，这篇文章被多个国家收入中小学课本，作为爱国主义教育的范本使用。

全篇文章都是从一个孩子的口中叙述成文的，因此在朗诵时，我们首先要找到“孩子”的感觉——说话的音色、语调、口气、情绪都要略微接近小学生的语言状态，还要根据文章内容随时将语言转变成老师、镇民、小小孩等各种角色，因此人物角色声音形象的塑造是朗诵本文的第一要务。

在这基础上，对人物角色情感状态的把握则是更进一步的朗诵要求。从一开头小弗郎士调皮捣蛋，不想学习，到最后震惊、伤心、难过、愤怒，拼了命地去学习这最后一堂法语课，其中感情脉络的变化必要朗诵者细细揣摩；同时韩麦尔先生心中失落、不甘、愤恨、无奈的心情也需要朗诵者认真体会。

总的来说，这篇小说的朗诵是有着比较高的难度的，无论是对内部技巧的要求，还是对外部技巧的使用，都提出了非常苛刻的要求。但如果能够把这篇文章念得感人，那么这对朗诵者整体上的专业能力都是一种高度的认可。

（3）《我的心》

近来，不知道什么缘故，我的这颗心痛得更厉害了。

我要对我的母亲说：“妈妈，请你把这颗心收回去吧，我不要它了。”

记得你当初把这颗心交给我的时候曾对我说过：“你的父亲一辈子拿着它待人爱人，他和平安宁地度过了一生。在他临死的时候把这颗心交给我，要我在你长成的时候交给你。他说，承受这颗心的人将永远正直、幸福，并且和平安宁地度过一生。现在你长成了，也就承受了这颗心，带着我的祝福，孩子，到广大的世界中去吧。”

这些年，我怀着这颗心走遍了世界，走遍了人心的沙漠，所得到的只是痛苦和痛苦的创痕。正直在哪里！幸福在哪里！和平在哪里！这一切可怕的景象哪一天才会看不到？这样的可怕的声音哪一天才会听不见？这样的悲剧哪一天才会不再上演？这一切像箭一样的射到我的心上，我的心布满了痛苦的创痕，因此我的心痛得更厉害了，我不要这颗心了。

有了它，我不能闭目为盲；有了它，我不能塞耳为聋；有了它，我不能吞痰为哑；有了它，我不能在人群中寻找我的幸福；有了它，我就不能和平的生活在这个世界上；有了它，我就不能活下去了。

妈妈，请你饶了我！这颗心我实在不要，我不能要啊！

多时以来，我就下决心放弃一切。让人们去竞争，去残杀；让人们来虐待我，凌辱我，我只要有一时的安息。可我的心不肯这样，它要使我看、听、说。看我所怕看的，听我所怕听的,说人所不愿听的。于是我又向它要求到:“心啊,你去吧!不要再这样苦苦地恋着我。有了你我无论如何不能活在这个世界上,所以请你为了我幸福的缘故,撇开我去吧。”

它没有回答,因为它知道:既然它已被你的祝福拴在我的胸膛上,那么也就只能由你的诅咒而分开。

好吧妈妈,请你诅咒我吧!请你收回这颗心吧,让它去毁灭吧。因为它不能活在这个世界上,而有了它,我也不能活在这个世界上了。

在这样大的血泪的海中,一个人,一颗心,算得什么?能做什么?

妈妈,请你诅咒我吧,请你收回这颗心吧!我不要它了。

可是我的母亲已经死了多年了。

《我的心》是大文学家巴金所写的一篇散文。如果说写于留洋途中的《海上日出》表现出了巴金对未来美好的希望,那么这篇写于归国后第一个年头的《我的心》则表现出了巴金对现实的悲痛与绝望。

巴金文学思想的核心就是“真”与“善”。当巴金怀揣这两颗心学成归国,一心想要为祖国奉献出自己的青春与才干的时候,在他面前的却是一个糟糕得不能更糟糕的中国。残酷的现实无情地碾碎了巴金对正直与和平的追求。正是在这样的痛苦中,这篇《我的心》应运而生。

因而,在朗诵时,作品的基调是阴暗的、压抑的,并且几乎贯穿文章的始终。在这样的基调下,“痛”可以说是文中最主要的情感表现,仿佛文中的每一个字都是一把带刺的钩子从作者的心上划过。在文中,作者反复运用短句子的排比来表现自己激烈的情绪,这在有声语言的展示时同样也要有明确的体现。

朗诵本文的语调应是低沉的,声音应是厚实的。在处理情绪爆发、语调上扬的话语内容时,适宜使用略压喉、带哑声的发声方式,而不是明亮高亢的大实声。当然,由于本文朗诵的“标杆”——原中央电视台主持人王凯天生拥有这浑厚而低沉的声音,这使得许多后继者在朗诵本文时纷纷压低嗓门儿模仿他的音色,这种做法其实是不明智的。找到自己声音中最深沉、最真挚的色彩,才能真正用心地念好《我的心》。

(4)《两千年的闪击》

去西安的路上,突然想起了他。

两千年前那位著名的死士。

漉漉雪雨,秦世恍兮。

眺望函谷关外那漫漶恣肆的黄川土壑,我竭力去模拟他当时该有的心情,结果除了彻骨的凉意和内心咝咝的附痛,什么也说不出……

他是死士。他的生命就是去死。

活着的人根本不配与之攀交。

咸阳宫的大殿，是你的刑场。而你成名的地方，则远在易水河畔。

我最深爱的，是你上路时的情景。

那一天,“荆轲”——这个青铜般辉煌的名字作为一枚一去不返的箭镞镇定地迈上弓弦。白幡猎猎，万马齐喑，谁都清楚意味着什么。寒风中那屏息待发的剑匣已紧固到结冰的程度，还有那淡淡的血腥味儿……连易水河畔的瞎子也预感到了什么。

你信心十足，可这是对死亡的信心。更是对人格对诺言和友谊的信心。无人敢怀疑。连太子丹——这个只重胜负的家伙也不敢怀疑厘毫。你只是希望早一点离去……

再没有什么值得犹豫和留恋的了吗?

比如青春，比如江湖，比如故乡桃花和爱情……

你摇摇头。你认准了那个比生命更大的东西。一生只能干一件事。

士为知己者死。死士的含义就是死，这远比做一名剑客更重要。再干一杯吧！为了永生永世——值得为“她”活了一次的誓言，为了那群随你前仆后继无怨无悔的真正死士！樊於期、田光先生、高渐离……

太子丹不配“知己”的称号。他是政客，早晚死在谁的手里都一样。这量怕死的人。一个怕死的人也濒死的人。

濒死的人却不一定怕死。

“好吧，就让我——做给你看！”

你威仪的嘴唇浮出一丝苍白的冷笑。

这不易察觉的绝世凄笑突然幻化出惊心动魄的美，比任何一位女子的都要美——它足以赢得世间任何一种爱情，包括男人的在内。

“风萧萧兮易水寒，壮士一去兮不复还”。

高渐离的唱和是你一生最大的安慰，也是你最当之无愧的荣誉。

他的绝唱其实只奏给你一人听。其他人全是聋子。琴弦里埋藏着你们的秘密，只有死士间才敢问津的秘密。

遗嘱和友谊，这一刻他全部给了你。如果你折败，他将第二个用才华去死的人。

你凄怜地一笑，谢谢你，好兄弟！记住我们的相约！我在九泉之下，迎候你。

是时候了。是誓言启动的时候了。

你握紧剑柄，手掌结满霜花。

夕阳西下，缟绫飞卷，你修长的身影像一脉苇叶在风中远去……

朝那个预先埋伏好的结局逼近。

黄土、皑雪、白草……

从易水河到咸阳宫，每一寸都写满了乡愁和忧郁。那种无人能代的横空出世的孤独，那种“我不去，谁去？”的剑客的自豪——

是的，没有谁能比你的剑更快！

你是一条比蛇还疾的闪电！

闪电正一步步带近黑夜，逼近黑暗中硕大的首级。

那是一个怎样漆黑的时刻，漆黑中的你后来什么也看不见了……

一声訇响，石破天惊的一声訇响。接着便是身躯重重摔地的沉闷。

死士。他的荣誉就是死。

没有不死的死士。

除了死亡，还有世人的感动和钦佩。

那长剑已变成一柄人格的尺子，你的血只会使青铜额添一份英雄的光镍。

一个凭失败而成功的人，你是第一个。

一个以承诺换生命的人，你是第一个。

你让“荆轲”这两个普通的汉字——

成为一个万世流芳的美学碑名！

那天，西安城飘起了雪，站在荒无一人的城梁之上，我寂寞地走了几公里。

我寂寞地想，两千年前的那一天，是否也像这样飘着雪？那个叫荆轲的青年是否也从这个方向进了城？

这念头是否显得可笑？

我想起诗人一句话：“我将穿越，但永远不能抵达！”

荆轲终于没能抵达。

而我，和你们一样——

也永远到不了咸阳。

和《青衣》一样，《两千年的闪击》也是在齐越朗诵艺术节上一炮而红的朗诵篇目，区别在于朗诵作品与原文基本相同，内容并没有太多删改，主体思想也完全一致。文章的作者叫做王开岭，当《两千年的闪击》第一次被搬上朗诵舞台时，他还只是一个极其小众的地下作家。

这篇文章很容易让人想起苏轼的《念奴娇·赤壁怀古》——同样是在旅行途中想念起了古人，并在文末联系自己发表唏嘘感想。然而，由于联想到的历史事件不同，因而文章的基调自然有所区别。荆轲刺秦是一个悲剧故事，自然本文的基调以悲怆为主，但在悲的背后，还有着誓言、承诺、友谊……这许多光亮的美德，更有着后人对荆轲的无限挚爱与尊崇。因此，在文章深处所蕴含着的光辉色彩同样是需要朗诵者浓墨重彩地描绘出来的。

此外，技巧的表现对于本文的朗诵来说，同样非常重要。无论是文章开头对自己的路途的描写，还是随后大段对荆轲“上路时的情景”的描写，每一句话、每一个细节都要借助“视像感”

来描摹情境；同样对于荆轲“上路”前内心情绪的揣摩，同样需要朗诵者借助“情感替代”的方式来贴近感受。不仅如此，随着故事情节的张弛变化，我们的语速和节奏也同样要相应作出改变……一系列的内外部技巧的综合运用，才有可能将这篇随笔式的文章表现得如小说般精彩，才有可能把这篇散文中的情感表现得如诗歌般浪漫。

3. 古文类

(1)《茅屋为秋风所破歌》

八月秋高风怒号，卷我屋上三重茅。
茅飞渡江洒江郊，高者挂罥长林梢，下者飘转沉塘坳。
南村群童欺我老无力，忍能对面为盗贼。
公然抱茅入竹去，唇焦口燥呼不得，归来倚仗自叹息。
俄顷风定云墨色，秋天漠漠向昏黑。
布衾多年冷似铁，娇儿恶卧踏里裂。
床头屋漏无干处，雨脚如麻未断绝。
自经丧乱少睡眠，长夜沾湿何由彻！
安得广厦千万间，大庇天下寒士俱欢颜，风雨不动安如山！
呜呼！何时眼前突兀见此屋，吾庐独破受冻死亦足！

在选择古诗词朗诵的时候，很少有人会选择格律诗。尽管这种直到唐代才定型的近体诗形态可谓是唐诗中的瑰宝，但由于篇幅小、结构死板、格局固定，很难通过有声语言表现出不同诗作不同的音韵感和情感思想。

与之相对的是，代表古风的歌行体凭借其更长的篇幅、生动的内容、灵活的句势、自由的结构深受朗诵者喜爱。像是这篇杜甫的《茅屋为秋风所破歌》、下一篇《兵车行》，以及白居易的《长恨歌》、《琵琶行》都是歌行体的名篇，同样也都是朗诵会上经常能听到的佳作。

这篇诗歌讲述的是杜甫落魄的一段经历——当时他辞官回乡，一路颠沛流离、辗转来到成都，求亲告友好不容易才在浣花溪边盖了个草屋解决了居住的问题。怎奈一场风雨让一切都成了无用功。结合自己的遭遇，诗人进一步联想到了安史之乱给国家民众造成的巨大创伤，有感而发故作此诗。

因此，贯穿整首诗的主旋律应当是作者面对风雨时窘迫、无奈的心情，考虑到当时杜甫已近暮年，音色上可以略微带些衰老的感觉。具体来看，前四句写的是风雨毁草堂、群童抢茅草，语速可以略快一些，更多地表现出焦急的色彩；五到八句描写风雨过后家中一片残败的景象，语速相应放慢，着力展现境遇的困苦及内心的苦楚；最后两句则是发自内心的慨叹，表现了杜甫以天下兴旺为己任的博大胸怀。

总而言之，尽管整首诗的基调是苦楚而又无可奈何的，但最终依然落到了一个积极的、高尚的结尾上面。因此，朗诵时且不能为苦而苦、为愁而愁，只有在语言中加入更多的力量和担当，才能展现出诗人崇高的理想和伟大的抱负。

(2)《兵车行》

车辚辚，马萧萧，行人弓箭各在腰。
爷娘妻子走相送，尘埃不见咸阳桥。
牵衣顿足拦道哭，哭声直上干云霄。
道旁过者问行人，行人但云点行频。
或从十五北防河，便至四十西营田。
去时里正与裹头，归来头白还戍边。
边庭流血成海水，武皇开边意未已。
君不闻，汉家山东二百州，千村万落生荆杞。
纵有健妇把锄犁，禾生陇亩无东西。
况复秦兵耐苦战，被驱不异犬与鸡。
长者虽有问，役夫敢申恨？
且如今年冬，未休关西卒。
县官急索租，租税从何出？
信知生男恶，反是生女好。
生女犹得嫁比邻，生男埋没随百草。
君不见，青海头，古来白骨无人收。
新鬼烦冤旧鬼哭，天阴雨湿声啾啾。

这又是一首杜甫的叙事诗，诗名最后一个字“行”同样告诉我们这是一首歌行体的乐府诗，因此在诗歌的结构上，还是比较自由的。这同样也给我们在朗诵是创造了较大的表现空间。

这首诗主要表现的是对战争的痛恨，因此作者花了大量的笔墨去书写征兵给百姓带来的巨大伤痛。因此在朗诵过程中，我们需要将这种“惨”准确地表现出来。先写壮丁被抓征兵，亲人生离死别的惨剧，再写良田荒芜、村落荒败的惨像，最后发表个人的感慨，向世人揭露帝王穷兵黩武给整个国家带来的巨大伤害。这一系列的“惨”，以及作者在亲眼目睹后的“愤”，乃至所折射出的整个国家的“败”，都是要通过语言来表现的。

(3)《岳阳楼记》

庆历四年春，滕子京谪守巴陵郡。越明年，政通人和，百废俱兴，乃重修岳阳楼，增其旧制，刻唐贤今人诗赋于其上，属予作文以记之。

予观夫巴陵胜状，在洞庭一湖。衔远山，吞长江，浩浩汤汤，横无际涯；朝晖夕阴，气象万千；此则岳阳楼之大观也，前人之述备矣。然则北通巫峡，南极潇湘，迁客骚人，多会于此，览物之情，得无异乎？

若夫霪雨霏霏，连月不开；阴风怒号，浊浪排空；日星隐耀，山岳潜形；商旅不行，樯倾楫摧；薄暮冥冥，虎啸猿啼；登斯楼也，则有去国怀乡，忧谗畏讥，满目萧然，感极而悲者矣！

至若春和景明，波澜不惊，上下天光，一碧万顷；沙鸥翔集，锦鳞游泳，岸芷汀兰，郁郁青青。而或长烟一空，皓月千里，浮光跃金，静影沉璧，渔歌互答，此乐何极！登斯楼也，则有心旷神怡，宠辱偕忘、把酒临风，其喜洋洋者矣！

嗟夫！予尝求古仁人之心，或异二者之为，何哉？不以物喜，不以己悲，居庙堂之高，则忧其民；处江湖之远，则忧其君。是进亦忧，退亦忧；然则何时而乐耶？其必曰：“先天下之忧而忧，后天下之乐而乐矣！”噫！微斯人，吾谁与归？

时六年九月十五日。

这是宋代文学家范仲淹为好友滕子京重修岳阳楼而写的一篇“贺文”。相对于诗词而言，古代散文并不是特别适合朗诵的作品材料，这是因为文言文在内容理解上会给听众造成一定困难，所以只有脍炙人口、耳熟能详，同时篇幅长度适中的古文作品才会被拿到朗诵会或朗诵比赛中来展示。而《岳阳楼记》就是这样一篇妇孺皆知的中国古典文学名篇。

通篇文章以写景为主，但在每一段景的背后，都有着极其深邃的思想意蕴。这就要求朗诵者要根据每一句语句的内容——是写景，还是抒情，或是说理——选择最恰切的声音色彩和语言样式，妥善恰切地予以表现。

无论是寻常状况下的恢宏大气，还是风雨交加下的压抑、急促，或是天气晴朗时的欢乐明亮，都要利用声音描绘出不同的“视像感”；不管是“感激而悲”还是“喜洋洋”，都要借助自己的生活经验找到类似的情感来替换“迁客骚人”的心情。

在这样的基础上，再去把握最后第二段的评论，才能算是言之有物、言之有理。特别是最后的那句千古名句“先天下之忧而忧，后天下之乐而乐”，作为全文的点睛之笔、思想内核之所在，一定要在前面的议论与抒情充分“到位”的前提下，才能够浓墨重彩地表现出来。